红色阅读 ★ 元帅交往实录

于俊道■主编

刘伯承交往纪实

中国社会科学出版社

图书在版编目(CIP)数据

刘伯承交往纪实 / 于俊道主编. —北京:中国社会科学出版社,2015.8
ISBN 978 – 7 – 5161 – 5715 – 2

Ⅰ.①刘… Ⅱ.①于… Ⅲ.①刘伯承(1892~1986) – 生平事迹
Ⅳ.①K825.2

中国版本图书馆 CIP 数据核字(2015)第 053121 号

出 版 人 赵剑英
责任编辑 王 斌
特约编辑 谢国龙
责任校对 刘小军
责任印制 李寡寡

出 版 中国社会科学出版社
社 址 北京鼓楼西大街甲 158 号
邮 编 100720
网 址 http:// www.csspw.cn
发 行 部 010 – 84083685
门 市 部 010 – 84029450
经 销 新华书店及其他书店

印刷装订 北京市昌平新兴胶印厂
版 次 2015 年 8 月第 1 版
印 次 2015 年 9 月第 1 次印刷

开 本 710×1000 1/16
印 张 13
字 数 216 千字
定 价 39.00 元

目录
CONTENTS

"你这个人组织性纪律性是非常强的"

——刘伯承和周恩来

1950 年夏，刘伯承得知中央军委准备创办陆大的消息后，心里非常高兴。他给党中央写信，请求辞去中共中央西南局第二书记、西南军政委员会主席的职务，去参与筹建陆大。在信中他诚恳地写道："……战争已经结束了，我年龄这么大了，还是让我去办学校吧！"

党中央很快批准了刘伯承的要求，决定委派这位身经百战、德高望重的著名军事家去办学校，搞教育，把他那丰富的作战、建军经验传授给全军中、高级干部，从教育与训练上更好地完成人民解放军向正规化现代化建设的转变。毛主席和朱总司令给他写了亲笔信，让他把西南的行政工作移交给邓小平、贺龙，尽快到北京领导筹建陆大。

如果世上真有"缘分"一说，恐怕这就是"缘分"了。

这既是刘伯承的心愿，也是党中央经过慎重研究后作出的决定。而归根到底，则是历史的抉择，是历史把创建正规化现代化军事院校的使命，放在了刘伯承的肩上。

刘伯承一到北京，便投入紧张的工作。首先是确定陆大的校址。以前，中央军委曾考虑把校址建在东北。后来因为抗美援朝战争爆发，又决定把校址建在北京或其他省市。刘伯承经过两次勘查地形，考虑到，国家财政经济状况还没有根本好转，抗美援朝战争正在进行，百废待举，百业待兴，财力物力都很紧张，要营建这样一个大型的军事学校要花很多的钱，更需要一定的时间。为了早日开学，培养懂得现代战争的干部以支援朝鲜前线，也为了减轻人民的负担，他建议：陆大的校舍暂时不动工兴建，先找一个可以办学的地方把学校办起来再说。他的意见得到筹委会的赞同。

这个地方选在哪里好呢？

刘伯承想起了进占南京后华东军区军政大学所在地。

华东军大设在南京紫金山下，原国民党"中央军事政治学校"和"国防部"的院内。占地约3平方公里，房屋面积达47万平方米，院内绿树成荫，操场开阔，各方面条件较好。早在1949年5月，刘伯承率领第二野战军开进南京的时候，就曾经去过那里，详细查看过那里的房屋、设施情况，并向党中央专门作过汇报。那时，他就考虑过将来在这里办学校培养干部的问题。所以，他建议把陆大暂时设在南京。

党中央对创办陆大非常关心。在筹备期间，周恩来三次会见了刘伯承和陆大筹委会的成员，传达了毛泽东对办好陆大的指示，提出了陆大临时党委的组成方法、干部配备和组织机构等问题，研究了教学方针和教学内容。对如何办好这个学校作了重要指示。

第一次是在11月初，周恩来特意把刘伯承等人请到中南海去研究。

刘伯承和周恩来第一次见面是1926年7月在广州。翌年夏，刘伯承曾作为周恩来的得力助手，为其襄助戎机、擘画军事，担任参谋团参谋长，参与领导了震惊中外的"八一"南昌起义。从此，两人建立了深厚的革命情谊。刘伯承对周恩来一向十分敬佩。周恩来对刘伯承也很尊重，总是亲切地称他"刘老"，喜欢和他交谈，倾听他的见解。

当刘伯承等人来到中南海西花厅周恩来办公室的时候，周恩来刚刚起床，还没有吃早饭。他和大家一一握手问候，并亲切地对刘伯承说："刘老，你来了。我起晚了。"

刘伯承知道，周恩来日理万机，经常通宵达旦地工作，办公室的灯光经常从天黑一直亮到黎明。他深情地说："总理，你多睡一会儿吧。我们昨天是睡久了。听说你每天夜以继日地工作到早晨三四点钟才休息，太劳累了！"

周恩来说："不要紧，我习惯了。"

一会儿，服务员端来早饭请周恩来用餐。趁此机会，客人们环顾了主人的住所：古老的庭院，已经破旧。北房五间，是会客室和办公室。房间陈旧，设备简单，里面几乎没有什么装饰物。

靠墙排满了书柜，三张方桌接成一个长会议桌，还有几把椅子。最显眼的是那张又宽又长的写字台，上面放满了摞得很高的文件和书籍。再看主人的早餐：三块烤馒头片、一盘咸菜、一杯牛奶和一个鸡蛋。这一切表明，住进北京城中南海的周恩来，仍然保持着战争年代那种艰苦奋斗的作风。

周恩来吃完早饭，谈话开始了。

"总理，我接到毛主席的电报就来了。"刘伯承微笑着向周恩来说。

"你这个人组织性纪律性是非常强的，只要中央有命令，你就来。"周恩来用非常满意的口气回答。

"我来是来了，就是怕搞不好。"刘伯承谦逊地说。

"你搞得好，搞得好。你有几个特长：你有学问，又非常严格，严师出高徒嘛!"在笑声中周恩来再一次鼓励他。

"总理，可不能那么讲，我是能做一点就做一点。我能力实在不足，过去搞红大，那个好搞，两三个月就过去了。现在搞现代化，我是没有经验的。你看能不能给我找几个好助手?"刘伯承诚恳地提出要求。

周恩来代表党中央提出了陆大临时党委的组成方案，并和刘伯承一起，详细研究了陆大的组织机构和一些领导干部的人选问题。

这次会见，大约进行了一个多小时。因周恩来要接见外宾，谈话就结束了。

几天以后，周恩来第二次会见了刘伯承等人，传达了毛泽东关于办好陆大的指示。毛泽东指示的基本精神是：陆大的方针仍然是延安抗大总校的方针。要在人民解放军建军传统的基础上，认真学习外国军队的先进经验。

刘伯承一边听一边记，还不时地点头，像小学生上课一样认真、仔细，唯恐有所遗漏。

最后，周恩来还告诉他们，为了办好陆大，毛主席已经聘请了一批外国顾问帮助工作。

听到这里，刘伯承不由一愣，腾地站起来。俗话说："一朝被蛇咬，十年怕井绳。"这话一点不假。

一提到外国顾问，刘伯承就想起 1933 年，他担任红军总参谋长时，与共产国际派来的军事顾问李德一起工作的情景。李德那种独断专行、飞扬跋扈的霸道作风，曾给中国革命造成了巨大损失，也在他的心中刻下了一道深深的痕迹。

往事记忆犹新，从刘伯承的内心来讲，是不愿意要这些顾问先生的，谁乐意拿把木枷往自己脖子上套呢? 但组织的决定又不好不服从，刘伯承

向周恩来建议:

"总理,我考虑了很长时间,叫顾问不如叫专家好。顾问,顾问,就是要顾我们的问。叫专家就超脱了。你当你的专家,我们干我们的工作。我请你,你就讲;我不请你,你就不要顾问我嘛!"

周恩来对顾问的历史相当清楚,也吃过不少苦头,听了刘伯承这番话,他连忙说:"对,对,叫专家好。"为此,国务院还专门发过一个通知,统一对外国专家的称呼。通知指出:除过去按顾问名义聘请来华的外国专家仍称顾问外,以后新聘请来华的和过去非按顾问名义聘请来华的外国专家,一律称呼"专家"。

办学校是一件过细的事,周恩来还和刘伯承等人研究了筹建工作的一些具体事宜:一是校名问题。鉴于将来要开办海、空军科,刘伯承建议将陆大定名为军事学院。二是校址问题。为了早日开学,减少国家的财政支出,刘伯承提出把校址暂时设在南京华东军大所在地。以后有条件营建新校舍后再行搬迁。三是干部问题。当时朝鲜前线需要干部,新建立的各军兵种及其领导机关需要干部,地方上各条战线也需要军队干部去支援。所以,从全军调干部很困难。刘伯承请求以华东军大和华北军大的一部分干部作为基础,依托华东军区组织起军事学院的各级机构。这些意见,周恩来完全赞同。

当谈话结束,刘伯承等人起身准备离开的时候,周恩来再次亲切地问道:"刘老,你看还有什么事情吗?"

这时,刘伯承用试探的口气说:"总理,我想,校址既然设在南京,能不能让陈老总来兼政委呢?"

总理不愧是总理,他看出了刘伯承的心思:要请华东军区陈毅司令员兼学院政委,一为尊重"父母官",二为取得财力等方面的支持。

"我明白你的意思,陈老总是华东军区司令员,你让他兼政委,找他要人、要钱、要房子就好说了,是这个意思吧!"周恩来坦率地说穿了刘伯承的心思。

"是啊!我是有这个'坏'意思。"刘伯承一面回答,一面有点不好意思地笑了。周围的同志也哈哈大笑起来。

"这倒不是什么坏意思。你这个想法是不错的,但晓得他干不干呢?"周恩来没有直接回答可否。

"你叫他干他就会干的。"刘伯承想尽量争取周恩来同意。

周恩来爽朗地笑着说："那也不好勉强。你和他商量一下，他愿意干，你说好就是了，中央同意。"这件事后来虽然没有实现，但是华东军区和陈毅司令员，无论在人力上，还是物力财力上，都给予巨大的支援，使军事学院得以顺利地创建和不断发展起来。

以后周恩来又就如何办好军事学院问题，在中南海西花厅和刘伯承等人作了3个多小时的长谈。

他们首先研究了教学方针和教学内容，军事、政治、文化教育都搞些什么，如何搞法。周恩来特别强调要搞好文化教学，指出我们的干部文化低，这是历史造成的。只有学好科学文化知识，才能掌握现代军事科学技术。接着，又研究了教员问题。最后，周恩来勉励刘伯承说，搞现代化军队建设，许多东西我们都没有经验。虽然刘老是个老教育家，搞了很久了，但搞现代化的军事学院，也还要不断地学习外国的先进经验，学习现代军事科学，研究现代战争的特点，把丰富的作战、建军经验加以总结提高，传授给全军中、高级干部。

谈话结束后周恩来将刘伯承等人送出西花厅，一一握手告别。这时夜已经很深了。中南海显得格外宁静、安谧。但是，这里，那里，一座座庭院仍然放射出明亮的灯光。这些灯光映照在湖面上，投射出一片片闪烁的、波动的、摇曳的光影。

回到住所，刘伯承根据周恩来三次谈话的精神，和筹委会的同志们一起研究起草了《关于创办军事学院的意见书》。

1950年11月13日晚，刘伯承带着这个意见书，又一次来到中南海西花厅周恩来办公室，向周恩来总理和朱德总司令作详细汇报。听取汇报的还有总政治部主任兼总干部管理部（后改为总政干部部）部长罗荣桓、代总长聂荣臻、军训部长萧克、总政副主任萧华和总干部副部长赖传珠等。

汇报会由周恩来主持。他把座椅搬到他那张又宽又长的写字台前面，背对写字台，面对大家坐下来。然后，拿起意见书，他读一条让大家讨论一条。遇到有修改补充的地方，他就转过身，伏在写字台上，随手记下来。

就在这一天的深夜，在周恩来主持下，产生了中国人民解放军军事学院的第一份历史性文件，绘出了解放以后中国人民解放军第一所高级军事院校建设的蓝图。

这份由刘伯承起草的《关于创办军事学院的意见书》，由周恩来主持修改后，上报中央。三天后，毛泽东亲自批准了这个报告。从此，开始了筹建工作的新阶段。

（陈石平）

布衣元帅　金兰之交

——刘伯承和朱德

1916 年初，中国西南大地爆发了一场战争——护国战争。

参加这场战争的两位青年军官——朱德和刘伯承，虽然他们素不相识，却在向同一敌人——袁世凯的北洋军进行战斗。

历史往往有许多巧合。一场战争把川军和滇军，把刘伯承和朱德联系到了一起。

兵戈相见不容情

说起来也许有人不太相信——3 年后，川军、滇军反目成仇，刘伯承和朱德一度率领所部，面对面地展开厮杀……

那是在本世纪前期，川、滇军在联手取得护国、护法战争胜利之后，随着北洋军阀势力在四川的暂时消退，云集在巴山蜀水间的数十万川、滇、黔军，为着各自的利益，展开着激烈的角逐。

四川、云南、贵州的军阀之间本来就有着利害冲突，北洋军阀又多次挑起三方的争斗，以便从中渔利。原先属于革命阵营的力量内部也矛盾重重，这些就使得当时的政治斗争更加错综复杂。川军首领熊克武虽然声称诚心诚意与孙中山合作，却又常为时局和利害关系所左右，被时人议论为"坐北朝南"、阴谋称雄四川的大军阀。势单力薄的孙中山先生，一时也轻信了某些政客的谗言，采取了某些欠妥的策略将熊克武撇在一边。1920 年 3 月 17 日云南军阀首领致电唐继尧商讨讨伐熊克武的计划。到 5 月初，一心想做"西南王"的唐继尧便借此作为旗帜，就任川滇黔靖国军总司令，统率"倒熊"各军，后来发展为颇具规模的"倒熊"战争。

饶有兴味的是，在开战之前，川、滇两军都同意进行一次谈判。熊克武特派刘伯承为谈判代表。尽管这项使命的前景十分黯淡，后来也没有取得什么成果，但却在刘伯承的脑海里留下了难忘的记忆——因为谈判的对手是在滇军中担任旅长的朱德。

刘伯承早就得知朱德出生在四川东北部山区的仪陇县，和自己一样是布衣出身。朱德英勇善战，足智多谋，早已名驰西南。尤其是护国战争中的泸纳之役，"朱支队"赫赫战功，更是威震巴蜀。见面之后，刘伯承亲眼看到这位青年旅长敦厚、朴实，待人和蔼，内心更加敬重，便毫无戒心地攀谈起来："听说朱旅长是我们同乡？"

"要不是隔条巴水河，就跟你那个开县碰到一块儿了。既是同乡，就叫我朱玉阶为好。"朱德憨厚地回话。

"云南讲武堂真是出将才的地方，蔡锷将军的治兵方略确是高人一筹。"刘伯承好像不是专门来谈判，倒像是登门探讨论兵之道。

朱德也略知刘伯承为人诚恳，博学多才，是川军中初露锋芒的猛将。所以，也像讲家常一样，摆起"龙门阵"来："重庆将弁学堂也是人才荟萃的学府哟。伯承兄熟谙孙子兵法，讲求势险、节短，我们早有所闻。当年丰都一仗，对我们川南决战可是帮了大忙呀，蔡锷将军多次提到你。"

"我刘伯承没啥本领哟，给蔡将军打配合也没有打好，右眼都让北洋军打瞎了，这'一箭之仇'我是忘不了的。如今袁世凯早死了，可这仗还在没完没了地打，苦了四川的老百姓啊。"

谈到战争给民众带来的苦难，两人颇有唏嘘之感。朱德接着说："我这个四川人，在滇军里头带兵，回到四川又成客军啰。就是不打仗，老百姓还得花好多血汗来养活当兵的。开起仗来，更是十室九空，处处狼烟啊！"

两个人像知心朋友一样，谈论着四川局势、国家的前途、民众的命运，以及个人的抱负。当进入实质性谈判的时候，双方你一言，我一语，讨价还价，互不相让。因为双方所代表的利益不同，又有种种历史因素和政治因素的原因，只好靠枪炮来解决复杂的矛盾。刘伯承、朱德互道珍重之后，又回到各自的防区和阵地。后历经几月血战，双方互有胜负，军力不相上下。

关于这一段故事，美国作家史沫特莱曾在《伟大的道路》一书中记述说：

"人们走着不同的道路，朱将军谈起了有关刘伯承的事。'有的人做了军阀而不思悔改'，有的人随军阀陷入泥潭，但最终找到了新的革命道路；也有的人看到了新的道路，却因为过去中毒太深而不能自拔。许多国民党军人变成了新军阀。而刘伯承和我两个则找到并走上了新的革命道路。"

以后，朱德出国留学，寻找马克思主义并加入中国共产党。刘伯承亦几番周折，也终于走上了共产主义道路。

泸顺、南昌重携手

时间又过了六七年，两位布衣将军又见面了。地点还是在四川。

在 1926 年夏秋间，北伐战争爆发，为配合国民革命军北上，和创建由我党领导的武装力量，中共中央决定在四川泸州、顺庆组织武装起义。

为着组织和发动起义，刘伯承同朱德在四川万县渡过了几十个日日夜夜。

1926 年 7 月中旬，朱德回国以后，即到上海与中共中央负责同志商谈四川军事，并多次同国共两党的军事情报人员开会进行研究。在中共中央的整个设想中，曾把万县当作开展军事运动的突破口之一，试图用较为和平的方式拉出一股力量。因为朱德与杨森曾在滇军中共过事，有旧的关系。当年朱德出国时，杨就"许诺"请朱德回国后主掌参谋部并兼一师师长，以报答救命之恩。基于这种"特殊"历史关系，中共中央派朱德前往杨森部工作，在 8 月底到达万县。见面以后，杨森信誓旦旦地表白一番如何渴望参加国民革命，接着就大开海口要钱要枪，对早年的"许诺"却闭口不谈。朱德正告杨森：钱和枪都没有，但是国民革命一定要胜利！你如果不真心实意地参加过来，还想侧击北伐军，你就毫无前途。

当北伐军占领武汉，迈出武胜关的时候，杨森似乎对吴佩孚的信心动摇起来。在朱德的教育和敦促下，表面上归服革命，还在行动上有所表现。可是，杨森一贯玩弄两面手法，表面伪装革命，背地里仍投靠北洋政府。在 9 月下旬，他借"出师北伐"为名，实际上派兵援助吴佩孚，乘隙进犯武汉。对杨森的这一工作虽未取得大的成功，但万县的试探，仍有一定的实践意义——它使泸州、顺庆起义选择了在党的领导下，举行大规模兵暴的形式。

刘伯承抵达万县以后，即在原"宝隆洋行"朱德办公处开秘密会议，分析万县形势和全川军事。当时朱德在万县任杨森部（国民革命军第二十军）党代表，并代理该军政治部主任。朱德说："杨森秉性奸狡，他不听我的话。"欧阳钦插话说："不听话，喊杨森把印交出来。"朱德看透杨森的反动本质，严肃地说："杨哪能交印。"

当时，杨森正在调兵遣将，大举进犯武汉，万县形势渐趋恶化。刘伯承关心地对朱德说："玉阶兄，你住在万县是很危险的。要设法离开。"中共中央也一再电催朱德离开万县。但因工作脱不开身，朱德仍继续留在"虎穴"。在环境恶劣的情况下，朱德临危不惧，处变不惊，一面与杨森开展斗争，一面积极参加和领导即将爆发的泸州、顺庆起义。

1926年11月中旬，杨闇公、朱德、刘伯承等人在重庆浮图关刘伯承同志家开紧急会议。会上，根据中共中央的指示，由杨闇公、朱德、刘伯承三同志组成"中共重庆地委军事委员会"，杨闇公兼任军委书记。军委会负责领导全川军事运动，统一指挥四川武装起义。这是加强党对军事斗争的领导，独立自主抓武装的一项重要措施。

第一次军委会，以泸州、顺庆起义为中心议题。首先由刘伯承传达中共中央关于加强四川军事运动的指示和利用川军矛盾，组织泸顺起义的战略构想和具体策略。

会议还确定刘伯承任起义军总指挥。

1926年12月初，泸顺起义爆发，12000余名军人从旧营垒中冲杀出来，向北洋政府宣战，并坚持167天，为配合北伐战争作出了巨大贡献，同时也为我党掌握武装力量提供了宝贵的经验。刘伯承、朱德作为这次起义的主要领导人，同生死、共命运，结下难忘的战斗情谊。

1927年7月15日，汪精卫反动集团实行所谓"分共"，"宁汉合流"已成定局。加上陈独秀的右倾机会主义错误，使整个革命遭到巨大挫折。为挽救危局，朱德、刘伯承等根据党的决定前往江西南昌，领导发动更大规模的武装起义。

南昌的夏天，酷暑难当，刘伯承作为南昌起义的参谋长，又一次开始同朱德合作。在南昌，没有谁能比朱德更了解敌人方面的全面情况了。他

的公开身份是南昌的公安局长，又是军官教育团的团长，驻南昌国民党军的那些头头脑脑，绝大部分都是他原在滇军工作时的老同事。加上这几天他又有意识地观察了解，把南昌驻军各方面的情况都摸得一清二楚。晚上，他把这些情况向恩来、伯承同志作了详详细细的汇报，并向恩来建议起义时应该如何进行战斗。

起义的时间越来越临近了，朱德也更忙了。他一方面要和刚刚开进南昌城的起义部队（贺龙率领的国民革命军第二十军和叶挺率领的国民革命军第十一军第二十四师等）秘密接头；另一方面还要巧妙地去应付国民党军队和地方反动当局各方面的人物。他要在不同的场合扮演不同的角色，而且要演得生动、逼真。

经过几天的准备，各项工作都基本就绪了，各起义部队也都有了明确的分工。朱德根据前敌委员会的决定，部署了军官教育团起义时的行动方案，命令军官教育团在起义的战斗打响时，迅速解决附近的敌人。他自己，则要去完成前敌委员会交给他的另一项特殊的使命——"请客"！

7月31日的下午，国民党军第二十三团团长卢泽明、二十四团团长肖曰文和一个姓蒋的副团长，同时都收到了朱德请他们吃饭的请柬。三个人受宠若惊，欣喜异常。傍晚，他们都满面春风地赶来赴宴了。

宴会是极为丰盛的，主人又那样热情豪爽，大家越喝兴致越浓。9点过后，酒醉饭饱了。但大家兴犹未尽，朱德又提议打麻将，于是一场"竹战"又开始了。

朱德在同军阀们"竹战"，刘伯承则率参谋人员奔波在第一线，一场真枪实弹的战斗正在加紧准备着。城里已经戒严，起义军总指挥部已经下达了"河山统一"的特殊口令。埋伏在各指定地点的起义军战士们，已把白毛巾缠在左臂上，电筒上贴上红十字条，快刀拔出皮鞘，子弹压进枪膛……

午夜2时，起义的枪声响了。刘伯承所统领的参谋团，协同各部起义军战士们从各个地区向预定目标发起了猛烈的攻击。敌二十三、二十四两个主力团由于团长去赴宴还没有回来，失去指挥，结果很快地就被消灭了。其他的敌军也因毫无戒备，成批成批地作了起义军的俘虏。军官教育团按照朱德同志的布置也投入了搜索敌人的战斗。

经过4个多小时的战斗，敌军3000多人被全部歼灭了。起义军指挥部的大楼上升起了一面鲜艳的红旗，它象征着南昌起义的胜利，也宣告了人民军队的诞生。

在起义的整个过程中，朱德同志不仅为起义军提供了许多重要情况，起到了里应外合的作用，而且利用他特殊的身份和条件，麻痹和牵制了敌人的指挥官，为起义军顺利地消灭敌人创造了极为有利的条件。两位布衣将军又一次在一起共同揭开中国革命历史的新篇章。

后来，南昌起义失败，他们又率部南撤，分别前往湖南、广东。朱德在湖南南部又组织领导了著名的湘南暴动，并率队前往井冈山，同毛泽东会师，开始创立井冈山根据地。刘伯承则由香港、上海转赴苏联莫斯科留学。至于他们再会于井冈山共事，则是5年以后的事了。

万里征途赤胆心

1932年初春，刘伯承到达江西中央革命根据地。进瑞金之后，他很快就见到了阔别5年的朱德同志。两位老战友相见，畅叙了别后的情形。朱德同志向他详细介绍了中央革命根据地的情况。

随后，朱德又引见了毛泽东、左权、周恩来同志。他向中央负责同志表示，愿意到革命斗争的第一线担任军事工作。可是，组织上却安排他到红军学校工作，担任校长兼政治委员。

1932年10月宁都会议之后，刘伯承担任了红军总参谋长，朱德仍为中央革命军事委员会主席。在反"围剿"的战斗中，朱德在前线，刘伯承也到前线。朱德在指挥所，刘伯承便带参谋人员辅佐左右，可以说是生死之交，形影不离。

在第五次反"围剿"战争中，共产国际派来的军事顾问李德来到中央革命根据地，他照搬照套苏联军事教程和条令，推行军事教条主义，驱使红军与强大的敌人硬拼。

刘伯承为了革命战争的胜利，为了红军战士的生命，站在朱德同志一边与李德进行了面对面的坚决斗争。1934年5月间，刘伯承严肃地告诫李德："如果我们不停止这种拼消耗的战术，采取机动灵活的方针，根据地将会丧失，红军将会拼光，我们也会变成千古罪人！"

李德是个十分骄横的军人，他的回答照例是大发一顿脾气。最后，又以谩骂和嘲笑的口吻说："你连一个参谋的水平都不如，亏你还进过伏龙芝

军事学院。"

不几天，刘伯承接到博古的通知，他被撤销了红军总参谋长职务，下放到五军团任参谋长。这是刘伯承从军以来第一次遭到罢免，也是在王明路线泛滥时期，继毛泽东同志被解除军权之后，又一名红军高级领导人遭到贬斥。朱德虽作过艰苦努力，但无济于事，只能靠彻夜长谈和散步来安慰四川老乡。

长征开始，刘伯承被下放到五军团任参谋长。他忍辱负重，顾全大局，协助军团首长指挥殿后部队的后卫，与敌浴血苦战，掩护中央、军委和红军主力转移。

在决定红军命运的重要时刻，党中央召开了黎平会议，改变红军前进的战略方向。在会议上，朱德等力排众议，坚持调刘伯承回军委任职，担任红军先遣司令。因为，作为军委主席的朱德，在万里长征的跋涉和战斗中，需要一位英勇善战，足智多谋的参谋长和开路先锋。这一重任，只有刘伯承才能承担。

刘伯承担任红军先遣司令后，改以机动灵活的游击战、运动战，率部斩关夺隘，迭挫强敌。

1935 年 6 月，红一方面军和红四方面军在懋功会师。刘伯承作为中央代表团成员前往红四方面军驻地——川康边界的杂古垴进行慰问。

然而，在一、四方面军会师以后，野心家张国焘自恃枪多人多，向党闹独立性、争兵权，反对中央北上抗日的正确方针。为了团结和教育四方面军广大干部，党中央在毛儿盖会议决定，将红军分为两路大军继续北上：毛泽东同志率右路军前进；张国焘率左路军行动。刘伯承和朱德同志一道，随左路军前进。但在部队到达阿坝地区以后，张国焘反党野心进一步暴露出来。他用各种手段欺骗和裹胁四方面军和一方面军的五、九军团掉头南下，向川康边境的天全、芦山一带退却。

刘伯承和朱德在处境十分危险的情况下，同张国焘的分裂主义和军阀主义行为进行了坚持不懈的斗争。

有一天，部队紧急集合，说是张国焘要来给五军团的部队讲话。队伍在一个小土坡下刚整队完毕，张国焘就气呼呼地走来了。他一张嘴，就大肆攻击党中央、毛主席坚持北上抗日是"逃跑主义"，不能取得最后的胜利。又过了几天，一件意想不到的事发生了。

这天上午，五军团的保卫局长突然接到一个电话，说"有一股有组织的反革命武装抢老百姓的东西，还准备武装叛乱，都是五军团的人，现在被抓住了。"

保卫局长一了解，原来是五军团掉队人员总共有 20 多人。保卫局长首先来到朱总司令和刘伯承住的地方报告。朱总司令听完汇报平静地嘱咐说："你去处理这件事，一定要注意方式方法，要注意团结。回去以后，告诉你们军团长，对部队要加强教育，把部队管好。"保卫局长来到关押人的地方，问了他们的名字、所在部队、武器的号码等，回答和花名册上登记的完全一样，证实是掉队的人员，而不是所谓"武装叛乱"。可是，张国焘的人却厉声地斥问他们："你们为什么抢老百姓的东西，为什么搞反革命活动？说！"

这 3 个战士异口同声地说："我们根本没有抢老百姓的东西，我们也根本不是反革命！"

"怎么没有抢老百姓的东西？老子亲眼看见的。"张国焘手下的人拍着桌子吼道。

那 3 个战士一点也不害怕，他们说："我们好好地在路上行军，被你们抓来了，哪个抢老百姓的东西啦？莫冤枉好人嘛。"

事情已经很清楚，是张国焘的分裂行为，故意制造矛盾。

为了解决矛盾，他们一起来到总部，找朱总司令汇报情况。

来到会场，屋子里的人满满的。朱总司令、刘伯承都在，张国焘也在。保卫局长刚刚汇报完，张国焘手下的另一员干将就气势汹汹地走过来，指着那位局长的鼻子骂道："你不听指挥，老子今天偏要指挥你。你是假革命！是反革命！"说着，就把驳壳枪掏了出来，推上子弹……

会场上的空气骤然紧张起来。可是张国焘却静坐在一旁，默不作声。

这时候，朱德、刘伯承霍地站起来，朱总司令大声喊道："保卫局长到我这边来。"转过身又威严地责问那个举枪的人："你要干什么？"

场上的气氛刚刚缓和了一些，张国焘的秘书长黄超便跳了出来，冲着朱总司令大嚷起来："你说，你为什么要坚持北上？"

朱总司令从容镇定地回答说："北上的决议，我是在政治局的会议上举过手的。这个路线是正确的，我坚决拥护。我是一个共产党员，我的义务是不折不扣地执行党的决议。"停了一下，他又说："党是一个整体，不能

分裂。红军的行动应该按照党中央的决议执行。"

"行了，别说这些了。我们现在要南下，你支持不支持吧。"

朱德、刘伯承一齐说："我们是支持北上的。你们非要南下，我们也没有办法，但南下是没有出路的。你们这样做，就是分裂了党，分裂了红军。"

"北上！北上！你为什么不现在就北上？你走你的阳关道好了，我们这里并不需要你！"

朱总司令理直气壮地反驳道："我和伯承同志来左路军工作，是执行党中央的决定。我的任务是同四方面军的同志们一道执行党中央的决定，共同北上。既然你们现在不肯北上，那我就只好等待，但绝不能够丢下党的工作就走。我始终坚信，四方面军的广大指战员是顾大局、识大体的。他们最终是会走到党中央、毛主席的身边来的。至于有的人要我起来反对毛，干脆说吧，这办不到！朱毛，朱毛，人家外国人都以为朱毛是一个人，哪有朱反对毛的？你们就是把我劈成两半，也割不断我和毛泽东的关系。"

刘伯承也挺身而出，站在朱德一边，义正词严地说："毛主席早就说过，南下是绝路，无论从敌情、地形、居民、给养等各方面的条件来说，都是对我们极为不利的。可是有人却说北上是'逃跑'，只有南下才是'革命'的。谁是谁非，本来是很清楚的，将来会越来越清楚。我们一定要坚持，坚持斗争，坚决拥护中央北上抗日的路线。同志们在思想和行动上，一定要注意顾全大局，要讲革命，讲团结。要看到四方面军的广大干部战士都是好的，是要革命的，都是我们的阶级兄弟。他们有许多优点，英勇善战，吃苦耐劳。你们应该很好地向他们学习。你们军团能攻善守，英勇顽强，优点也很多，但你们的人还不多嘛，光有你们也不行。所以，大家要注意和四方面军的同志搞好团结，少数人要破坏团结，你们切不可上当。团结就是力量，只有加强了全体红军的团结，才能克服一切困难，争取革命事业的胜利。"

1936 年夏天，英勇的红二、六军团历尽千辛万苦，长征来到甘孜地区，和左路军胜利会师了。在朱总司令和刘伯承等同志的坚决斗争下，同时也在红四方面军广大指战员的强烈要求下，张国焘才被迫同意重新北上。朱德同志曾高度评价刘伯承同志在土地革命战争时期和长征中的伟大功绩，指出："10 年苏维埃运动中，伯承同志曾历任军委总参谋长、红大校长，襄助党中央及军委擘画军事，培植干部。在红军万里长征中，伯承同志指挥五军团，有时任先遣，有时作殿后，所负任务无不完成，尤以乌江、金沙江、安顺场、大渡河诸役为著，更表现了艰苦卓绝、坚决执行命令的精神和军事的奇才。特别是在与张国焘路线作斗争中，坚持党中央的正确路线，团结教育红四方面军广大干部到党中央的路线上来，促成红四方面军和中央红军的会合，更表现了他政治上的坚定不移、善于工作的特长。"

情深似海阔无边

"七七事变"后，红军改编为八路军，朱德担任总司令，刘伯承在总司令麾下任一二九师师长。

1937年9月30日，刘伯承亲自率领一二九师指挥所和七六九团组成的先遣队，从陕西富平县庄里镇出发，浩浩荡荡，东渡黄河，向晋东南抗日前线进发，开始了创建太行山抗日根据地的新时期。

1937年10月19日，一二九师首战阳明堡，刘伯承所部以一个营的兵力，夜袭日军机场，仅用一小时激战，便毙敌百余名，焚毁日军飞机24架，使日军空中突击力量一时处于瘫痪。

从10月25-28日，刘伯承又指挥部队连续出击，在山西平定县附近的七亘村，连续两次成功伏击日寇辎重队，共击毙敌人400多名，缴获战马300多匹。同时，使被围困在榆关以南的国民党第三军千余名官兵得到解救。

11月初，刘伯承又指挥七七一团在昔阳附近的黄崖底"重叠待伏"，第一天毙伤日军一三五联队300多人，缴战马200余匹。第3天，又和兄弟部队一起歼灭日军二十师团近千人，缴获骡马700余匹，步枪300余支。几天后，七七一团再次和兄弟部队一道，设伏于黄崖底附近的广阳、户封地区，给日寇以沉重打击。

这一系列战斗的胜利，打破了日寇不可战胜的神话，打击了侵略者的嚣张气焰，鼓舞了全国抗日军民。

刘伯承经常到总部向朱总司令汇报和请示工作，一起商讨游击战法。同时，部署所部严密监视日军行动，不断粉碎日军"扫荡"，粉碎日军所谓"益子中队"（特工）的阴谋暗杀活动，全力保障朱德总司令和总部机关的

安全。

1940年11月27日。适逢朱德总司令54岁生日，刘伯承专门前往祝寿。朱德在祝寿会上说道："我认为今天开会不是简单地庆祝我个人，而是你们在庆祝中表现出你们对中国共产党和八路军的热烈拥护。对于同志们这种庆祝的热情，我个人实在不敢当。我只有更加努力为国家民族为人民为无产阶级事业奋斗到底，尽自己的一切力量，和大家共同努力，争取革命的胜利，来回答同志们。"朱总司令还说："你们不要庆祝我，我要庆祝你们。因为你们已经学到了马克思列宁主义的真理，走上了争取民族解放的伟大道路，用不着像我早年那样为寻找这条道路而碰得头破血流。今天的形势已经比过去好得多了，你们的前途一定是光明的，幸福的。"

在刘伯承心目中，朱德总司令的品德是十分高尚的，一直是他学习的榜样，崇敬的楷模。朱德对刘伯承也评价很高，一直视为亲密的战友和兄弟。1942年12月，正是刘伯承50寿辰。当时党组织为了鼓舞全体军民的抗日斗志，表彰刘伯承同志领导一二九师和晋冀鲁豫根据地军民英勇抗日的辉煌战绩，决定在太行山根据地为刘伯承同志举行祝寿活动。党中央举办的《解放日报》（延安版）、《新华日报》（华北版），以及一二九师《战旗报》，分别发表了中共中央和朱德等同志贺文、贺诗，以及《刘伯承将军略历》等。

朱德总司令在延安《解放日报》发表《祝刘师长五十寿辰》一文，文中回忆了刘伯承同志追求革命、追求真理的漫长历程和历史功绩，同时，高度赞扬刘伯承同志，文中写道："……护国、护法两役，伯承同志虽然尚为青年军人，但已以骁勇善战、足智多谋，成为川中名将。在此复杂激烈的战斗中，表现出他追求民族解放的革命意志，坚持不懈。"在文中，朱德还以一位老领导、老战友的身份，高度评价刘伯承在几十年革命斗争中的丰功伟绩，在军事理论方面的独到创造。其中，尤对刘伯承的高尚军人品质给予赞誉，称刘伯承"具有仁、信、智、勇、严的军人品质，有古名将风，为国家不可多得的将才。"

朱德总司令还挥笔题诗，祝刘伯承师长50寿辰，诗中写道：

"戎马生涯五十年，凭歼日寇镇幽燕；

将军猿臂依然健，还我山河任仔肩。"

一个是总司令，一个是师长，两位布衣将军在抗战的烽火中，深受全国军民的爱戴，被世界反法西斯阵营奉为中国抗日名将。抗日胜利后，朱德总司令又统率人民军队向国民党反动派的内战行为进行反击。在自卫战争的第一个年头，刘伯承率部冲在最前面，先后取得上党、白晋、陇海、同蒲、定陶等战役的胜利。1946 年 11 月间，刘伯承在滑县一带向国民党军发起攻击，他决心再打一个漂亮仗，作为给朱总司令的 60 岁生日寿礼。果真，此役历时 4 天，歼敌 12000 余人。

新中国成立后，刘伯承主动到南京创办军事学院，得到朱德总司令的全力支持。

1954 年 3 月下旬，中央人民政府人民革命军事委员会任命以朱总司令为主席，刘伯承等为副主席的国家考试委员会，对基本系、情报系的毕业学员进行严格的考核。

3 月 27 日，刘伯承向中央军委作了《为呈请审核毕业证件》的书面报告。报告中说：凡经国家考试及格者，颁发毕业证书一份，毕业证章一枚。成绩优秀者另颁发毕业奖状和奖品。

对此，朱德同志深表赞同。4 月中旬，朱总司令亲自南下，到南京军事学院，亲自主持基本系、情报系第一期军事理论考试。

刘院长陪同朱总司令视察了各军兵种教授会、专修室。朱总司令饶有兴趣地看着墙上的照片和图表，指点着一些兵器和刘院长愉快交谈。刘院长告诉朱总司令，专修室有几十个，为教学和学术研究提供了方便。朱总司令连连称赞专修室建得好，并建议内容要不断更新，不断充实。要把它们充分利用起来，为教学和学术研究服务。

4 月 25 日，基本系和情报系进行最后一门课程——军事理论考试。考试从上午 8 点开始。应考学员身着礼服，列队入场，按顺序进入应考室，抽签答题。考场气氛隆重、严肃。

这天，朱总司令在刘伯承陪同下，视察了整个考场，亲自考试学员，向全体毕业学员致训词，并接见了全院教授会主任以上干部。他对这些领导干部说：

"军事学院是我军的最高学府，建立 3 年多来，在刘院长领导下，在苏联顾问同志的帮助下，很有成绩。培养了许多教员，已能传授苏联先进军事科学。希望你们更加努力，把已得的成绩巩固起来，继续钻研，把为全军培养高级、中级干部的光荣任务承担起来。"

朱总司令有针对性地说："有些同志不爱学技术。战术学得好，这是很好的。但是战术提高了，技术不学好，在现代战争中，什么也搞不成。应该深刻了解，对于海军、空军以及炮兵、装甲兵的技术，如现在不注意好好学习，将来怎么指挥呢？现代战争中，技术是一个很重要的问题，有了现代装备，没有善于运用技术的干部，便是死的东西，只有学会善于驾驭现代装备的技能，才能在战场上创造出奇迹来，必须注意好好学习技术。"

他又说："军事学院准备组织学术委员会，成立学术研究机关，这对提高学术水平是很重要的。同时还要组织学术研究协会，广泛吸收学员参加，这是好消息。我要报告毛主席，告诉军委诸同志，支持你们办好。学员毕业后要把这个办法推广到部队中去，倡导部队研究学术风气，提高全军学术素养。"

最后，他勉励教员说："应该提高教员的待遇，提高教员的荣誉。军事学院是全军最高学府，你们是最高学府的教员，在全军中名誉是很高的。现在科学被尊重，教员到处被尊重，享有最高的名誉。同志们应把当教员看作是光荣、豪迈和荣耀的事业。"

朱总司令这番振奋人心的讲话，受到了热烈欢迎。至今，仍留在许多同志记忆中。

基本系和情报系第一期国家考试，前后进行了9天。参加考试的324名学员均获得比较好的成绩。其中5分的占30%，4分的占50%。还有45名学员各门课考试都得5分，被评为全院的优等生。

看到这样的好成绩，看到新一代中国将军的成长，两位老元帅会意地笑了。当天晚上，刘伯承亲自在家里设便餐招待"老总"，菜谱上有两位四川老乡最爱吃的"回锅肉"。

（陈石平）

"同伯承一起共事，我们心情是非常愉快的"

——刘伯承和邓小平

刘伯承与邓小平作为统率一支战略方面军的司令员与政治委员能够紧密合作，长期共事达 13 年之久，这在我军的历史上是绝无仅有的，堪称为我军的一个之最。难怪邓小平在刘伯承逝世后，满怀无比悲痛的深情，撰文写出下面的词句，抒发心中的依依之情，以悼念他最亲密的战友刘伯承同志。"伯承久病，终于不治。我和他长期共事，相知甚深。他的辞世，使我至为悲痛。" "我们一起工作，是 1938 年在八路军一二九师，一个师长，一个政治委员，以后在晋冀鲁豫野战军、中原野战军、第二野战军，前后共事 13 年，两人感情非常融洽，工作非常协调。我比他小 10 多岁，性格爱好也不尽相同，但合作得很好。人们习惯地把刘邓连在一起，在我们两人心里，也觉得彼此难以分开。同伯承一起共事，一起打仗，我的心情是非常愉快的。伯承善于与同志团结共事的高尚风格，在今天仍是我们领导干部的表率。"

并肩驱日寇　困苦友谊深

1938 年 1 月 7 日，邓小平在洪洞参加了北方局和八路军总部召开的中央军委华北军分会会议之后，根据中共中央的决定，于 1 月 18 日到刘伯承任师长的一二九师担任政委。

1938 年 10 月，武汉失守。中国的抗日战争从此进入了战略相持阶段。日本帝国主义把过去集中主要军事力量打击国民党军的方针，改为对国民党采取以政治诱降为主，以军事打击为辅的方针，并逐渐回师华北，企图集中优势兵力消灭我军，摧毁抗日根据地，以巩固其占领区。

一二九师在得知日寇企图通过对我根据地进行大举扫荡，以消灭或驱

逐我军的消息后，立即投入到了反扫荡的紧张准备之中。邓小平由于去延安参加党的六届六中全会，此刻虽不在一二九师，但他十分挂念刘伯承，也很关心反扫荡的各项准备工作。由于不能同刘伯承当面商讨，于是，邓小平在10月15日，从延安打电报给刘伯承，提出了自己关于粉碎敌人扫荡的几条建议，供刘伯承参考：

一、准备路东纵队下编两个等于旅的大支队，路西编成两个大支队，旅级干部我们可以带几个来。目前新部队应轮换集中训练，中心在巩固与提高战斗力。

二、路东应用大力筹集款子，用提省款控制流通券基金与政府存款、募集救亡公债等方法实现之，以300万元为目标。

三、加速解决冬季用品，并尽可能从路东运大批粮食到路西。在太行山筹划半年以上军粮。

四、路东兵工器材即运路西。

从这份电报中可以看出，刘伯承与邓小平相互间是非常尊重的。在重大问题和要事的处理上，从不独断专行，总是经过共同商量之后才以两人的名义往下布置。而在两人分开，不能面商时，则通过函电的方式交换意见。

百团大战之后，日军对抗日根据地开始进行疯狂的反扑，华北敌后的抗战于1941年至1942年进入最艰苦的阶段。对于日本帝国主义来说，自1941年12月8日发动了太平洋战争以后，此时处于极为不利的两面作战的境地。日军为摆脱这种不利的局面，决心尽快结束对华作战，以便转用兵力对付更强大的美国，计划把在华的兵力由1940年的77万，逐年递减至1943年的50万。为实施该计划，日军参谋本部认为"应趁削减兵力计划实施之前，全力以赴进行一战"。从"进退维谷的境地"里争取主动，避免"被拖入持久战的危险"。

一二九师为尽快扭转上述的不利局面，在1942年春经研究决定刘伯承留太行指挥反扫荡作战，邓小平率七七二团一部到太岳区布置、检查工作，总结斗争经验。

1942年3月中旬，邓小平一行就要出发了。刘伯承依依不舍地紧握着邓小平的手，慢声慢语地一再叮咛，路上要多多保重，又对随行的人员再三告诫，千万保证政委的安全。邓小平也同样提醒他的老战友，注意掌握工作节奏，不要过于劳累，保护好革命的本钱——身体。在语重心长的话别之后，邓小平缓缓地走远了。送走了邓小平，刘伯承仍然感到不放心，又马上嘱咐李达参谋长："现在敌人扫荡很频繁，我们对邓政委的安全一定要保证。你立刻通知邓政委要路过的几个地方，叫他们把接送情况，在当天电告师部。"在作了这样的安排后，刘伯承还是感到不放心，每天都要到司令部值班室询问邓政委过路情形，关心邓小平的行踪。

3月19日晚上，当刘伯承再次来到值班室时，值班的参谋立即报告说，刚刚收到电报，邓政委今晚要通过白晋线去太岳区。刘伯承深知通过封锁线的危险性，因为当时一二九师的一个重要任务，就是掩护各级领导通过封锁线。而担任护送任务的部队，已由连增加到团，即便如此，也不能保证每一次护送都顺利成功，因此，刘伯承对邓小平的安全实在放心不下，生怕有个差错。为能在一旦发生意外时，迅速采取应急措施，刘伯承一边仔细地查阅值班日记，一边对两个值班参谋说："情况我都知道了，现在你们去休息，我来值班。"

这两个参谋又怎么能让他们敬重爱戴的师长替自己值班呢？于是连忙说："师长放心，一有情况我们马上报告，决不会误事的，师长请休息吧。"

刘伯承看说不动他们，干脆站起身，一手拉一个，硬是把他们拉到隔壁房间，按倒在床上，并扯过被子替他们盖好，说："你们先睡一会儿，这是命令，到时候我再来叫你们。"

刘伯承回到值班室。一边等下边报告政委的消息，一边思索着师里的工作。就这样，一直等到了深夜，陈赓发来了电报说，邓政委已安全到达了太岳区，总算放下心来的刘伯承此刻才叫醒了睡得香甜的两位参谋。望着眼睛里布满了血丝，神情疲倦的师长，两位参谋不仅再次领悟了师长与政委之间的感情是何等的深厚，同时也倍感师长不仅对政委还有对部下的关心爱护之情。

刘伯承、邓小平这次虽然分头领导太行区和太岳区的对敌作战，但这并不妨碍两人之间的密切协商。1942年5月1日，日军开始对我冀中根据地发动了有名的"五一大扫荡"，并且还扬言，不日即开始扫荡太岳区。邓小平5月3日致电刘伯承，提出："我拟于一礼拜内去中条山，在日攻苏（联）、蒋（介石）北进条件下，集中力量干下列三件事：一、根据地军民紧急动员，积极准备粉碎敌人的扫荡，反动派胆敢向我进攻坚决消灭之；

二、严密党的组织；三、发展统战工作，在一定原则下发动群众斗争。"

刘伯承看过电报后，对参谋长李达说，小平提的这三件事，对太行、冀南都是适用的。在敌顽的进攻面前，我们不能"左"倾，要大力开展统战工作，争取多团结一些人，多发动一些群众，这样才能扭转退缩的局面。这次日寇先扫荡太岳区，马上腾出手来就会扫荡太行。小平那里已开始准备了，我们这边也要着手准备，我们要依靠这个整体的力量，并肩协同打破敌人的扫荡。

刘伯承不仅在战前进行作战部署时认真听取邓小平的意见，共同确定作战方案，就是在战后总结时，刘伯承也是和邓小平共同研究，绝没有因为自己是军事干部，主要负责作战指挥，就自己说了算。

刘伯承和邓小平互相关心，互相支持的战斗情谊，尤其表现在局势恶化，处境险恶时，都是担心对方的安危胜过担心自己，尤其是在他们分开活动时就更是如此。日寇这次对太岳区南部和太行区南、北部的大规模扫荡，历时38天，调集的兵力达3万余人，采取"捕捉奇袭"，"铁壁合围"，"辗转清剿"等战法，但其结果却是以损兵折将3000余人而告终。

在这次反扫荡作战中，刘伯承、邓小平都曾遇到一些风险。邓小平于5月17日到五新亭、聂真的驻地暖迪村布置完工作后，于18日共同转移，而敌人则紧接着于19日占领了暖迪村。听到邓政委险些与敌遭遇，刘伯承马上去电询问详情。而刘伯承于6月9日率师部在转移途中，被日军合围于涉县西南的石城、黄花地区，与敌人距离最近时，仅有几十公尺。处境极为险恶。刘伯承在讲述当时的情景时说："好险啊，差一点让鬼子'抉剔'掉，去见马克思了。刚才跟鬼子打照面的时候，连他们的胡子我都看清楚了。这个'抉剔'扫荡啊，可以使敌我杂处，煮一锅饭敌我都吃，走一路敌我相混，可谓极复杂、极残酷、极机动的斗争了。"

邓小平听了这一番本来是极富幽默感的讲话后，心情丝毫也不轻松，因为他实在太担心刘伯承的安全了。在事情过去了很久之后，每提起此事，邓小平总是要忍不住提醒刘伯承，千千万万要保证安全，同时也叮嘱刘伯承身边的随从人员要竭尽全力照顾好师长，绝不容许出半点差错。

经历了1942年夏季的反扫荡后，转眼间就进入了冬季，刘伯承迎来他的50寿辰。1942年，可以说是敌后各根据地斗争最艰苦、环境最恶劣的一年，就一二九师来说，经历了敌人5次"治安强化"，3次残酷的大扫荡。

为了鼓舞全体军民的抗日斗志，为表彰刘伯承领导一二九师和晋冀鲁豫根据地军民英勇抗日的伟大功绩，为提高并活跃部队的情绪，掀起一个向刘伯承学习的高潮，邓小平决定并报请中央批准，在太行山根据地组织了为刘伯承祝寿活动。

对于组织上的关怀和邓政委的深厚情谊，刘伯承深感欣慰。但他却坚决不同意举行祝寿活动，不愿宣扬自己。为此，他连自己的生日都秘不宣告。当具体承办此事的同志去向刘伯承了解一些事情时，刘伯承对他们说："我早就对记者说过，第一不准写我。第二不准写我是常胜将军。因为是党派我来当师长的，军队是党和人民的，我没有一兵一卒，一切成绩都是党和战士、群众的。缺点和错误才是我应负责的。另外我还告诉他，常胜将军世界上是没有的。军队只有多胜多败之分。不可能常胜。要说我们是常胜军，那不是事实。"

刘伯承的一番话好像一瓢凉水，使办事人员的热情一下降了温。他们没有料到平时平易近人，温和质朴的师长怎么变得如此"不通情理"，如此不肯合作。负有使命的办事人员不甘罢休，继续说："给您庆祝 50 寿辰，这是我们的工作嘛！"

但刘伯承仍是不答应，"搞复杂了嘛！你们无事找事，要是早说要和我谈这些，我根本就不答应你们来了！去吧！不要这样搞！日本帝国主义还没有打倒，群众还没有翻身嘛！"

无可奈何的办事人员实在没辙了，只好去搬小平同志。邓小平最知道，也最了解这位老大哥一样师长的性格脾气。因此，进得门来就说："师长乜，我看你还是要讲一下子！这是党组织的决定，也是中央批准了的。没得年谱和略历咋个庆寿嘛！这些人既然来啰，你就简要地谈谈嘛，更详细的以后可以再谈，你说好不好？"刘伯承沉默了片刻，说道："既然政治委员说了，这是党的决定，那我只好无条件地服从了。不过说实在的，我的生日已经过去十几天了呀！"邓小平说，"具体日子在哪天这不要紧，拣日不如撞日，依我看就定在 12 月 16 日好了。"刘伯承这回算彻底没话讲了，因为他历来是尊重政治委员和政治机关决议的模范。

1942 年 12 月 16 日这一天，晴空万里，阳光普照。太行山上锣鼓喧天，彩旗招展，军民一体，欢声震天，纵情高歌，衷心祝贺统帅兼士兵的刘伯承将军健康、长寿。一二九师师部宾客如云，函电如雪。八路军副总司令

彭德怀、罗瑞卿主任，滕代远参谋长，以及晋冀鲁豫边区政府和各个区党委的同志，都来到了师部，参加庆寿。中共中央机关报《解放日报》和《新华日报》以及一二九师《战场报》刊登了中共中央为刘伯承将军祝贺50寿辰的消息，朱德等同志的贺文、贺诗，以及刘伯承将军的年谱和略历。

邓小平作为与刘伯承亲密无间共事的老战友，又是这次为伯承祝寿活动的发起人和主持人，自然是有更多的话语要倾诉。为此，他撰写了热情歌颂刘伯承高尚品德及其为革命所作出的伟大贡献的长篇贺文——《祝福我们共同努力的事业胜利》。文中写道：

"热爱国家，热爱人民，热爱自己的党，是一个共产党员必须具备的优良品质，我们的伯承同志，不仅具备这些品质，而且把生平的精力献给了国家人民和自己的党。在30余年的革命生活中，他忘记了个人的生死、荣辱和健康，没有一天停止过自己的工作，他常常担任着最艰苦、最危险的工作，而每次都是排除万难完成自己的任务，他为国家和人民的解放事业而工作，简直忘记了一切，在整个革命过程中，树立了不可磨灭的功绩。"

跃进大别山 风雨同舟济

鲁西南决战后，蒋介石的重点进攻已基本上被粉碎，后方更加空虚。而晋冀鲁豫野战军和华野外线兵团，正集结在巨野、郓城地区，形成了强大的进攻态势。刘伯承和邓小平抓住这一有利时机，遵照毛泽东的指示，既不打陇海，也不打新黄河以东和平汉路，而是下决心不要后方，将部队稍事休整后，即于1947年8月7日，率10几万大军疾速南进，开始实施中央突破的壮举——千里跃进大别山。

8月11日，刘邓率部跨过了陇海路，继续向南挺进，8月16日到达黄泛区。刘邓纵马来到黄泛区北端，惨绝人寰的凄凉景象，展现在他们全体南征将士之前。

黄泛区就是黄河泛滥大水漫过的地区，地区相当广，豫东、皖北、苏北都曾屡屡遭灾，通常主要是指豫东地区。这里原本是一片沃土，但经黄河多次改道、泛滥，情况大变，黄水过后，黄沙淤积，有些地方成了沙荒，有些地方成了泽国，即便空出些可供居住耕作的地方，也是十涝九旱虫灾疫病，贫瘠异常。

　　从这几十里宽的黄泛区通过，那是很难想象的。晴天赤沙炙烤，水汽蒸腾，热得人发昏；雨天水深过膝，浑身淋透，冷得使人发抖。遇到泥沼地带，人人都得拔慢步，一拔就是二三里。不要说年长体弱的，就是那些年轻力壮的战士也要找个拐棍助步。人们手牵着手，互相搀扶着向前进。自从 6 月 30 日渡河至今一个半月，不停地行军、作战，没有休整、没有正常补充，官兵们饥饿困顿，羸弱多病，一时听不到追击的枪声，有的便仰倒地上不再想走了。

　　"慈不掌兵。"刘伯承横下铁石心肠，"走！说老实话，比我想象中的黄泛区要好得多。"邓小平故作轻松乐观，"我原以为许多地方要游着过，看来游泳的本事用不上了，拄着棍子就能过河，河既可过，路更可走。同志们，我们跟定司令员起劲走啊，走不动就爬，爬不动就抬，我们硬是要走过黄泛区，从死里走活。"

　　刘伯承挽起裤腿，向周围战士们说："咱们来一个比赛，看谁先涉过去。"战士们说："司令员，您上岁数了，不能跟我们比，还是我们用担架抬着您走吧。"邓小平身先士卒，裤腿一挽，第一个跳进水中，声音洪亮地说道："自古军队是'怕水不怕山'，我们是共产党领导的人民军队，一切都不怕，什么困难都不能阻挡我们前进！"说着挽住刘伯承，又关切地问道："怎么样，老伙计，吃得消吗？"刘伯承爽朗一笑说道："廉颇老矣，尚能斗食嘛。"邓小平会心一笑："那好，我扶着你，咱们一定能涉过去。"刘伯承和邓小平肩并肩着，手挽着手率先向沼泽深处走去。千军万马紧跟着主帅，在没膝的水中，缓缓向前。

　　1947 年 9 月底白雀园召开纵队领导干部会后，大大调动了部队积极因素。大军所到之处，所向披靡，横扫长江北岸，威震南京、武汉，引起敌人极大恐慌。刘邓决心利用敌人急于同我会战的心理，调动敌人，在运动中歼敌。

　　邓小平拿起红笔在高山铺打了红叉，说："高山铺一带地形很好，我们就利用这个狭长的山谷，打个伏击战，你们看如何？"

　　刘伯承说："我也正是这么想的，这次我们集中 10 个旅，一定要全歼这股敌人。"

　　10 月 26 日晨，担任诱敌任务的部队，采取边打边撤的方法诱敌步步深入。

待敌四十师全部进入山谷之后，天空中升起了三颗绿色的信号弹。一时间，枪声鼎沸，震耳欲聋。当敌人意识到，他们已走进了一条死亡之谷时，一切都晚了。经一天一夜激战，四十师全军覆没，我军共歼敌人1.26万余人。创造了进入大别山以来，第一次歼灭敌一个整师的纪录。

刘邓大军的节节胜利，令蒋介石十分懊恼。刘邓大军在大别山扎根，更像是一把尖刀插在了蒋介石的心头，使他终日不得安宁，于是由他提议，国民党统帅部于11月下旬成立了"国防部九江指挥所"，由国防部长白崇禧兼任主任，统一掌管豫、皖、赣、湘、鄂五省军政大权，企图以所谓对大别山采取"三网"、"三光"的全面围攻。

形势骤紧，大别山面临一场血与火的严峻考验。敌人把大别山围了个水泄不通，中间以重兵穿插，即将进入大别山腹心地区的部队，都是蒋介石、白崇禧的精锐部队。

为了打破敌人的"围剿"，刘邓经常率部进行行军转移。在漆黑的夜里刘伯承拄着棍子，摸索在崎岖的山道上。鸟道、羊肠、绝壁、峡谷，对年轻力壮的人来说，都不是轻而易举的，何况年近花甲多病的刘伯承呢？邓小平紧紧跟在刘伯承的身边，提心吊胆，提防着刘伯承不小心滑倒。路陡得难以形容，陡直地立在人们的面前，上触青天，下临无底。人们沿着遍是青苔的石级摸索，后边人的鼻子碰着前边人的脚后跟，只有攀援而上，或者爬行，或者坐着下到深深的洞底。在这种路上别人都无法帮忙，无法搀扶。一边爬山，邓小平一边思索，这样下去不是个办法，最好是司令部也一分为二，让刘伯承带一纵到淮西地区，开辟淮西，搭起大别山和豫皖苏的桥梁。到外线去可以保证伯承的安全和正常的指挥。

决心已下的邓小平马上召开临时前委会议，提议："伯承和际春带一纵和野直大部，向淮西展开，转出外线。"他接着说："大别山上留我、先念、李达足矣！"全会通过了这一提议。

刘伯承感到十分为难，留在大别山上的应该是他，而不应该是小平。他没想到小平率先提出，即使力争也是枉然。虽然自己年龄大，身体不好，政委不让自己留下，可是作为司令员，不留在大别山上，于心不安。邓小平笑着说："我们两个分开的好，不能集中一处让敌人一网打尽。"

刘伯承不好再争。邓小平理解刘伯承的感情，也明白一般干部的心情。他指着淮西地图说："留在大别山上，只是坚持这块阵地的斗争。淮西这个地方才是品字的中心，位置适中、机动，便于指挥南线三军配合作战。你们到淮西去是上策。我们3个，"他指着先念和李达说，"是壮丁。大别山上有3个纵队和军区武装，有我们3个人组成轻便的前方指挥部，足以和蒋介石周旋。分开以后，我们对上对下行文，还用'刘邓'的名义。"然后又对其他人员说："司令员的安全和生活，全托付你们身上，要寸步不离司令员身边。"

从今夜起，刘邓这两位一直并肩战斗的老战友又要各自率部队分开行动了，在分手的前夕，他们感到有说不完的话，要互相倾吐。在送刘伯承出征的路上，他们一直在交谈着。

刘伯承对邓小平说："你们的担子更重了，如果敌人得知我军分兵，必然要向内线施加更大的压力。"邓小平爽朗地笑了笑说："好嘛。这样就更有利于你们在外线机动作战了。"刘伯承没有说话，边走边思考着。突然，他回过头来对李达说："参谋长，我决定，还是把警卫团给你们留下，你一定要特别注意保护好邓政委和李副司令的安全，部队要善于摆脱敌人。""知道了。"李达应声答道。邓小平坚决地说："伯承，这可不行，警卫团还是你带走的好。"刘伯承固执地摇摇头，双手紧握邓小平的手。看到了老战友恳切的目光，邓小平点点头，不再说什么了。

又走了几步，刘伯承停止了前进，坚定地对邓小平说："小平，不要再送了，你看已经送了几里了，你们再不回去，我也不去了，咱们就一块回去。"邓小平点点头，深情地望着刘伯承说道："伯承，你身体有病，要多保重哟。"刘伯承、邓小平、李达依依不舍地握手告别。邓小平、李达双双上马，带队远去。刘伯承伫立在一个小土丘上，久久凝望着他们远去的身影。

蒋介石原想调重兵消灭刘邓部队，把解放军的势力赶出大别山，却不料弄巧成拙，非但没有达到目的，反而被刘邓所利用，乘机将一部兵力转出内线，继续向他的战略纵深展开。

刘伯承转战淮西之后，他对在大别山坚持斗争的邓小平和留下的部队，时刻挂在心上。为了能及时了解到邓小平的最新情况，他连在长期战争形成的一条规律都改变了。以往每天早上醒来，刘伯承第一件事是问天气如何，因为天气对作战影响极大。但是，他自从在大别山跟邓小平分手后，刘伯承竟把多年的习惯改变了。这些日子里，只要房门一响，他在休息中

醒来，第一句问话就是："给3号（邓小平政委的代号）联系上没有？他现在哪里？周围有多少敌人？我们的部队离他多远？"他这些急切的问话，包含着对邓小平极大的关怀与深情。

然后，他就会赶到通信处去，守在电报机房，亲自督促电台人员，与3号首长联系。当收报机在滴答声中传出发自大别山的讯号时，刘伯承和参谋人员们都屏息凝神地等着。当译电员译出：3号正在电报机房。刘伯承马上命令把截获敌人调动的情况和大别山敌人调动情况，统统拍发给3号，电报快拍完时，刘伯承赶紧加上几句：问3号好！随即电键传出最后一排密码：我好，问候司令员！刘伯承会心地笑了，笑得那样舒畅。每当刘邓之间联络沟通，双方通信正常，刘伯承的午餐就吃得有滋有味。他说着笑着，是那样心旷神怡。

身在两地，心悬一处的刘伯承和邓小平，互相关照，密切配合，经过1个多月紧张、艰苦的斗争，在内线和外线，共歼敌6.9万余人。由于刘伯承率部转入外线作战，因此，不但敌人对大别山的全面围攻遭到了惨败，而且由于外线吃紧，还迫使敌人先后从大别山调走了13个旅，大大减轻了内线的压力。我军粉碎敌人对大别山全面围攻的胜利，标志着我军在中原已站稳脚跟，挺进中原的战略任务已胜利达成。

1948年2月24日，邓小平、李达率领的野战军前方指挥部与刘伯承、张际春率领的中共中央中原局机关，及野战军后方指挥部在分别了两个多月后，又重新汇合在一起了。中共中央军委指示，在中原地区作战的陈赓兵团，陈士渠、唐亮兵团统归刘邓指挥。至此，我军中原各部队进入了三军会合，并肩作战，对敌开展大规模歼灭战的新阶段。

刘邓会合后，在向军委的报告中指出，改变中原形势的关键，在于打几个歼灭战。刘邓首先选中的目标是洛阳。

我军发起洛阳战役前，蒋介石在南京召见了驻防洛阳的国民党青年军二〇六师师长邱行湘。蒋介石对邱行湘说："军事的成败，关系到党国安危，如果不打败共产党，我们将死无葬身之地。你是经国一手提拔起来的，更应该在困难时，共赴困难，望你不负所望。"邱行湘声嘶力竭回答道："委座的训示，学生刻骨铭心，我邱行湘不成功便成仁！决不辜负委座的栽培！"

可是，当我军于3月14日攻克洛阳后，邱行湘匆忙换上了士兵服，将中正式短剑扔到刚换下的少将军服上，喃喃道："委座，请原谅，学生无奈，只得"以衣代首"了。说罢向外逃去。当枪声停止后，身材矮小，但穿了一身肥大士兵装的邱行湘，像个滑稽的小丑，耷拉着头，站到了一群高级军官的俘虏行列中。

1948 年 5 月，为迎接全国的胜利，协调中原各解放区及地方武装部队的行动，中共中央决定成立中原军区（辖 7 个军区），任命刘伯承为中原军区司令员，陈毅、李先念为副司令员，邓小平为中原军区政委，邓子恢、张际春为副政委；同时，晋冀鲁豫野战军改名为中原野战军。从 5 月到 8 月，刘邓又指挥了宛西、宛东、襄樊等战役，并配合华东野战军在豫东发动了开封、睢杞等战役，歼灭蒋军近 6 万人。这其中，襄樊战役可谓中原战场全局中的另一着好棋，被朱德誉为"小型模范战役"。

襄樊一战，晋冀鲁豫野战军共歼灭蒋军 2 万余人，生俘国民党十五绥区司令康泽和副司令郭勋祺，解放了 8 座城镇，使解放军活动的触角和解放区的发展方向，伸向了汉水以西，长江以北。这一仗的结果，严重地威胁了蒋军的后方江南和四川，并把白崇禧集团拖滞下来，使白崇禧在以后的淮海战役中，不能抽出重兵前来解危。

到襄樊战役结束，正好是刘邓率部南渡黄河，挺进大别山一周年之际。这一年来刘邓历经了种种磨难，不仅胜利地完成了党中央所赋予的挺进中原的战略任务，而且发展巩固扩大了中原解放区，给敌人以沉重的打击，并给敌造成了严重的威胁，从而保证了我军由战略防御向战略进攻的顺利转变。

1948 年 10 月 11 日，毛泽东主席根据全国战局和中原、华东战场的军事形势，亲手制定了《关于淮海战役的作战方针》。这是在以徐州为中心，东起海州，西至商丘，北起临城，南达淮河的广大地区进行的一场空前规模的震惊世界的伟大战役。

在淮海战役即将开始之际，根据中共中央中原局会议决定，中原野战军决定实行南北分兵，拖散敌人，寻机歼敌的方针。由邓小平、陈毅组成前方指挥部，率中原野战军主力一纵、三纵、四纵、九纵夺取郑州，进而向东横扫陇海路，从西面威胁敌重镇徐州。由刘伯承、邓子恢、李达留在豫西指挥中原野战军一部，执行钳制敌武汉白崇禧重兵集团，以阻遏或迟滞其东援淮海战区的任务。

为了执行中央军委和毛主席确定的淮海战役作战计划，刘伯承与邓小平这次又要分开作战了。离别之前，邓小平对眼中布满血丝，神情显得略有憔悴的刘伯承说："伯承，可要注意节劳哟，你要累垮了，毛主席可要打我的板子了。"刘伯承对剃着光头，瘦得眼窝都塌下去了的邓小平说："放心，我这个人哪，只要在战场上不吃带铜壳壳的花生米，日后必定是无病而终。倒是你呀要注点意，少抽点烟，有好处。"陈毅在一旁说道："你们真是老乡见老乡，两眼泪汪汪。"他的话音刚落，3 个人都笑了起来。

一个月后，他们又会合了，直到取得淮海战役胜利。接下去便是渡江战役的胜利，刘邓并肩齐进。1949 年 10 月 1 日，中华人民共和国成立了。

不久，刘邓又率军挺进大西南，解放大西南。

刘邓这对最亲密的战友，在共事期间，最后完成的一件大事，就是指挥二野部队进军西藏，使西藏人民获得解放。

中央正式决定，由西南局担负向西藏进军和经营西藏的任务。刘伯承和邓小平仔细慎重地研究了人民解放军进军西藏的问题，于 1950 年 1 月 8 日，向中共中央、毛泽东主席报告了关于进军西藏的部署，决定以二野五兵团的十八军（辖 3 个师，军长张国华，政委谭冠三）为进藏部队。1 月 15 日，刘伯承和邓小平亲自在重庆主持召开十八军师以上干部会议，研究进藏事宜。会上，刘伯承和邓小平传达了中共中央、毛泽东主席的指示，要求部队"做好一切准备，9 月进军西藏"。并对进军的各项准备工作作了许多重要的指示。

就在解放军准备进藏期间，西藏地方政府在帝国主义的指示下，将其部队主力置于昌都一带，企图凭金沙江之险，以武装对抗阻止解放军入藏。昌都是藏东政治、经济中心，西藏地方政府的总署所在地，是解放军进藏必经的咽喉要地。刘伯承和邓小平果断地决定：一方面继续积极利用各种关系进行政治争取，一方面命令十八军，在政治争取不成的情况下，将于10 月间进行昌都战役，粉碎西藏地方政府企图以武力阻止解放军入藏的阴谋，促其内部转化、分化，争取整个西藏问题的和平解决。

刘伯承、邓小平等人组织指挥的昌都战役，消灭了藏军的主力，粉碎了帝国主义和西藏上层中的分裂分子企图分裂中国的阴谋，促进了西藏地方政府的转变和分化，为和平解放西藏创造了有利条件。

中华人民共和国一建立，中共中央主席毛泽东和中国人民解放军总司令朱德、政务院总理周恩来，就开始考虑一个具有战略意义的重大问题，即在现代战争条件下，部队军政素质的高低和战斗力的强弱，在很大程度上取决于对部队军官培训质量的好坏。所以，办军事院校就应该选拔卓越的军事将领去主持。毛泽东、朱德和周恩来几乎同时想到了刘伯承。就这样，在 1950 年 10 月间，毛泽东、朱德和周恩来决定，由刘伯承主持筹建中国人民解放军陆军大学。10 月 27 日，刘伯承奉毛泽东和朱德的调令，乘飞机赴北京，接受创办陆军大学的重任。

临行之前，最恋恋不舍的就算邓小平了。在过去的 13 年里，他们同思同行，同心同德，紧密配合，相得益彰，无论是自己的同志，还是对垒的敌手，都把他们视为不可分割的一体。就他们双方各自的愿望来讲，又何尝不想把这种建立在生死与共基础上的搭档关系再继续下去？然而，因工作的需要，他们又不得不分手，好在他俩始终心心相印。千山万水也隔不断他们的深情厚谊，刘伯承邓小平虽然从此不再是相随相伴的搭档了，然而历史却不会忘记，人民永远不会忘记刘邓这个响亮的名字。

（谢 戈 王秀英）

"万家生佛拜将军"

——刘伯承和吴玉章

刘伯承与吴玉章，在长期的革命生涯中，曾经有过朝夕相处，患难与共，并肩战斗的历程。后来，他们虽然不在一起工作，但仍是相互支持，相互勉励，努力协作，结下了深厚的战斗友谊，成为最亲密的同志和战友。

志同道合

刘伯承生于 1892 年，吴玉章生于 1878 年。他们的少年、青年时代，正是清朝的末期。他俩的年龄虽然相差 14 岁，但都身受清朝政府的反动统治，

目睹帝国主义列强对我国的侵略和蹂躏，对祖国前途忧心如焚，都想找一条救国救民的道路。吴玉章亲自参加了戊戌变法运动，刘伯承也受到了这次运动的洗礼。吴玉章从变法维新运动的失败中，觉得这条路不行，必须寻找革命的道路。1903 年，他留学日本，毅然剪去发辫，投入了孙中山先生领导的资产阶级革命运动。他抱着"仗剑纵横摧虏骑"的决心，参加了1911 年的广州起义和领导荣县、内江的独立。刘伯承则在国内寻求新学，立志从军。他抱着"仗剑拯民于水火"的决心，参加了反对清朝政府的学生军。他们身在两地，殊途同归，都投入了推翻清朝反动统治的辛亥革命运动。

辛亥革命的胜利，使他们欢欣鼓舞。辛亥革命的失败，使他们极为痛心，但都不灰心。他们仍在继续战斗，力挽危局。在窃国大盗袁世凯向国民党人大举进攻、中国天空笼罩着乌云的时候，他们积极投入了孙中山先生发动的"二次革命"。吴玉章同志在上海，建议孙先生令粤、赣、皖、湘四省都督联合通电，以先发制人；后又前往南京，策动江苏都督程德全独立；接着，又组织力量，筹备器材，企图炸毁停泊在吴淞口威胁革命中心上海的肇和军舰。刘伯承则在四川，参加了老同盟会员、四川讨袁军总司令熊克武的军队，参加和指挥了"讨袁战役"中隆昌、合川及泸州等地的战斗。他英勇善战，屡立战功，初现了他的军事才能。由于他们积极策划和参加反袁斗争，影响很大，被袁世凯和袁氏四川都督胡文澜恨之入骨，都遭到严令通缉。

在这种情况下，吴玉章不得不于 1913 年底流亡法国，刘伯承在作战中脚部负伤，也不得不潜回开县老家，躲藏在山中养伤。他们都在总结革命斗争的经验教训，继续寻找新的革命道路。

1914 年年初，吴玉章同志抵达巴黎，进了法科大学，攻读政治经济学。他曾专程去伦敦，要求英国社会党议员在国会反对借款给袁世凯，获得成功。同时，他与蔡元培等和法国人欧乐教授等组织华法教育会，以联系中西文化和对华工进行教育；还办留法俭学会，为中国革命培养干部，以待革命时机到来，回国参加斗争。

刘伯承则于 1914 年春到上海，参加了孙中山先生所组建的"中华革命党"，并初步树立了反帝反封建的思想。他参加和组织了上海各界反对"二十一条"亡国条约的运动，继而受命回四川发动"川东起义"，组织川东护国军。他在川东发动了多次起义，建立了四川护国军第四支队，负责军事指挥。他组织了多次战斗，配合蔡锷所部，打垮了四川袁世凯的军队。可是刘伯承却为此失掉了右眼。川东护国军由于顶梁柱刘伯承身负重伤，军心涣散，在袁军疯狂反扑下，终于瓦解。伯承在袁军重赏捉拿的危难情况下，潜赴重庆就医。

刘伯承伤势痊愈后，又在重庆组织游击活动。在熊克武请他担任四川护国军五师九旅参谋长以后，为打击四川旧军阀立了许多战功。袁世凯死后，段祺瑞掌权，仍然实行反动的军阀统治。四川也与其他地方一样，开始了反对北洋军阀的斗争，形成了军阀混战的局面。伯承苦于置身军阀混战之中。

吴玉章在袁世凯死后回国。他先在北京办留法勤工俭学预备学校，后又参加孙中山先生发动的护法运动。作为四川省的代表，参加了广州军政府的工作。由于他坚决反对桂系军阀排挤和背叛孙先生，被撤销了代表的职务。后来，他参加和领导了四川人民反对北洋军阀的"自治运动"。由于他拒绝军阀刘湘和杨森的利诱，遭到通缉。他只得离渝赴蓉，担任了成都高师校长。他在十月革命和五四运动的启示下，逐步形成了"走俄国人的路"的思想，并在不知道中国共产党已经建立的情况下，与杨闇公等秘密组织了"中国青年共产党"，希图在中国实现像苏联那样的社会主义革命。

刘伯承在军阀混战的局势中，一直进行着反对北洋军阀的艰苦战斗。1923年，他因腿部负伤到成都就医。这时，有人请他到军阀部队中担任要职，赚取高薪，他都加以拒绝，并转到犍为乡下闲居疗养。后来，他与吴老谈起这段经历时说："那时我实际上是在闭门思'过'。"这时，他已经开始认识到，北洋军阀和地方军阀只有新旧和大小之分，并无本质的不同，尽管他们都说得冠冕堂皇。他急切地寻找真正革命的力量。正当他为此苦闷的时候，在成都认识了吴玉章，并通过吴认识了杨闇公，刘、吴早已互相慕名，相识就一见如故。从此，他们过往甚密，"很快便成了知心朋友和革命战友，经常在一起讨论时局，研究问题"。

1924年，中国青年共产党组织了一个纪念"五一"和追悼列宁的群众大会，遭到军阀杨森的镇压，并扬言捉拿吴玉章。玉章遂即奔犍为，约同伯承一起，绕道贵州、湖南去上海，然后一起到北京。

他们在北京，见到了中共北京市委负责人赵世炎。赵世炎原是吴玉章

的学生，师生异地相见，格外亲切。他们在交谈中，玉章知道中国共产党已经建立，便毅然加入中国共产党，同时宣布取消中国青年共产党。他的这一符合党性原则的决定，得到党中央的赞扬。1926 年 5 月，刘伯承由吴玉章、杨闇公介绍，正式加入中国共产党。

相互配合

吴玉章入党后，奉命到中央接受任务，刘伯承同行。他们在上海，见到了党中央总书记陈独秀和秘书长王若飞。为迎接即将开始的北伐战争，党决定他们以原国民党员的身份在国民党内做统一战线工作。根据安排，他们先到广州经过国民党中央后，再回四川整顿国民党组织。在广州，他们见到了廖仲恺先生，也见到了蒋介石，于 7 月初赴重庆。

他们到重庆后，住在浮图关伯承家中。他们先找国民党四川省党部负责人黄复生、朱元洪商量整顿国民党组织问题，黄、朱既无兴趣，也无信心。于是，他们去找我党党员杨闇公等，决定成立新的国民党省党部，吴玉章任主任委员，负责整顿国民党组织；刘伯承负责军运工作。同时，秘密组织了中共四川地方委员会，杨闇公任书记，负责发展共产党的组织，开展工农运动。

他们经常在二府衙杨闇公家中开会，研究工作。决定先办一所学校，结果很快办起了"中法大学"，以培养干部；到中上层和军队中活动，以发展进步势力；建立了国民党的县市党部，并由各县市代表就地选出了吴玉章、杨闇公等 6 名代表，准备出席国民党第二次代表大会。

11 月，吴玉章、杨闇公和刘伯承去广州参加国民党"二大"。玉章被国民党中央推举为大会秘书长，闇公、伯承等则在秘书处工作。在毛泽东、周恩来等领导下，依靠我党党员的努力，大会筹备工作进展很快，国民党"二大"于 1926 年 1 月 1 日召开了。会上，吴玉章被选为国民党中央执行委员。

国民党"二大"结束后，吴玉章、杨闇公与刘伯承考虑到四川国民党组织刚刚建立，急需继续巩固，又返回四川。这时，四川和广东一样，左右派斗争已很激烈。他们决定积极发展革命势力，闇公负责共产党的工作，玉章、伯承负责策反旧军队。他们先策反了川军的两个旅，后来参加了伯承领导的"顺泸起义"。后又策反了黔军的两个师,编为国民革命军第9军和第10军。后来这两只部队与贺龙的部队一起,消灭了黔军袁祖铭部,攻下了宜昌。

这时,北伐战争已经开始,广州方面急电吴玉章回去,玉章和伯承于8月间又返回广州。

他们到广州时,北伐战争进展顺利。但随着北伐进军的胜利,左右派斗争日益加剧,蒋介石独揽大权,飞扬跋扈,阴谋反共。我党为反击右派的进攻,授命在国民党内担任重要职务的吴玉章等,联络国民党左派宋庆龄,何香凝等,召开了国民党中央和国民政府委员联席会议,并成立了有吴玉章参加的5人行动委员会,作为统一党政领导的机关。接着,召开了国民党三中全会。会上,吴玉章被选为国民党中央常务委员兼秘书,这些会议,都作出了一些有利于革命不利于蒋介石的决议。

伯承全力协助玉章贯彻执行党的任务,并且会见了周恩来。恩来提议伯承多作军事工作,把四川起义组织好。我党根据蒋介石反迹益露,北伐进军受阻,冯玉祥部困在西北,四川军阀杨森侧击武汉等情况,授命吴玉章在国民党中央会议上,提议派刘伯承回川策划军事工作,以配合北伐进军。会议同意了吴玉章的提议,决定给伯承"特派员"的名义回川,欧阳钦同往。

伯承回川后,与已在四川的朱德、杨闇公组成了中共四川地委军委,闇公兼任书记。军委会决定策动驻顺庆、合川和泸州的6个旅举行"顺泸起义",伯承任总指挥,陈毅协助。计划起义成功后,东进湖北,策应武汉,或北进陕西,配合冯玉祥部作战。

1926年末,顺泸起义爆发,部队向泸州集中。这时蒋介石已公开反共,急调军队包围泸州。伯承赶到后,立即整顿军队,布置守城,在极为不利的形势下艰苦奋战。

吴玉章在武汉得知顺泸起义,即在国民政府会议上提议给起义部队以国民革命军第三十五军的番号,委任刘伯承为军长。可是代主席谭延闿故意拖延,说什么要经过南昌的蒋介石总部"划行"。玉章想,国民政府既已通过,根本不需要经过蒋介石,便公开发表国民政府给顺泸起义部队以国民革命军的番号和给刘伯承的委任,只是为了区别于蒋介石的部队,改成了暂编第十五军。同时,打电报进行慰问,赞扬伯承等偏师起义的奋斗精神。

吴玉章与刘伯承就是这样地为了党的事业，紧密配合，相互支持，去争取胜利的。顺泸起义虽然失败了，但吴玉章一直给予很高的评价。每谈起此事，总是赞扬伯承英勇善战，有胆有识，是我党少有的帅才。

共同起事

第一次大革命失败后，吴玉章和刘伯承都奉命到南昌集中，玉章还奉命在九江组织国民党中央办事处，以接应我党同志和国民党左派人士去南昌。他在接应了我党徐特立等和国民党左派人士彭泽民等去南昌后，刘伯承因从四川赶来，最后到达。他送走伯承后，自己也去南昌。

吴玉章在南昌，住在贺龙家中，以周恩来为书记的前敌委员会，决定举行起义，由贺龙任总指挥，叶挺任前敌总指挥，刘伯承任参谋长；吴玉章为革命委员会委员兼秘书长。伯承与吴玉章分别在军政系统协助周恩来、贺龙进行组织领导工作。经过紧张周密的准备，1927 年 8 月 1 日凌晨，举行了南昌起义。

在举行起义时，吴玉章就在总指挥部里，他亲身体验了贺、刘等指挥若定的军事才能和战士们英勇杀敌的大无畏气概。他亲眼看到总指挥部前不远的鼓楼上枪弹密集、硝烟弥漫和我起义战士顽强抵抗的场面。而当我起义战士难以抵挡敌人的猛烈攻击时，贺龙冒着极大的危险，跨出指挥部直接指挥战斗，终于打退了敌人的反扑，并解决了敌总指挥部。这些可歌可泣的英雄事迹，他生前常常对我们进行教育。

起义胜利后，前委决定部队南征。在溽暑远征中，吴玉章跟随总指挥部行动。在南征中，贺龙、伯承忙于指挥打仗，他虽年近 50，也努力克服连续行军作战的疲劳，参加部队政治动员、后勤支援和群众工作。部队在南征中取得了许多胜利，也受到多次挫折。汤坑一战，最为激烈，贺、刘等忙于指挥，周士第同志等则卷起衣袖，手持驳壳枪，带领战士反复冲杀，终因敌我众寡悬殊，战斗失利，不得不撤出战斗。汤坑失败后，恩来在流沙召开会议，决定非军事必需人员一律疏散，玉章和他的侄子吴鸣和一行，经过许多困难和危险，终于步行到海边，搭乘民船去了香港。在香港，他们与我党负责接应工作的贺昌相见，又见到了贺龙、伯承等。不几天，党就把他们送回上海。在上海，根据党的安排，贺龙回家乡继续组织武装斗争，玉章、伯承、鸣和等到苏联学习。

11 月，他们到了莫斯科。吴玉章进了中山大学，刘伯承、吴鸣和进了苏联军事院校。他们毕业后，伯承、鸣和回国参加斗争，而玉章等则分配在苏联海参崴远东工人列宁主义学校工作。直到 1938 年玉章奉命回国，才得以有机会再与伯承见面。

互致贺忱

吴玉章回国后，在抗日战争和解放战争时期，主要是在延安和国民党统治区工作，伯承则转战在太行山、晋冀鲁豫、中原和西南前线。两人虽不在一地，但深厚的战斗友谊有增无减。

1940 年 1 月 15 日，党中央为表彰吴玉章的革命功绩，为他 60 寿辰举行盛大庆祝会，中共中央发了贺词，毛泽东亲临祝贺，刘伯承也致祝贺。

1942 年 12 月太行军民根据当时形势的需要和对伯承的敬爱，决定为他举行 50 寿辰庆祝活动。中共中央发了贺电，朱德总司令写了贺寿诗文。林伯渠、吴玉章致了祝词：

伯承同志：

你率数十万健儿，在敌后坚持了 5 年，常常出奇制胜，维护亿兆人民，撑持半壁河山。恭逢 50 寿辰，特致如下祝词，以申贺悃。

敌后苦坚持，

百战英名惊日寇；

太行齐庆祝，

万家生佛拜将军。

1948 年 12 月 30 日，华北大学为吴玉章同志 70 寿辰举行庆祝活动。中共中央发了贺词，刘伯承和陈毅在军旅中也发了贺信：

吴老：

我们北来中央开会，值你年满七十，党内外同志热烈庆祝，

我们代表南线各同志共申贺忱。

　　你五十年来，以革命为职业，中国革命无役不从。每当革命受挫折之际，你临难不退缩、坚持奋斗的精神，更值得学习而示人以典范。你对中国历史的研究和文化工作都有贡献。你现在华北大学主持教育，成千成万的青年更要在你培养之下变成新的干部。你一生的光荣，也就是中国人民的光荣和我们的光荣。

刘伯承
陈　毅　敬祝

1948 年 12 月 31 日

　　新中国成立后，党中央决定不祝寿、不送礼……玉章、伯承都坚决拥护和执行这一决定。但同志们总想对吴老表示一下心意。当同志们要在他的寿辰那天"共进晚餐"，都受到婉言谢绝，甚至"逃避"出走。

　　1961 年元旦，刘伯承和吴玉章都在上海。素把吴老当作长者和革命引路人的伯承，有意安排了一个活动：他和上海市委的柯庆施、陈丕显，于吴老生日的那天，即 1960 年 12 月 30 日 16 时看望吴老，并与吴老一起吃顿晚饭，以表示一下心意。当他们畅谈到下午 6 点时，伯承说："哟！已是 6 点了，吴老，得在你这里吃晚饭了！"吴老立刻就意识到是要给他祝寿，就边笑边比较严肃地说："吃饭可以，祝寿不行，咱们党……"伯承没等吴老说完就靠近吴老，拍了拍肚子说："吴老，肚子饿了，咱们去吃饭去吧！"立时，大家都会心地大笑起来。吴老也笑着说："好，好，咱们吃饭去。"结果，实现了刘、柯、陈的"意图"。吴老对同志们的心意十分感激。他们边吃饭边谈，说古论今，直到 21 时才散。

主动支援

　　在吴玉章的革命生涯中，许多时间办教育。他从办留法勤工俭学起，又办过成都高师、重庆中法大学、延安鲁迅艺术学院、延安大学、华北大学和人民大学，为各个历史时期培养了大批干部。这些干部，有许多就在刘伯承、邓小平统帅的部队中工作。

在刘伯承的革命生涯中，主要从事军事工作。在他的部队这所大学校里，培养和锻炼了大批干部。这些干部有些转到地方，其中不少就在吴玉章领导下的部门工作。

吴玉章和刘伯承把这种干部交流看成是相互支援。当他们谈起这些事时，都相互表示感谢，但又异口同声地回答："为了共同的革命事业，互相支援是应该的嘛！"

1949 年夏天，党中央决定刘邓大军进军西南，吴玉章领导的华北大学就为第二野战军和西南地区输送了一批干部。不仅如此，吴玉章还以他在全国人民特别是在四川人民中的声望，发表了《告四川父老兄弟姐妹书》。他在历述了国民党的反动罪行和蒋军必败的形势后，号召四川人民积极行动起来，支援和配合人民解放军解放大西南，为彻底推翻蒋家王朝的反动统治和建设新中国贡献力量。他的号召，对于支援解放军进军西南，是起了重大作用的。对此，刘伯承、邓小平、贺龙诸首长，都向吴玉章表示过感谢。

中国革命的胜利，就是这些战斗在不同岗位上的战友，为了党的事业，相互支援，共同奋斗的结果。在这方面，刘伯承和吴玉章作出了表率。

相互探望

刘伯承和吴玉章曾经长期不在一地工作，但只要有机会就相互探望。从抗日战争开始，到解放初期，伯承只要到延安或北方开会，总要看看吴老。伯承调北京工作后，两人来往就更多了。特别是一方生病，另一方只要知道了，就必然要去探视。有时则是有事相商。

1962 年，吴玉章写出了《忆杨闇公同志》初稿，亲自前往请伯承审查修改。伯承看过后，通知我去。我去时他已在办公室等候。我到后，他热情、慈祥地请我坐在他的办公桌对面，讲了他的修改意见。他首先说："吴老的性格我是知道的，他总是事必躬亲。他公务很重，又年高了，还挤时间写回忆录，写回忆烈士的文章，来怀念烈士和对后代进行革命传统教育，这可是不容易呀！这足以使我们这些比他年轻的人惭愧，应当向他学习。"然后说："文章写得很好，我没有多少修改意见，只是希望文章内容要贯穿这个精神：闇公同志牺牲的时候，党还处在幼年时期，还缺乏经验，就我们

个人来说，是热情有余，经验不足。在这种情况下遭受挫折、失败和牺牲是难免，甚至是不可避免的。但是，正如毛主席所说：中国共产党和中国人民并没有被吓倒，他们从地下爬起来，揩干净身上的血迹，掩埋好同伴的尸首，他们又继续战斗了，直到取得最后胜利。这样，可以使人们接受过去的教训，激励人们为完成烈士的未竟事业而继续战斗。"又说："阚公同志对我说的那些话是过奖了，我没有那么好，请吴老划掉它。"最后又谈了一些个别字句的修改。刘伯承这种严肃认真和谦逊的态度，使我十分感动。

我回来向吴玉章汇报后，吴玉章说：伯承同志的意见很好，要按他的意见修改，只是阚公同志对伯承同志说的话我引的并不多，且是阚公同志对伯承同志的真实评价，不能去掉。后来，吴玉章又征求了陈毅、杨尚昆等的意见，才把稿子定下来。《忆杨阚公同志》一文，可以说是他们集体回忆和研究的成果，既表示了他们对先烈的怀念，又表示了他们对教育后代的高度责任感。

1965 年秋，吴玉章得知伯承生病，前去看望。原来，刘伯承为了加强国防，视察中苏、中蒙边境，劳累过度，仅余的一只左眼也看不清了。

当刘伯承知道吴玉章要去看他时，即由夫人汪荣华陪同，由护士牵领着走到院内迎接。当他听到吴玉章的说话声音时，就伸出双手摸着迎过来。吴玉章见此情景，一心想减少刘伯承脚步，竟不顾自己是 70 多岁高龄的人，急步赶到刘伯承面前。两人双手相握，互相问候。见此情景，使我们在场的同志都深深感动。

接着，两位老战友室内就座。吴玉章详细地询问刘伯承的病情，刘伯承说："我现在可以看到人的影子，但辨认不出来了。"吴玉章劝慰说：好好医治，是能够恢复的，并请护士转告大夫要尽力抢救。伯承说："恐怕希望不大了！"吴玉章又劝慰说："还是有希望的。"

伯承又说："吴老，我过去眼睛好时，整天忙于工作和学习，顾不上想过去的事，可是现在不同了，老想过去，尤其是想起过去的一些残酷战斗的场面，就看见我们的战士和战友在敌人枪弹面前倒下的累累尸体。当然，想想过去，还是有好处的，但老这样想下去。像演电影一样地一幕幕掠过，推又推不开，无休止地'演'下去，吴老，我的神经简直受不了啊！"本来健谈的吴玉章，这时却没有多少话语相劝慰，显然他自己也陷入了深思，停顿了好一会才说："还是尽量多想想今天和明天吧！"这时，两位老人几乎同时说出："是啊！我们今天的胜利可是来之不易呵！"最后，吴玉章劝伯承安心养治，刘伯承答："好。"吴玉章怕伯承劳累，就起身告辞，并请伯承留步。可是伯承仍然坚持送到院内，依依惜别。

吴玉章回家后，心里有点不平静，对我说："伯承同志在年轻时打仗就失去了右眼，现在又失去了左限，看不见了，这都是长期战争生活带来的后果呀！"又说："伯承同志是一位精明能干而又非常稳重的人，他创办的军事学院是很有成绩的，可是前些年批判他教条主义……"他的这些话，是对伯承的赞扬，也是对我党当时指导工作中的某些错误有看法。

我们没有想到，吴玉章和刘伯承的这一次见面，竟是最后一别！1966年12月12日，吴玉章逝世了。刘伯承在病中听说后非常难过。他虽然不能参加追悼会，但送来花圈表示对吴玉章的深切哀悼。

吴玉章为革命奋斗了一生。他在晚年，还写出《自励诗》约勉自己。他的诗词是："春蚕到死丝方尽，人至期颐（指100岁）亦不休。一息尚存须努力，留作青年好范畴。"他的一生，真像春蚕一样，把最后一根丝都吐出来献给了人民，完全实现了毛泽东同志在他60寿辰时赞誉的那样："一辈子做好事"。

刘伯承为革命戎马大半生。直到晚年，尤其是在双目失明以后，仍然像年轻健康时那样要求自己："为人民尽力"，还顽强地为祖国的社会主义建设和国防现代化建设事业，呕心沥血，奋斗不息。他正像党的第十一届中央委员会第七次全体会议给他的致敬信中赞誉的那样："您不愧是身经百战的元帅，马克思主义的军事理论家，坚强的无产阶级革命家。"

刘伯承和吴玉章是我们全党、全军、全国人民永远学习的榜样。

（王宗伯）

"他的心里装的只有党的事业，
没有任何个人的东西"
——刘伯承和陈毅

刘伯承元帅生于 1892 年 12 月 4 日，陈毅元帅生于 1901 年 8 月 26 日。刘帅比陈帅大 9 岁，但他们却是最亲密的同志、战友，共同经历了中国革命最艰难的斗争岁月，从而结下了终生不渝的深厚革命情谊。

刘伯承和陈毅第一次见面，是在 1926 年共同参加领导泸州顺庆起义。起义失败后，他们又先后奔赴南昌，参加领导南昌起义。起义再度失败后，刘伯承由党中央派赴苏联，回国后不久，进入中央革命根据地，先后任红军学校校长兼政委及红军总参谋长。而此时陈毅则任中央革命军事委员会江西省军区总指挥兼政委。刘伯承以丰富的实战经验，又有了先进的军事科学理论武装，才干倍增，如虎添翼。陈毅和毛泽东、朱德，经历了井冈山地区创建革命根据地和建立人民军队的艰苦斗争，更趋成熟。同为党的高级干部，他们有了更多的接触和了解。

1934 年 10 月红军长征开始，刘伯承随中央红军踏上征程，陈毅因重伤未愈，留在南方坚持斗争。从此两位战友一别 10 年，直到 1944 年 2 月，才在延安再次见面。

这段漫长的岁月中，他们虽然长期分别，各自在祖国的北方和南方进行抗日战争，除从中央文电中了解到相互斗争情况外，系念之情却未断。

1942 年 12 月，中共中央决定在太行山抗日根据地，为八路军一二九师师长刘伯承，举行 50 诞辰庆祝活动，以表彰他的革命功绩，鼓舞敌后军民士气。得知此信息后，新四军代军长陈毅，从遥远的东南方，用电报发来一首充满敬仰、关切，热情洋溢的贺诗，题曰《祝刘伯承将军五十寿辰》。诗文如下：

> 将军老益壮，戎马三十年。
> 论兵新孙吴，守土古范韩。
> 苦学入梦寐；劳生历艰难。

弹触一目眇，枪伤遍体瘢。

斗争更坚决，冬青耐岁寒。

君在黄河北，我在淮泗南。

军前专征伐，敌后拯黎元。

举杯祝远道，康强慎食眠。

1944 年他们在延安聚会后，一起在党中央学习、工作，相处机会更多了。毛主席还常和他们研究部队建设。

那时，毛主席常邀陈毅参加一些外事活动，名字经常见诸报端，而刘伯承是秘密来到延安的，有些大的活动未曾通知刘参加，陈毅在给毛主席的一封信中，顺带反映了此事。毛主席复信中，当即表示，有的场合应该请刘伯承出席，如有时我没想到，就由你通知。

陈毅真可说是随时都记挂着战友。

在党的"七大"上，他们分别当选为中央委员。

1945 年 8 月 14 日，日本宣布无条件投降。

8 月 25 日，晋冀鲁豫军区司令员刘伯承，与 26 日即就任的新四军军长陈毅，和我军一批高级将领，同乘一架美军观察组的飞机，从延安到达晋东南黎城县的长凝机场，然后分赴各自的工作岗位。

两位战友又统率大军，开始了中国人民伟大的解放战争，在中原、华东两个紧邻的战场上并肩作战。

从此，刘伯承、邓小平、陈毅，中原野战军、华东野战军，电报、人员往来频繁，相互交流经验，部队紧密配合作战，使中原、华东革命形势迅猛发展。

到了 1947 年 7 月，刘邓大军，遵照党中央、毛主席命令，千里跃进大别山，实行中央突破，吸引敌人大批主力部队南下，以粉碎其重点进攻陕北、山东之企图。从此，揭开了中国人民解放军战略进攻的序幕。

在执行党中央这个战略任务的行动中，中野、华野配合更为密切。军委部署刘邓大军、陈粟野战军一部及陈赓兵团，三军成品字形南下，互为犄角，逐鹿中原，机动歼敌。刘邓大军千里跃进时，就是在陈毅亲自率领华野 5 个纵队及 11 纵的有力掩护下进入大别山的。在刘邓大军重建大别山根据地与敌人进行艰苦的反"围剿"斗争时，陈毅所率部队也在豫皖苏展

开了建立根据地的活动，有力地牵制敌人，配合了大别山的斗争。经过 8 个多月的艰苦奋斗，我军终于在大别山站住脚，重建了革命根据地，完成了挺进中原的任务。

我军在中原实行战略展开后，解放了 2500 万人口的广大地区，并建立了鄂豫、皖西、豫皖苏、豫陕鄂、桐柏、江汉等 6 个军区。此时中原局辖区很大，情况复杂，要巩固根据地，要打仗，又是两大野战军配合作战，任务十分繁重。

刘伯承、邓小平联名于 1948 年 4 月 2 日，致电党中央，请调陈毅来中原工作，建议陈毅来后担任中原局第二书记；中原军区副司令兼中原野战军司令员，或军区、野战军第二政委，或军区第二政委兼野战军政委。并仍兼华野司令员，政委不变。

毛主席阅后，复电刘邓，中央将会商中原机构组织问题。

粟裕得知这一情况后，却又向毛主席力陈："华东离不开陈军长"。

到 5 月 5 日，刘邓第二次电催中央，请调陈毅。并建议陈毅任中原局第二书记，中原军区副司令员兼中野司令员。

至 5 月 9 日，中共中央终于采纳了刘邓意见，调整了华北、中原两解放区辖区后，改组了中原局等机构，以邓小平任中原局第一书记、中原军区、中原野战军政委。陈毅任第二书记。刘伯承任中原军区及中原野战军司令员，陈毅任军区及野战军第一副司令员，仍兼华东野战军司令员、政委。

刘伯承、陈毅两位亲密的老战友又一起共事了，当然他们的担子很重，刘邓陈将负起经略中原及率领中原、华东两大野战军作战的光荣艰巨任务。

陈毅于 1948 年 5 月 30 日，偕同调任中原局第三书记的邓子恢，离开濮阳前往中原就职，他还负有党中央委托他向中原军政干部传达中央 12 月会议精神的任务。

出发前，陈毅对准备工作考虑得很周到。他从电报中得知，刘邓部队在远离后方千里的新区，坚持大别山斗争，经历了难以想象的艰苦生活，当严冬到来之际，10 万将士还薄食单被，刘邓都要亲手缝制棉衣御寒，别的方面就可想而知了。陈毅从濮阳到豫西中原军区驻地宝丰，行程逾千里，长途风尘仆仆，路上也不太清净，还要提防敌人袭扰，更多的东西是无法携带的，他就嘱咐保健医生翟光栋，带几箱最好的西药和医疗器材，给中原的首长们用，维护他们的健康，是党的责任。

刘邓非常重视、欢迎陈毅、邓子恢的到来，一行人刚下太行山，刘邓就派陈赓到晋城迎接。当时路上不安宁，时有土顽活动，为了陈邓的安全，陈赓首先命令纵队副司令，率两个旅的部队，从洛阳的龙门到宝丰，将沿途的土匪进行了一次"清扫"，他自己亲自带警卫连，把陈毅接过黄河，迎进洛阳。各纵队领导，也都从宝丰赶到洛阳迎候，会齐一起南下。陈毅于1948年6月14日下午，到了河南宝丰县西北，商酒务地区皂角树村，中原军区驻地。

陈毅到达后，和刘邓一起，住在村边小院旁。专门给他腾了一间宽敞的房子独宿，离作战科10几步，方便工作。

陈毅到来之前，刘邓就在机关介绍了陈毅的斗争历史，号召大家向陈总学习。中野的同志对新四军军长陈毅的英名，早已如雷贯耳，如今要朝夕相处，都十分高兴。

陈毅到达的第4天，就用了整整3天时间，向中原局、中野机关和附近驻军县、团以上干部，传达了中央12月会议以来，党中央、毛主席一系列的指示及会议精神。讲话一开始，他就非常谦虚地说："我来这边参加工作，我们大家同在刘邓领导下工作。"而刘伯承向大家介绍时，则称陈毅是"军委派来的代表"。的确，陈毅是党中央授命传达中央指示的，所以他说："中央给我的任务，要我代表党中央向中原全体同志问好！"

陈毅在谈到党中央会议及毛主席所作《目前形势和我们的任务》这一报告的背景时说，毛主席亲自讲，我在大别山各兵团没有站住脚，我们不敢开这个会，我也不敢讲这个话，不敢讲伟大的转折点，蒋介石可以打倒。这篇文章要等一年半载再写。因为中原部队站住了脚，胜利靠得住，现在我们才要开会分析、估计，大胆地写文章，向全国人民号召，准备在几年内取得胜利。陈毅的传达，使中野广大干部战士，对刘邓领导的在大别山进行得十分艰苦的斗争，在全国革命产生的影响，有了更深刻的认识，从而大大地鼓舞了斗志。

陈毅到中原后，见刘邓不用秘书，就叫自己的秘书去中原军区秘书科工作了。每天就和刘邓一样大部分时间都在作战科办公。

刘邓也没有保健医生，陈毅的医生翟光栋，就成了他们共同的医生。陈毅去以前，中野的医疗条件很差，刘伯承看病都常吃中药。陈毅去后，就叫翟光栋看病时，将带去的好药给刘邓等首长服用，而他自己生病时，

却常去找中野的卫生部长用针灸治疗。

在起草给中央或军委的电报时，他们都是相互谦虚传改。如需3人署名时，陈毅起草的电稿署的都是"刘邓陈"，而邓小平起草的电稿就是署的"刘陈邓"，至今在档案馆内，还能看到老一辈革命家这种深具谦虚美德的电报原稿手迹。

以往中野机关开会或召集首长会议时，刘邓一般都做简短的总结或补充发言，但陈毅作完报告或讲话后，请刘邓指示时，刘邓从不补充发言，都宣布按陈司令员讲的去办。

陈毅和刘邓相处十分融洽、亲密。他们住近邻，3人都有早起习惯，邓小平起得最早，天一亮就起床，身体也特别好，即使冬天也洗冷水澡。刘伯承每晚临睡前，放一杯盐开水在床头，早上一起床就喝掉这杯冷的盐开水。第一件事就是问警卫员，今天天气如何？刮什么风？云往哪个方向走？大军统帅时刻关心着与战事关系密切的天候变化。他起床后打一趟拳，然后就端一个小板凳，坐到树林边读俄文，天天如此，从不间断。陈毅早起打拳后，就散步思考问题，一言不发。秘书、警卫员都知道这时候别去打扰他，不然是要挨碰的。

早饭后，他们一起到作战室，或各自办理当天的繁忙军政事宜。晚饭后一起散步，这时气氛就轻松了，谈天说地，内容十分广泛，政治、军事、文学、历史，直到干部思想、士兵生活，敌军情况，有时还谈到家乡风物，当年留法、留苏的回忆及轶闻掌故等。谈话中常常夹着四川常用的歇后语，生动、形象，妙趣横生。

参谋们有时就听到一些。如陈毅谈到看戏时，就说到川剧《秋江》中的陈妙常，带着欣赏的口气说"家姑赶潘"。而谈到《铡美案》中的陈世美时，他又说"家门中也有好有坏！"既风趣又含哲理。

刘伯承讲话更风趣，他说知识分子写的东西可动不得，改一字如挖他的祖坟。形容不虚心的人真是入骨三分。

陈毅有时和参谋、秘书下棋，但刘伯承从不玩，每天除了工作就是看书，陈毅就说："大家要向刘司令员学习，他的生活就是工作、学习、吃饭、睡觉，他的心里装的只有党的事业，没有任何个人的东西"。

在生活上他们也是互相关心。有一次，炊事员做了一碗鸡丝面给刘伯承送去。这在当时艰苦环境中是很难吃到的。他就问"邓政委、陈司令员有没有？"炊事员说都送了，他才肯吃。

陈毅在中野虽然工作很紧张，但心情十分愉快。

陈毅一向钦佩刘伯承对部队对自己均要求十分严格的作风。为了培养大批急需的党政财经干部，中原局成立了中原大学，由陈毅兼任校长。举行开学典礼那天，陈毅请刘伯承去讲话，刘伯承欣然答应准时前往。中原大学校址，离野司驻地还有几十里地，陈毅先走了。谁知走后下起了倾盆大雨。陈毅在大会开始前到处走动，与学员们聊天。校务部门的同志见雨越下越大，就对陈毅说："雨越下越大，恐怕刘司令员不会来了，是否先开会？"陈毅一听，摇头说："不行！不行！一定要等，刘司令员这个人是说到做到，一定会来的！"果然，刘伯承在滂沱大雨中坐车到来，那时坐的都是缴获的美式小吉普车，挡不住风雨的。刘伯承已是浑身湿透。陈毅迎上去说："这么大的雨还来。"刘伯承说："说来就要来的。"陈毅叫刘伯承去换衣服，不要讲话了。他确实担心刘伯承淋了雨生病。刘伯承连声说："开会！开会！"衣服都顾不上换，就向会场走去。会议开始，陈毅以此事为开场白，说："刘司令员这一行动，就是对我们全体同志一次遵守纪律的最好教育！"会场上顿时响起热烈掌声。

淮海战役时，刘伯承、陈毅、邓小平是总前委常委，邓小平是书记。他们住在宿县西北约40公里处的临镇集东面，一个叫小李家的村子里。村子也的确小，只有二三十户人家。邓小平、陈毅为了照顾年长体弱的刘伯承，将他安置在一个单房间里住，邓陈则在此屋的外间，安上两张行军床，对面而卧。为了不影响休息，这里的一部电话机拉了很长的线，谁讲话就到外面去讲。作战室在同一小院的另外几间屋里，总前委的三位领导，就在这里指挥敌我双方兵力逾百万的，决定中国革命之命运的淮海大决战！

在这空前规模的大战役中，工作异乎寻常的紧张，以往战斗中，刘陈邓在作战部署下达后都略事休息，一般由李达参谋长掌握进展，有特殊情况再请示他们。但淮海战役非同小可，他们决定，一昼夜24小时中，一定要保持有一位首长亲自掌握全局，由3人轮流值班。邓小平、陈毅，一直像对待兄长一样尊敬和照顾刘伯承。刘伯承考虑到这一点，就先发制人，抢先提出，三人一视同仁，昼夜值班，"平等待遇"。但邓、陈坚决反对，以二对一的多数票，否决了刘伯承参加值夜班的决定，在经过一番"争论"之后，才同意保留一条：遇着特殊情况时，可以在夜里把刘伯承叫起来一

起商议。即使如此，刘伯承在关键时刻还是不睡，直接给各纵队司令员打电话了解战况，布置任务，有时用四川话叫大家"要过坳！"而邓小平经常是整夜不睡连续工作。陈毅总是催他"该休息休息，轮到我了！"邓小平才回去闭一会眼睛又来了。所以三位常委"轮流值班"却常常是大家都在。他们是那样的辛劳，以致一段时间过去后，刘伯承的眼镜都快挂不住要往下掉，陈毅不用减肥也成了瘦子，而一向很注重军容的邓小平，竟连修脸的功夫都没有，留起了胡子。

在战役进行过程中，研究重大军事行动时，陈毅总是先发言，讲完后就说："我的意见讲完了，请主帅（指刘伯承）最后决定！"

刘伯承总是谦虚地说："大家商量，大家商量。"在场的同志也笑。

陈毅却严肃地说："莫笑！下决心只有主帅，不能大家下。司令员是你，我是副司令！"

当然，一些重大决定，往往还是刘邓陈3人共商定下的。

淮海战役第二阶段结束后，刘伯承、陈毅奉党中央电令去中央军委汇报工作。北去途中，他们看到来自各地的群众，推着小独轮车，拉着马车，甚至还有挑着担子的，运粮、运物支援前方。两人十分感慨。刘伯承说："真是东起海州，西迄洛阳，成千上万的人民群众支援我们，东北还运来了弹药。没有毛主席领导，没有群众支援，这么大的仗是无法打的！"陈毅还为此情景感动，写了诗来歌颂人民。

他们到了单县，还分别给地方政府题词。

刘伯承写的是：

> 一九四八年冬至前一日，
> 冀鲁豫人民为完成人民解放战争的胜利，尽了最大的努力，现在还在努力于支前工作，十分难得，特致敬佩。
>
> 刘伯承敬题于单县公安局

陈毅写的是：

> 胜利在望，继续作战，继续支前。
>
> 陈毅敬题一九四八年十二月
> 二十一日于单县公安局

人民战争的胜利，来源于人民对自己军队全心全力的支援，这是两位大军统帅共同的深切体会。

当刘伯承、邓小平领导的第二野战军进军西南时，急需大批军政干部。特别是熟悉故土的四川籍干部。第三野战军司令员兼政委陈毅，就给三野部队下达了一条指示："只要是四川人，愿意去四川的，都可以到二野去！"

他还帮助二野组建了特种兵纵队和西南服务团，并支援了许多人员、物资，全力支持刘邓大军解放大西南的行动。

1950 年，刘伯承奉毛主席函令，筹建陆军大学。刘伯承欣然辞去西南军政委员会主席和二野司令员职务，积极组建全军最高学府。后因考虑还有培训海、空军任务，改名军事学院，刘伯承于 1950 年 11 月就任解放军军事学院院长。军事学院校址设在南京。

成立大会那天，出现了十分隆重动人的场面。华东军区暨第三野战军司令员陈毅，代表中央军委授旗。陈毅在一面鲜艳的军旗面前宣读："今天中国人民解放军军事学院举行成立授旗阅兵式。我代表中央人民革命军事委员会，将我们中国人民解放军伟大的光荣的'八一'旗帜，授予刘院长伯承同志和军事学院全体同志。……"

陈毅讲话后，刘伯承以标准的军人姿态，正步走到军旗面前，双手捧起军旗下角，吻了一下，从陈毅手里接过军旗，庄严讲话："我接受了我们军事学院的战斗旗帜之后，让我在您面前，向我们中央人民政府和军事委员会提出保证：我们全院人员将永远保持这面尊严而富有光荣的斗争历史传统的旗帜，作为我们军人的英勇与荣誉的象征。……"

刘伯承担任军事学院院长后，和亲密战友陈毅同住南京城，心情特别高兴，他希望陈毅能和他一起办好军事学院，共同为我党我军培养高级军政领导出力。因此多次动员陈毅出任军事学院政委。但陈毅实在太忙，他不但统率华东广大地区部队保卫内地和海防，还兼任着上海市长，无法再到军院任职。他向刘伯承表示，军事学院的一切工作，他将全力支持。后来他果然这样做了。在人力、物资各方面都给军院帮助。军区的各种活动，都通知学院参加。军院的学员常到军区听陈毅的政治报告，军区干部也常到军院听刘伯承的军事报告。

军事学院成立后政委一直空着，刘伯承在等待陈毅，直到 1951 年 2 月，

陈毅来不成了，中央军委才宣布刘伯承兼任军事学院政委。

陈毅和以往一样，随时从各方面关心着刘伯承。有一次，陈毅在上海专门买了一台从法国进口的钢丝录音机送给刘伯承学俄语。刘伯承从苏联留学回国后，从没间断过俄语学习，战争年代那么紧张繁忙，他还每天清晨读俄语，抓紧一切空隙，翻译苏联军事理论书籍，下发部队，供指挥员学习现代化战争。他的俄文，文法水平较深，但发音不太好，军事学院成立后，还请了俄文教员教读，继续钻研。陈毅对刘伯承的一切都非常了解，所以特地送了一台进口录音机供刘学习，在当时，这种钢丝录音机已经算是最好的工具了。录音带的前面，陈毅还讲了一段话，鼓励老战友，其中一句饶有风趣的话是："这台录音机，可以帮助你这个'三角板'学好俄语。"意思是说，刘的俄文水平如一个四方块，就缺发音、会话"一个角"。刘伯承的秘书李佳珍专程到上海取回录音机，还给刘伯承录下了苏联专家讲授的《联共（布）党史》课的结束语部分，供刘学习语音。

在南京时，陈毅知道刘伯承还是除了工作学习不爱文娱活动的老习惯，就想方设法让他休息。常常劝刘伯承说："你眼睛不好，年纪也大了，不要这么拼命，出去玩玩可以延续生命，多为党干些年。"经常邀他到江南各城，作短期旅游，苏州、无锡、镇江都去玩过。刘伯承笑着对秘书说："陈老总是钓鱼的，每次来钓我都上钩，把我钓走，我只好舍命陪君子了。"

陈毅对刘伯承的关心，真可谓无微不至。

军事学院的重大活动，陈毅也参加。1951 年夏天，刘伯承领导军院在安徽凤阳县临淮关，组织了一次江河进攻战斗实兵演习，陈毅和他一起审定了演习作战方案，并参加了演习的全过程。

到了 1958 年 5 月至 7 月召开的军委扩大会议上，将克服思想和工作中缺点的"反教条主义"，搞成了一场严重的"路线斗争"，刘伯承元帅受到了不公正的对待。他领导的南京军事学院，被说成自成立以来就犯了资产阶级军事路线的错误。

在 1958 年那次林彪跳得最高的军委扩大会上，要正在外地生病的刘伯承赴京出席会议听取意见接受批评。刘伯承不得不到北京住进医院，一面治疗，一面准备检查。他在来京的火车上一夜未能成眠，得了青光眼，眼压高达 73 度。

对刘伯承是否要在会上作检查的问题，毛主席曾关注地说："让刘伯承同志好好休息，可以不来参加会议作检查，表示个态度就可以了。"

而和刘伯承感情深厚、对党内斗争有丰富经验的陈毅，在当时那种政治气候中，却敢于"开顶风船"，他亲自到北京医院看望刘伯承，极力安慰战友，要他宽心治病，不要把自己搞垮了。刘伯承谈到一定要虚心接受批评，还要写检查。陈毅对这次会议的开法本来就有意见，看到刘伯承都这个样子了还要写检查，更来火，说道："你写啥子检查嘛！要写，我替你写，写 100 个字就行了！"

在有人想趁此时机，对刘帅落井下石的境况下，老战友道出如此深情的肺腑之言，多么令人感动啊！

但严于责己的刘伯承，还是坚持要出席大会发言作检查。

7 月 10 日这天，怀仁堂会场的气氛十分严肃沉重，全场鸦雀无声，与会者 1000 多双眼睛注视着主席台。当刘伯承元帅由两人搀扶着，刚刚出现在主席台深处时，全场突然响起了雷鸣般的掌声，持续达半分钟之久。这不像是将要听一个"有错误"的人作检讨，倒像是欢迎胜利归来的英雄。许多人一面鼓掌一面淌着滚滚热泪。这动人的场面表达了在场的将军们，对戎马数十年，舍生忘死，为党为人民的事业，鞠躬尽瘁奋战疆场的刘伯承元帅的无限敬爱与崇敬，也是对这次会议错误倾向的无言抗议。在主席台上的陈毅，更为老战友如此深受同志们的敬爱而激动欣慰。

当意志坚强的刘伯承，发出与他虚弱的身体毫不相称的洪亮声音宣读发言稿时，人们早已谅解了一切，发言结束时，会场上响起经久不息的掌声，欢送敬爱的刘伯承元帅离开会场。许多年后，当人们谈到此番情景时，仍感慨不已。

十年动乱期间，陈毅受到许多折磨，他仍然一如既往，坚强地挺住，不停地同林彪、江青集团进行斗争。刘伯承后来已双目失明，陈毅对战友的健康很关心、惋惜，但看到四周险恶的环境，有时反而安慰老战友说："你这样也好，眼不见心不烦！"这听起来似戏谑的话多么沉痛啊！

1969 年，林彪以"战略疏散"为名，将在京的朱德、董必武、陈云、陈毅、徐向前、聂荣臻等老一辈革命家统统赶离北京，陈毅被下放到石家庄一个工厂里锻炼，厂里条件有限，陈毅经常腹痛查不出病因。后经总理批准回京治病时病痛加剧，送进 301 医院当阑尾炎开刀，打开腹腔后，才发现是直肠癌，而且已经转移。治疗过程中又受到林彪集团干扰、延误，致

使为中国革命奋斗终生的陈毅元帅，终于在1972年1月4日离开了人世。

比陈毅大9岁的刘伯承，没有想到战友竟先自己而去。

刘帅已双目失明，他一定要去向陈毅的遗体告别。开到灵堂外的汽车刚刚停下，刘伯承一出车门，就老泪纵横，大声呼唤："陈老总，你在哪里？陈老总，你在哪里？"

由两个人搀扶着，他颤巍巍地向前走，两手伸向前面，就像往常一样想要去拉陈毅热情的双手。

可是静静地仰卧着的陈毅，已再也听不见战友的声音，再也不能用爽朗的笑声来迎接亲密的战友了。

刘伯承来到陈毅遗体旁，流着眼泪，从头到脚，从脚到头，来回几次抚摸陈毅的身体，向几十年来，在雷鸣电闪，枪林弹雨中，同生共死，知心、知己的战友，作最后的道别。从他那双已失明的眼睛中，流淌着的痛苦的眼泪，代替了深沉的千言万语。

在场的陈帅的亲人、战友、部属，为这从未见过的动人场面，流泪、饮泣，有的人忍不住放声恸哭起来。

这悲壮的最后一幕，展现了比山高、比海深的两位中国元帅的生死情谊，它必将光辉闪耀，流传千古，永远铭记在子孙后代的心灵中！

（甘耀稷）

"一二九师变了"

——刘伯承和徐向前

刘伯承和徐向前两位老帅在抗日战争时代的友谊，确实是值得后人传颂的。遗憾的是，我只听到和从资料上看到了几件小事。如以此反映全貌，实不足万一。然而，这些材料却都是真实的记录，读来令人赞叹，不由不出拙笔记之。

抗日战争爆发之后，以中国工农红军第四方面军为主，改编成的国民革命军八路军第一二九师，师长为刘伯承，副师长就是原第四方面军的总指挥徐向前。他们并肩战斗，合作得非常默契。他们同政委邓小平团结得亲密无间，堪称全党全军的模范。

一二九师出师抗战之初，接连进行了奇袭阳明堡、七亘村连续二次伏击和黄崖底、广阳重叠待伏等几个漂亮的战斗，为八路军长了威风，使当时不可一世的日本侵华军开始尝到了苦头。

刘伯承非常高兴，对这支勇敢善战的部队倍加赞扬。1937 年 11 月前后，在辽县（今左权县）举办游击训练班时，他就多次对当时的参谋处处长李达说："我们这个师虽然人数不算多，但是政治质量很高，有着光荣的传统。干部战士打仗都很勇敢。特别是干部，能以身作则，战斗打响以后，带头冲在前面。就是普遍文化水平低一些。如果我们多办些训练班，帮助他们提高文化和战术水平，这支队伍很有希望。这支队伍是向前同志带出来的，不容易啊！"曾经担任过红二方面军参谋长的李达也有同感，觉得这支队伍整齐、精干，特别善于打硬仗。他们都为能在一二九师工作而感到欣悦。

刘伯承对徐向前是非常敬重、非常关心的。还是在阳明堡战斗刚刚结束后，伯承率领七六九团向晋北地区迂回之时，就惦念着路过东冶镇时，顺便到向前的老家拜望。不巧，恰在部队到河边村前后，伯承接到去五台参加八路军总部会议的通知。行前，他嘱咐七六九团政治处的同志，一定要派人到向前的老家去慰问，了解一下有什么困难，尽量帮助解决，送一些生活补助费。团政治处派了干事余述生等同志，按照他的嘱托，送去了一些钱，转达了他的问候。他从五台开会回来，又问了这件事的落实情况，才放了心。

在作战时，伯承考虑到自己比向前年长七八岁，又是师长，怕影响他指挥才能的发挥，就尽量多地找机会让向前独立指挥作战。震惊华北的响堂铺伏击战，就是一个很好的例子。

战斗打响之前，朱德总司令和彭德怀副总司令曾经举办了一个有友军将领参加的"东路军游击训练班"，并准备让"学员"们亲眼目睹一次一二九师组织的伏击战。伯承同向前研究了敌情之后，就提议这一仗由向前指挥。徐向前接受任务后，亲临预伏地区勘察、选择地形，部署部队，迅速处理了战前发生的问题。

1938 年 3 月 31 日清晨，响堂铺战斗开始了。向前指挥部队，一气炸毁

日军森本山田两个汽车中队的181辆汽车，击毙日军400多人。看到这一辉煌战果，在远处观战的"东路军游击训练班"的学员们，都情不自禁地鼓起掌来。

战斗结束后，伯承见到向前的第一句话就是："祝贺你们，我们一分开，你就打胜仗啊！"

以后，在做一二九师抗战一周年军事工作总结报告时，伯承高度评价了这次战斗，称它为伏击战斗的典型范例；称赞向前和陈赓侦察判断正确，伏击地区选择得好，部署妥当。他说："战斗打响之前，曾经风传在我伏击区后边的苏家峧，有敌人来抄我们的后路。但是，向前同志非常沉着，经过冷静分析，判断这个消息是不确实的，因而丝毫没有动摇在响堂铺打伏击的决心。"

还是1938年的春末夏初时节，为了执行党中央关于开辟平原抗日根据地的指示，徐向前肩负重任，亲率七六九团，六八九团和第五支队奔赴南宫，开辟冀南抗日根据地。分手时，伯承还是说："我们一分手，你就要打胜仗。我等你们的捷报啦。"

向前一到南宫，就同陈再道、宋任穷、杨秀峰等一起，投入了紧张的战斗生活之中。可是不久，向前的手臂发炎，红肿得很厉害，但他仍然不肯休息，忍着疼痛指挥部队围攻威县日军。他给正在第一线指挥作战的陈再道、宋任穷去电报指示说："对威南各县应即派出侦探，查明各情，便尔后行动。威县城未袭下，即以地方武装与少数主力围困之，并发动群众破路，进行抗日斗争。我的病肿未退，小愈即来前方。"

当时类似的电报，都是同时发往师部的。伯承从电报上得知向前同志患病，心急如焚，便马上驰电冀南："向前臂肿如未松，我们拟护送信忠来看。如何？请复。"

在那些日子里，日军在平汉铁路沿线的防守极为严密。在我军从太行到南宫一带经常通过铁路线的地方，有18架敌机，连日轮番巡回飞行，监视着铁路、桥梁和车站，侦察我过路部队行踪。各车站的守敌，也常常埋伏在麦田和树下，时刻准备偷袭我过路人员。因此，护送来往人员过铁路，就成了十分危险的事。搞不好，就会造成较大的伤亡。向前考虑到这个情况，担心一二九师卫生部长钱信忠和掩护过路的部队受到损失，就于5月11日12时给伯承回电说："我腕肿似松，请勿念。信忠无须再来。"

实际上，他的炎症不但没有减轻，反而加剧起来，以至周身发烧，行动困难。

这一天，先遣纵队司令员兼政委李聚奎来汇报工作，他看见向前病得不轻，非常焦急，就在当晚10时给刘师长拍了一个电报："副师长手未好。最好钱部长来一转，并带医生看护来。"

可是，从13日起，敌机仍巡视不断，各车站守敌戒备也很严。即使在夜间过路，也是相当危险的。

为了转移敌人的视线，伯承在准备过路的相反方向，进行了几天的破路战斗，把敌人的兵力吸引过去了。

钱信忠按照刘伯承的嘱咐，抽调了医生和护理人员，做了些必要的准备。上路前，刘伯承还派了一个骑兵排，担任掩护过铁路的任务。钱信忠一行出发后，刘伯承于17日上午9时致电向前：

"信忠及骑排19日夜经兰平过路东，请派队来接。"

事有凑巧，正在铁路沿线执行破路任务的挺进支队知道了信忠等要过路为徐副师长治病的消息后，就主动承担了护送任务。因之，伯承又于17日当晚11时致电向前、再道和任穷同志："挺进队已到北长、庞马一带来接信忠。"

1939年6月，向前奉党中央的指示，又率队开赴山东战场，离开太行山，另辟新的抗日根据地。

直到我军向日军发起大反攻的前夜，他才有机会重返太行山，看望阔别了整整6年的战友们。

那是1945年春天的事。向前赴延安参加党的第七次代表大会，取道太行山。但是，伯承早在1943年秋天就到了延安，因而他们没有见到面。太行军区司令员李达陪同他到军区司令部驻地赤岸附近的几支部队和机关进行视察。在告别之前，向前感慨地说："一二九师变了。无论是干部战士，都进步不小啊！"

这短短的发自内心的一句话，非常淳朴地赞扬了刘伯承、邓小平的贡献。它以无形的力量，激励着全师将士向日本侵华军发起最后的进攻。

（谢武申）

55

"是我们国家和人民的宝贝"

——刘伯承和叶剑英

刘伯承和叶剑英戎马一生，肝胆相照。在为中国人民革命事业奋斗的历程中，这对老战友、老朋友亲密无间，赤诚相处，表现出了无产阶级革命家之间的崇高情义和宽广胸怀。

一

1927 年 11 月，刘伯承偕同吴玉章等人，受中国共产党的委派，从上海登上一艘苏联货船，前往苏联高级步兵学校学习。

他国留学，外语是一道必须跨越的门槛。为了能直接阅读俄文书籍，直接听懂苏联教官讲课，刘伯承不顾一切地学俄文。当时，刘伯承已经 36 岁了，学好外语是很不容易的。为了发好"P"这个音，刘伯承不知用去了多少个早晚。一天，刘伯承正拿着自己整理的单词本在背单词时，忽然听说有一个叫杨雨苍的中国人来找他。刘伯承一愣，他搜肠刮肚怎么也想不起来杨雨苍这个名字。当他带着疑虑的神情走进会客室时，脸上的疑云一下子消失了。

"剑英，这不是剑英吗?!"刘伯承一个箭步上前，紧紧握住叶剑英的手。"好呀好呀，我已听吴玉章说，你在'中国劳动者共产主义大学'学习，怎么今天才来呀？"

叶剑英扬起手中那本《俄华字典》，笑着说："天天都在过语言关喽！"

刘伯承也笑了："是呀！余年逾而立，初学外文，未行之时，朋侪皆以为虑。目睹苏联建国之初忧患饥馑，今日已能饷我以牛奶面包。每思川民菜色满面，'豆花'尚不可得，更激全钻研主义，精通军事之报祖国之心。然不过外文这一关，此志何由得达？走，先去吃饭去。"说得俩人都笑了。

这天中午，刘伯承拿出平时很少用的"生活优待卡"，好好招待了叶剑英。叶剑英虽然是北伐时的师长、军参谋长，但在劳动大学特别班里，生活是比较清淡的。吃饱了饭，叶剑英乐哈哈地说："高级步兵学校就是'高级'。这可好了，以后假日，我准来向您请教呢！"

莫斯科冬天的早晨，寒气逼人，每天早晨，刘伯承却提前来到操场上，朗读俄语。他不仅背诵单词，还从语法着手，解决学习上的难题。凭着刘伯承那种夜以继日的顽强拼搏，俄语这一关很快被攻克了。他不仅能顺利地听课、看教材，还翻译了一些苏军的条令、教材，为我军建设作出了贡献。叶剑英经过一年多的学习，也能够看懂俄文的书报了。遇到难懂的文章和字句，剑英总是向刘伯承请教。有一次，叶剑英偶然看到刘伯承左手上的许多俄文单词，惊讶地叫了起来："哟，原来你学俄文的奥妙都在左手上呀！"

1929年5月，中国发生了中东路事件。中东路是以哈尔滨为基点，西至满洲里、东至绥芬河，南至大连的东北铁路干线，全长2400余公里。1905年日俄战争以后，长春以南段为日本占据。1917年"十月革命"以后，长春以北段由中苏合办。1929年5月下旬，东北军阀在日本帝国主义和蒋介石的怂恿支持下，派警察强行搜查了苏联驻哈尔滨的总领事馆。7月10日，将所有苏籍职员驱逐出境，东北军阀掌握了中东铁路的经营管理权。8月6日，苏联成立特别远东军，准备对东北军作战。当时，刘伯承已被转到苏联的最高军事学府——伏龙芝军事学院学习。为了配合苏联红军进入中国东北地区活动，第三国际东方部决定在远东边疆城市伯力（哈巴罗夫斯克）成立远东工人游击队，瞿秋白指定刘伯承担任游击队司令。

刘伯承在距伯力城约15公里的红河边一个山坳里，组织了远东工人游击队司令部，亲自指导600余名游击队员开始了严格紧张的军事训练。中东路事件发生后，劳动大学的师生特地组织了"布留赫尔营"，纷纷要求上前线。叶剑英就是布留赫尔营的营长，负责军事训练。不久，叶剑英和劳动大学的部分同学也来到伯力，同刘伯承一起在红河训练部队，叶剑英对部队管理很严，女兵班的学员有时起床动作慢了，常常受到叶剑英的严厉批评。刘伯承十分赞成叶剑英认真负责的治军风格，他们俩配合得十分密切。1957年，叶剑英访问苏联路过伯力时，回想起当年同刘伯承一起在红河训

练远东工人游击队的情景，曾赋诗以寄怀：

不见加伦三十年，
东征北伐费支援。
我来伯力多怀旧，
欲到红河认爪痕。

二

1941年2月2日，叶剑英从重庆调回延安，担任中共中央军事委员会参谋长，兼任第十八集团军参谋长。10年前，刘伯承曾经担任红军总参谋长。现在叶剑英又走上了参谋长的岗位，在毛主席、朱德总司令身旁工作，感到十分高兴。

叶剑英十分重视参谋部的建设，他经常给大家交代，处理问题要特别谨慎，在参谋总部，要遵照党中央和毛泽东的意图办事。他自己更是以身作则，工作认真细致，作风扎实严谨，中央军委的许多重要军务和上呈下达的电文，他都亲自处理。一天深夜，叶剑英刚刚处理完一批文件，忽然凝视窗外，若有所思，喃喃地说："对呀对呀，该是伯承50诞辰了……"

当时，正是敌后抗日根据地的斗争空前残酷的时候，八路军第一二九师师长刘伯承正在山西前线指挥作战，为了表彰刘伯承的革命功绩，鼓舞敌后军民的抗日士气，1942年12月，中共中央决定在太行山抗日根据地为刘伯承师长50诞辰举行庆祝活动。

冬天的清晨，红日已经照临太行山峰，气温却很低。往日奔流的清漳河水，已经冰封如铁。赤条条的胡桃树上，已经披上了一层雪白的薄霜。然而太行山麓却锣鼓喧天，彩旗招展，一二九师宾客如云。全师各部队、晋冀鲁豫各军区及党政机关都派代表参加了刘伯承诞辰的庆祝大会。延安《解放日报》还公布了中国共产党中央为转战千里、威震幽燕的刘伯承将军祝贺50寿辰的新闻。

简陋的会议室里，大家谈笑风生。刘伯承将军满面春风，对于党和人民的关心，心情十分激动。邓小平政委刚刚致完祝词，一位参谋急步走近刘伯承，高声说："师长，中央军委参谋长叶剑英从延安发来祝寿诗两首。"

"哟，剑英很忙，还特地作诗?!"说完，聚精会神地听那位参谋朗诵叶剑英的祝寿诗：

其一

太行游击费纠缠，

撑住平辽半壁山。

遍体弹痕余只眼，

寿君高唱凯歌旋。

其二

细柳营中寂不哗，

抱垣炮堵即吾家。

将军五十人称健，

斩得倭酋不自夸。

三

解放战争后期，中国人民解放军已经发展成为一支500万之众的强大人民军队。但是，军队建设仍然处于兵种单一、装备落后、作战指挥不集中的状态。夺取全国政权以后，客观条件发生了很大变化，为了进一步提高我军的现代化和正规化水平，1950年6月，中央军委决定创办一所教育训练中、高级干部的陆军大学。刘伯承在重庆听到这个消息以后，为了多为我军的现代化建设贡献力量，他写信给党中央，诚恳地说："战争已经结束了，我年龄这么大了，还是让我去办学校吧!"党中央很快决定委派这位身经百战、德高望重的著名军事家去办军校、搞教育，希望他把丰富的作战经验、建军经验传授给全军中、高级干部。3年前曾经担任华北军大校长的叶剑英当时正在华南，参与组织解放海南岛的工作。当他得知刘伯承将去筹建陆军大学时，感到由衷的高兴。

刘伯承很快来到北京，投入陆军大学的筹建工作。他同萧克等人一起，多处勘查校址，及时向朱老总、周总理汇报筹建情况，建议将陆军大学定名为军事学院，还组织起草了《关于创建军事学院的意见书》。1950年11

月 30 日，中央军委任命刘伯承为中国人民解放军军事学院院长。

当时，叶剑英正担任中南军区代司令，中共中央中南局代理书记。对于军事学院的每一项成绩，叶剑英都十分留心。中南军区选送学员时，叶剑英都要向有关部门交代，还特意让学员转达他对刘伯承院长的问候。学员毕业回部队，叶剑英总是要仔仔细细地询问刘伯承院长的情况，了解军事学院的情况。叶剑英还特别关心刘伯承院长的身体，向毕业学员问问刘院长的视力和健康状况。

1954 年，中国人民解放军成立了训练总监部，中央军委任命刘伯承为训练总监部部长。但是，出于当时刘伯承致力于军事学院的建设，没有到职。中央军委又任命叶剑英为训练总监部代理部长，主持工作。叶剑英愉快地走上了"代理"刘伯承这个部长的工作岗位。

1955 年，军事学院开办了战役系，并开始筹建中国人民解放军高等军事学院。这时候，担任训练部代部长、主持全军的军事训练工作的叶剑英也十分重视高级干部的战役训练，极力主张在全军开展现代条件下的军事训练。6 月份，叶剑英主持了全军第二次高级干部战役集训总结。在讲评中，叶剑英详细阐述了原子武器的威力，原子武器对各军、兵种的影响和原子条件下战役的部署与组织指挥的特点等问题，强调搞好现代条件下战役训练的重要性。叶剑英对战役训练的高度重视，也是对于开设战役课的刘伯承院长的极大的支持和关心。无论是战争年代还是和平时期，刘伯承和叶剑英这两位战友，在我军建设的重大问题上，总是心心相印，互相支持，有力地促进了我军的建设。在刘伯承、叶剑英等领导同志的共同关怀下，军事学院正式开办了战役系，中央军委调杨得志等 52 名高级干部到战役系学习。

9 月 23 日，第一届人代会第二十二次常委会通过决议，授予刘伯承中华人民共和国元帅军衔和一级八一勋章、一级独立自由勋章、一级解放勋章。同一天，毛泽东发布命令，授予刘伯承元帅军衔和勋章。叶剑英也被授予中华人民共和国元帅军衔，同时获得一级八一勋章、一级独立自由勋章、一级解放勋章。授勋仪式上，两位老帅神采奕奕，互致祝贺，互相勉励，充满了人民功臣特有的喜悦。

四

1956年4月25日，毛泽东写了《论十大关系》这篇著名文章，提出了必须"有分析有批判地"向外国学习，"不能盲目地学，不能一切照抄，机械搬运。"明确指出："学术界也好，经济界也好，都还有教条主义。"5月4日至7日，中共军事学院召开了第二次代表大会，初步学习了《人民日报》编辑部的文章《关于无产阶级专政的历史经验》，检查学习了军事学院的全面工作，开展了反对教条主义倾向的学习运动。

从1957年3月开始，军事学院反对教条主义的学习进入了一个新的阶段，认为"教学工作中的教条主义相当严重"。对于反教条主义和刘伯承院长的工作，叶剑英同志有自己的看法。1958年4月18日，担任训练总监部部长的叶剑英来到军事学院视察。

一踏进刘伯承浇灌过无数心血的军事学院，叶剑英不由得回想起了刘伯承这位中国人民解放军的缔造者之一和军事院校的奠基人，想起了他南征北战，为党为人民为祖国的解放事业流血负伤的不朽功勋，想起了他那些著名的军事论著……叶剑英身不由己地走向刘伯承的宿舍，多么想和这位老战友长叙一番。可是，刘伯承由于身体不好，已经交卸了原职，在南京北极阁那座松柏掩映的小楼里，苦于疾病而"乘间休息。"

叶剑英在视察军事学院中，向全院2000多教职员工发表讲话。他特别赞扬了刘伯承。他说："我们刘伯承同志40多年战场生活、军队生活，俄文、中文、战斗经验像他这样是很少的。很红，很专，他曾八、九次受伤，为革命、为人民流了很多血。是我们国家和人民的宝贝，应该很好地维护他的健康，负责国家大事。"当反对教条主义之风正在兴起时，叶剑英作为刘伯承的老战友、老相知，在大庭广众之中，讲了这样一番充满革命情谊和原则精神的话，意味深长。

五

1959年9月，中共中央军委成立了战略小组，任命刘伯承元帅为战略

小组组长。从此以后的十几年中，刘伯承夙兴夜寐地为国防建设操劳。他精心研究世界战略形势，我国的战略部署，甚至还研究每个战士的负荷量。刘伯承提出的一系列深思熟虑的建议，受到了叶剑英等中央领导人的高度重视。

"九·一三"事件发生以后，中共中央决定由叶剑英主持中央军委日常工作。叶剑英非常了解刘伯承元帅在这几年里研究了许多有价值的东西。为了充分应用刘帅研究的宝贵财富，叶剑英指示总参谋部："将刘伯承同志自1960年以来的指示汇集起来，以绝密件印发军委各总部、北京军区及各有关部门参考执行。"叶剑英还及时检查了这项工作的落实情况。

1972年2月10日，刘伯承向叶剑英同志写了一封长信，诉说了自己的心里话。刘帅在信中说："林彪主持军委日常工作……期间，我的身体渐趋不好。但是，从关心党的事业，关心军队建设出发，凡是他们愿意问我的，或者我想到了的问题，我都以参谋的身份向他们提出来。当然，我的那些意见，都是些老经验、老生常谈的东西，不一定适合新情况，而他们基本上是听了算了，很少给你回过话。"

"现在，我是个老弱残废的人了，又总是休息不好，精力很差，对这次军委扩大会议，也想尽一份力量。但是，力不从心，难能跟你们当个参谋了……"

"为了给会议研究问题提供点资料素材，我请作战部的同志，把我1960年以来说过的一些话（限于精力和时间未加校对），把那些'古董货'翻出来，作为一孔之见，即送你们一份，供研究参考。"这封信，不仅表现了刘伯承对我军建设忠心耿耿，也反映了刘伯承和叶剑英之间相互信任、相互支持的亲密情谊。

1972年后，刘伯承元帅的健康状况越来越差。党中央和叶剑英同志都十分关心，多次看望刘伯承，一再向医务人员交代，要精心医治。为了加强对军队和战备工作的具体指导，叶剑英于1975年1月26日给毛泽东写信，建议军委6人小组扩大组成军委常委会，增补刘伯承等同志为常务委员。在叶剑英主持军委常委会期间，两位老帅心心相印，亲密无间，表现了无产阶级革命家、军事家之间的崇高情谊和高尚风格。

（蔡仁照）

"他年轻有为，是我党我军的一代英才"

——刘伯承和左权

　　左权（1905—1942）是湖南醴陵人，中国工农红军和八路军的高级指挥员，中国革命军事家。1924 年 3 月入孙中山的建国陆海军大元帅府军政部陆军讲武学校，11 月转入黄埔军校第一期学习。1925 年 2 月加入中国共产党。同年 12 月赴苏联，先在莫斯科中山大学学习，后转入伏龙芝军事学院学习。刘伯承就是在这里结识了左权，从此之后俩人结下了深厚的战友情谊。刘伯承与左权回国以后，在中央革命根据地，在华北抗日前线，他们又并肩战斗。左权为中国人民的抗日斗争英勇捐躯之后，刘伯承撰文称左权是他的老师，对不幸牺牲的左权同志表示了最沉痛的哀悼。

先后赴苏联　巧为同班生

　　1927 年 11 月，一艘搭乘了 6 名"船客"的小舢板，匆匆地驶出上海黄浦滩，靠着浓密夜幕的掩护，躲过了国民党军警、特务的拦查。在阴云密布的海面上，这些"船客"敏捷地登上一艘开往俄国的货轮。

　　穿着一身旧布棉袄，戴着一副茶色眼镜，右手拄一根手杖的刘伯承就是这 6 名"船客"之一。这位南昌起义的参谋长同吴玉章等人，奉中央的指示前往十月革命的发源地——苏联留学。

　　紧张的留学生活开始后，刘伯承以普通一兵的身份严格要求自己。无论是在讲堂里听课，还是参加队列、打靶、投弹、马术和野外攻防演习，他都非常认真。他把俄文当作眼下要征服的"敌人"，以当年攻城夺关的精神投入了这场战斗，决心以加倍的努力来弥补自身的不足，以一个小学生的姿态从头学起。

　　1928 年金秋时节，俄罗斯大地到处是麦浪飘香，硕果累累。刘伯承的心情更是格外高兴，因为他以各科的优异成绩完成了高级步兵学校的全部学业，即将转入更高一级的伏龙芝军事学院深造。

　　刘伯承虽然在高级步校学习得很好，但进入军事学院后，他仍然感到有些吃力。一是因为军事学院的课程内容更深了，难度更大了，要求也更高了。二是因为他的俄语水平还未能完全过关，无论是听课还是发言，还不能完全运用自如。为了能掌握所学课程，刘伯承更加刻苦，除发奋努力攻读外，还不耻下问，虚心向周围的同志请教。在学习和理论研究方面，与他交往最多最深的就要算左权了。

　　与大名鼎鼎的刘伯承相比，左权当时还是一个毫无名气的小字辈。他是作为黄埔军校第一期的一名优秀学员被程潜、林伯渠亲自签署命令保送去苏联伏龙芝军事学院学习的。1925 年 12 月，左权来到了苏联。但是，学校有条规定，鉴于学校讲课不用翻译，因此，必须学会俄语，通过语言关。于是，左权被先保送去苏联中山大学学习。

　　经过近两年的刻苦学习，左权以惊人的毅力迅速掌握了俄语这个了解苏联的工具，阅读了大量马克思、恩格斯、列宁、斯大林的著作，其中也包括他们的许多军事论著。左权虽然通过了语言关，但要进入苏联最高军事学府——伏龙芝军事学院学习，还要克服一个难题。按照苏联的规定，凡进入这所学院学习的人，必须具有较高的军事素质，一般都需要经过莫斯科高级步兵学校的学习和训练。左权因才华出众和担任过基层指挥官的经历，使他得到了特殊的批准。1927 年 9 月，来苏联差不多快两年的左权，在完成了中山大学的学习后，来到了伏龙芝军事学院。

　　刘伯承来到伏龙芝军事学院时，左权已在这里学习一年多了。刘伯承发觉左权为人极忠厚、诚恳、热情，对革命无比坚贞，于是十分喜欢与这个小他 10 多岁的"老"同学探讨疑难问题，交流学习心得体会。刘伯承在后来回忆左权时说："记得他在学习中，凡教员指定的参考书籍，必一一阅读，并以红蓝铅笔标出要点。所以在军事政治考试中，必能旁征博引，阐其旨趣。我们在高加索战术作业时，战术指导员很器重其谨厚，常称扬于同学中，他在自修与教学时，非常勤勉虚心，笔记教材都整理有次。"刘伯承对于左权的优秀品行和学业不仅十分称赞，而且对这些长处及时加以吸取，用来充实提高自己。

左权对刘伯承则更加钦佩、尊敬。他虽然早就知道刘伯承是南昌起义的参谋长，是我军的高级将领，但并未见过面。尽管刘伯承转入军事学院后他们才相识，但他感到身穿将军服的刘伯承，并不因为革命资历深，贡献大而摆官架子，更不因实践经验丰富，理论基础扎实而炫耀自夸。在生活中，他待同志如和蔼可亲的兄长、老大哥。而在学习中，他既像海绵一样，时时处处吸取知识的营养，又像蜡烛一样，总愿把自己的一切光亮分给他周围的每一个人。

在志同道合的基础上，刘伯承与左权结成了一对密友，他们常常在一起学俄文，学军事，又一起利用晨昏休息时间补课。许多同学都说，他俩真是一对亲密的好伙伴。正是他俩取长补短，互学互帮，一起在伏龙芝军事学院顺利地学完了学院规定的课程：战略思想、战术教程，第一次世界大战史、俄国内战史、军事筑城学、军事地理，以及马列主义理论和俄语课程。

左权与刘伯承一样，对军事理论的学习很感兴趣，除了认真学完规定的课程外，他俩还借助俄文，学习了苏联红军的各种条令和有关司令部组织指挥的知识，以及正规战的战术，游击战的战术，军区和野战部队的建设等较系统的军事理论。他们也与同学们一起，探讨了18、19世纪的一些著名军事家，如拿破仑将军、苏沃洛夫元帅等人的事迹和论著。在伏龙芝军事学院学习一年多，他俩在政治和军事上，都大大地开阔了眼界，提高了理论水平和军事素养。

1928年10月5日毛泽东为湘赣边区党的第二次代表大会上所写的决议和11月25日毛泽东写给中共中央的报告，于1929年的春天传到了刘伯承手中。刘伯承看后，强烈地感觉到，武装斗争的确是中国革命的主要斗争形式，没有武装斗争便会失去一切。土地革命则是中国民主革命的基本内容，只有靠土地革命才能团结广大农民。而这一切，都有赖于革命根据地的建立和发展。1927年的南昌起义，就是由于没有建立根据地和开展土地革命，最后连站脚的地方也失去了。联想到历史的经验教训，他内心更加崇敬毛泽东和朱德同志的创造精神和中国红军的伟大力量。

激动不已的刘伯承，拿着这两本小册子，兴冲冲地来找左权和屈武，

他一边念着文章，一边深有感慨地说："毛泽东同志所提出的中国革命的道路问题及其所作出的正确科学的结论，为我们党开展革命斗争指明了正确的方向，创造性地运用马列主义，解决了中国革命的具体问题。我看中国革命的前途是光明的。从毛泽东给中央的这个报告可以看出，国内的斗争还是非常困难的。我真想现在就回国，上井冈山和毛泽东、朱德一起去战斗。"受到刘伯承情绪所感染的左权和屈武亦颇有同感地说："国内的同志们正浴血奋战，英勇顽强地同国民党反动派作斗争，我们要尽快完成学习任务，早日回国参加对敌斗争。"

　　1930年初，根据革命斗争的需要，中央决定从苏联抽调一部分正在学习的军事干部回国。4月，刘伯承和左权等人在莫斯科伏龙芝军事学院提前毕业，返回祖国。为了避免国民党特务的注意，他们分头化装搭乘火车，并约定好在我国东北的一个小车站见面。当刘伯承下火车时，发现自己被密探盯上了，为了不连累正在车站上等着接头的左权，刘伯承于是避开左权，在车站周围绕了两圈，但那个日本特务还是死死缠着。眼看约定的时间到了，刘伯承硬着头皮再来车站，为了给左权打暗号，他装作若无其事的样子，对左权连看都不看一眼，就走过去了。左权其实在刘伯承下车时，就已发现他身后有"尾巴"，他看到刘伯承有意避他，就更明白了这一切。但为了配合刘伯承脱险，他还是跟上去。正巧前面有一家杂货店，人挺多，门右边还有条巷子。左权灵机一动，蹿前一步，在橱窗边站住了，佯装着看橱窗里的陈列商品，当刘伯承慢步从他身边擦肩而过时，左权乘机轻声道："有狗！"

　　刘伯承轻轻点点头，表示他已经知道了。同时又伪装走累了，故意停步放下箱子，并掏出手帕擦了擦头上的汗。左权用眼睛瞄了一下左右，然后又用手指指橱窗里的商品，装作在议论商品的样子，轻声说："你往商店里走，我把狗引开，这里的地形我熟悉。"刘伯承轻声说："好，可千万要小心！""不要担心，你在里边等我！"左权说完，转过身去就冲着盯他们的日本密探撞了过去，只顾监视刘伯承的日本密探，在毫无防备的情况下，一下子被左权撞了个跟头，趁他还没有作出反应，左权又飞快地闯进商店右边的那条巷子里。刘伯承就在一瞬间，疾步走进了商店里。日本密探让左权一撞，顾不得抚一下痛处，便扭头往前看，发现刘伯承不见了，心里也慌了,加快脚步,慌慌张张朝巷子里奔去。当他快步来到巷子口时,左权已经脱去了外衣,而且又钻进了另一条巷子。

日本密探在人群熙熙攘攘的巷子里,既找不到"目标",也看不到撞他的左权,这才知道上了当。就在这时,安全脱险的左权却在商店里与刘伯承会面了。正在为左权的安全而担心的刘伯承看到左权安全无恙,心里的这块石头才算落了地。刘伯承一方面为左权甩掉了特务跟踪而庆幸,同时也为左权在危急时刻所表现出来的聪敏机智而欣喜。

经历了此番与日本特务斗智斗勇的搏斗后,刘伯承与左权的友谊又加深了一步。危难中表现出来的革命友情,使他们两人的心贴得更紧了。

苏区重相逢　情谊更深厚

1930年7月底,经由满洲里秘密回国的刘伯承和左权等到达上海。30年代的上海,仍是冒险家的乐园、白色恐怖下的世界。当时我党的领导机关处于极端秘密的地下活动状态。左权同志因工作需要,被派往中央苏区,1931年12月被任命红十五军团政委,后又任该军军长兼政委。当时苏区的斗争正处于极艰苦的时期,但苏区又是革命胜利的希望所在,所以,刘伯承非常羡慕左权同学的去向,渴望尽快奔往苏区,和朱德、毛泽东一起战斗。

然而,党却交给他另一项重要任务——译书。此间,中共中央军委在周恩来的领导下,正集中力量组织从苏联归国的同志,从事军事翻译工作,为军委训练班和各地武装斗争准备教材。周恩来告诉他,译书同样是一项开拓性的事业。将马克思、恩格斯、列宁的军事著作和体现上述思想的军事论著翻译过来,奉献给党内负责武装斗争的同志,以指导当前的革命斗争,是极为重要、极有意义的工作。刘伯承是位组织纪律观念很强的共产党员,他愉快地服从了党的决定。1932年1月,刘伯承奉命离开上海前往中央革命根据地,到红军学校工作。

1932年6月,就在左权率领红十五军与敌人英勇作战的时候,当时统治中央的王明等人实行极端的宗派主义干部政策,大搞肃反扩大化,捕风捉影无中生有地怀疑左权在莫斯科中山大学参加了"托派",不加调查,不

问青红皂白，就在一夜之间撤掉了左权的十五军军长兼政委的职务。随后，又把他调到瑞金工农红军学校（后改红军大学）任政治军事教官。

刘伯承对左权的到来，表示了由衷的欢迎。凭着他和左权在苏联期间的深厚了解，他绝不相信左权会参加什么"托派"组织。左权在他的眼中，一贯是作风正派，党性原则十分坚定的共产党人。刘伯承与左权进行了促膝长谈，一方面要他相信组织，不要着急，问题总会查清的，帮助左权卸下思想上的包袱；另一方面，又鼓励左权大胆工作，发挥其特长，努力把红军学校的工作搞好，培养出高质量的红军干部。

左权受到这次意外的打击后，处境并不很好。但令他感到十分欣慰的是，又能与待他犹如兄长一般的刘伯承共事，又可以继续向刘伯承学习，也可算是因祸得福了。

左权在逆境中虽然蒙受了不白之冤，遭受了无情的打击，但刘伯承的亲切话语，犹如春风化雨，吹散了他心中的郁闷之情。在刘伯承的鼓励帮助下，左权立即全身心地投入到了教学工作中。左权在红军学校工作期间，忠心耿耿，兢兢业业，不仅积极参加刘伯承所组织的各种教材的编写工作，而且以诲人不倦的精神，认真讲课辅导，给在校人员留下了深刻的印象，刘伯承对左权的工作也极为满意。

1932 年 10 月，宁都会议之后，朱德同志仍为中央革命军事委员会主席，周恩来、王稼祥、彭德怀为副主席。刘伯承离开红军学校的岗位，担任红军总参谋长。这是他继南昌起义首任参谋长后，再度主持总参谋部工作。于是刘伯承与左权在红军学校又分手道别了。在分别之际，刘伯承希望左权继续努力工作，充分发挥自己的聪明才智，为我军的教育事业作出更大的贡献。左权祝愿刘伯承到总部后协助朱德、周恩来多打胜仗，消灭更多的敌人。

1933 年初，由于作战的需要，左权被调到中华苏维埃共和国中央革命军事委员会第一局（作战局）任参谋。后来因第一局局长张云逸生病治疗，于是左权又任代理局长。又来到刘伯承手下工作，这对左权来说，当然是一件求之不得的事，刘伯承对左权到总参谋部工作也非常高兴，此时正是红军进行第四次反"围剿"作战的紧张准备时刻，刘伯承非常需要左权这样的军事人才。

1932 年冬，在连续三次"围剿"红军的作战中，均遭惨败的蒋介石，又陆续调集了 50 万兵力，分左、中、右三路，准备再次对红军进行"围剿"。为督促前方作战，蒋介石于 1933 年 1 月飞到南昌，亲自进行筹划，决定采取分进合击的方针，企图歼灭红军主力于黎川、建宁地区。刘伯承领导的总参谋部是军委首长指挥军队的统率机关。为了保证朱德、周恩来定下正确的决心，对反"围剿"作战实施正确的指挥，刘伯承和左权多次赴作战地区勘察地形，研究兵力、火力的部署方案。他们出色的工作，为这次反"围剿"作战的胜利作出了贡献。

1933 年 10 月，由共产国际派来的德国军事顾问李德（即华夫）来到了中央苏区。党内的"左"倾机会主义者，早就因刘伯承支持毛泽东提出的从中国的实际出发，发展革命的游击战争的主张而不满。但由于他们在军事上是外行，自己无能指挥作战，所以一时对碍手碍脚的刘伯承还不敢贸然排挤。而李德的到来，使"左"倾机会主义找到了一个所谓"硬邦邦"的后台和靠山，于是开始把刘伯承架空了。

李德是比刘伯承和左权晚两期毕业于伏龙芝军事学院的。他虽然在理论上讲得头头是道，但根本不了解中国的实际情况，推行的是军事教条主义。李德有"左"倾机会主义者的支持，从下车伊始，就乱发议论，对红军的作战指挥横加干涉。他原以为刘伯承和左权都是毕业于伏龙芝军事学院，会与他有某种共鸣。因此，开始极想把他们拉到自己的一边。但刘伯承和左权对李德的独断专行、瞎指挥以及动辄无理训斥他人的作法非常不满。尤其是刘伯承更是常常对李德的错误提出批评，于是李德决心搬开刘伯承这块"绊脚石"，他们先是把刘伯承的得力助手左权从总参谋部调走，企图使刘伯承孤掌难鸣，接着又干脆罢免了刘伯承的总参谋长职务，让他去红五军团当参谋长。

左权调出总参谋部一段时间后，在毛泽东等同志的建议下，来到林彪任军团长、聂荣臻任政治委员的红一军团任参谋长。由于在错误路线的干扰、破坏下，红军的第五次反"围剿"作战遭到失败。1934 年 10 月，中国工农红军被迫进行了伟大的二万五千里长征。红军长征时，左权所在的红一军团为先锋，而刘伯承所在红五军团担负殿后任务。这两位老战友就这样一个在前一个在后，走上长征之路。1934 年 12 月，中央政治局黎平会议

以后，刘伯承调回军委任总参谋长兼红军先遣司令。

长征是一次伟大的战略转移，为了打破敌人的围追堵截，部队每天都处于行军、打仗的高度紧张状态之中。为了及时掌握部队当天的情况，并根据敌我态势确定第二天的行动方案，刘伯承要求各部队的参谋长必须加强请示汇报。身为红一军团参谋长的左权深知掌握全盘情况对于刘伯承来讲是何等的重要！因此，左权无论工作多么紧张，战斗多么频繁，每到一个宿营地，他都马上及时了解各部队的作战、行军、宿营情况，并且加以认真汇总，然后向刘伯承总参谋长作详细汇报，左权的认真工作精神和及时的请示汇报，使刘伯承能准确全面地把握红一军团的情况。对此，刘伯承是非常满意的。

1935年1月，红军于长征途中攻占了遵义，中央政治局在遵义召开了历史上著名的政治局扩大会议。这次会议结束了王明"左"倾机会主义路线在中央的统治，确立了毛泽东同志在全党全军的领导地位。刘伯承参加了会议，并且在会上发言支持毛泽东。会后，刘伯承和聂荣臻等把会议情况告诉了左权。刘伯承和左权共同感到，有毛泽东的英明领导，中国革命一定能克服任何艰难险阻，并取得最后的彻底胜利。

左君拼热血　浩气传千古

1936年11月，红一军团在左权和聂荣臻的率领下，经一昼夜激战，于甘肃山城堡，一举歼灭了国民党军胡宗南部1.5万余人，粉碎了敌人对红军的围攻。山城堡战斗是长征的最后一仗，也是第二次国内革命战争的最后一仗。山城堡战役的胜利，迫使国民党军停止了对陕甘苏区的进攻，对国内和平的实现起了重要的促进作用。

刘伯承对左权和聂荣臻同志率部取得的这一伟大胜利感到由衷高兴，并且同朱德、彭德怀、贺龙、任弼时等领导同志一道出席了部队在山城堡召开的庆祝胜利大会。刘伯承一再称赞左权部署作战细致周密，认为"1936年双十二事变前夜的山城堡战斗，就是一个范例。"

1937年7月7日，日本帝国主义对中国发动了全面侵略战争，并且狂妄叫嚣，要在三个月内灭亡中国。在这民族存亡的危急关头，刘伯承和左权与彭德怀、贺龙、林彪、徐向前、叶剑英等人一道，联名致电国民政府主席林森和军事委员会委员长蒋介石、副委员长冯玉祥，请求率人民抗日红军全体指挥员和战斗员上前线抗日杀敌。电中说，日本法西斯发动卢沟桥事变，杀伤我国军民，强占我国土地，充分暴露了其侵占华北、灭亡中国之野心。红军将领和红军指战员决心抗日救国，枕戈待旦，请缨杀敌，已非一日。请求立即将红军改名为国民革命军，并授命为抗日先锋，与日寇决一死战。

1937 年 8 月，中共中央革命军事委员会主席毛泽东，副主席周恩来，朱德发布命令，宣布红军改名为国民革命军第八路军，朱德任总司令，彭德怀任副总司令，叶剑英任参谋长，左权任副参谋长，任弼时任政治部主任，邓小平任政治部副主任，下辖一一五师、一二○师和一二九师，刘伯承担任了一二九师师长。在陕北富平县庄里镇召开了出征誓师大会后，刘伯承和左权又一道奔赴了华北抗日前线。

刘伯承在中央苏区时就担任总参谋长，对司令部工作是非常熟悉的。而左权无论是在能力还是经验等各方面比刘伯承要稍逊一筹。为了帮助左权更快地担负起参谋长的重任，刘伯承常常利用去总部开会的机会，抽时间与左权进行交谈，详细地介绍自己的工作经验和体会。除此之外，刘伯承还利用书信等其他形式就工作中的一些问题，提出看法，供左权参考。左权在刘伯承的真心关怀和帮助下收益很大，出色地完成了朱德总司令和彭德怀副总司令交给的各项任务，起到了得力助手的作用。

刘伯承不仅在各方面关怀、帮助左权，而且在工作上给予左权以最大的支持。由于一二九师是八路军总部身边唯一的主力师，因此，常有许多任务要一二九师去完成。当负责具体工作的左权每次给一二九师布置任务时，刘伯承总是毫不讲价钱地承担起来，从不提分外的要求。1940 年夏季，德、意、日法西斯气焰嚣张，国民党统治区笼罩着一片妥协投降的气氛。为振奋全国军民的抗战勇气，摧毁日寇不可战胜的神话，彭德怀提出了进行百团大战的设想。

7 月中旬，在王家峪召开的总部预备会上，左权按照彭德怀副总司令的意图，提出了作战方案。之后，他又亲赴一二九师驻地，与刘伯承师长、邓小平政委商量。左权传达了作战方案后说："这是彭副总司令的设想，这

次破击战的目标放在正太路上，而平汉、同蒲、白晋、平绥、北宁各线都要配合行动。除一二九师和晋察冀部队外，一二〇师和豫绥热的八路军决死队都参加作战。"一二九师刘伯承师长在进行了认真思考之后，说："这个设想，我看行，可以这么干！"邓小平政委也表示赞同。他们认为这个战役非常重要。只有切断日军的交通动脉，华北敌后的局面才能改观，也只有狠狠痛击日军，国民党顽固派的投降活动，才能有所收敛。随后，刘伯承、邓小平又与左权在一起，对一二九师的作战行动进行了详尽的研究。对左权提出的一些好的建议和设想，刘伯承、邓小平都尽量予以采纳。这一天他们一直工作到很晚，尽管很疲劳，但心情却十分愉快。

由于在战前进行了周密的研究，制订了详细的作战计划，因此，百团大战取得了空前伟大的胜利，并对抗日战争的进行起了很好的推动作用。

刘伯承与左权在抗日前线不仅在工作上相互支持，而且还在紧张的战斗间暇，共同从事翻译工作。为了把苏联最先进的军事科学成果运用到我国的抗日战争中来，刘伯承与左权付出了艰辛的劳动，并做出了突出的贡献。

1938 年 12 月，苏联红军颁布了新的《步兵战斗条令》。经过党中央和中央军委的努力，延安方面很快就得到了这个条令的俄文版本。为了吸取苏联红军的战斗经验，加快战胜日本法西斯主义，延安派出专人将这部《步兵战斗条令》送往抗日前线的太行山八路军总部。

1940 年春，俄文版《步兵战斗条令》几经辗转，送到了左权副参谋长的手中。像以往一样，左权同志每得到一份新的俄文资料，总是先寄送给刘伯承，或是在学习中与刘伯承通信讨论，并选择急要者共同商量翻译。这次，左权在看过《步兵战斗条令》之后，非常兴奋，又马上送给了刘伯承同志，同时提出了合作翻译的方案。

对于这本书，刘伯承同样有着浓厚兴趣。他清楚地懂得，苏联红军的《步兵战斗条令》，集中了苏联红军作战经验的精华，反映了第一个社会主义国家建设军队的新鲜经验，同时也折射着世界军事发展的趋势。早在1925 至 1929 年间，苏联红军颁发过一部《步兵战斗条令》，刘伯承在苏联留学时曾作过认真的学习和研究。后来到中央苏区，又亲自组织翻译，作为中国红军大学讲授军事课程的参考。这部新的《步兵战斗条令》添加了不少新材料，是在老条令的基础上依据苏联红军建设的新情况重新编定的。内容比较丰富，能给中国抗日军人以新的启发。欣喜之余，刘伯承一边研墨，一边挥毫，顺手就译出了第一章，送左权同志校正。左权同志读过译稿之后，不禁击节称赞。随即主动承担了第二、三、四，五、六、七章的翻译任务，余下的第八、九章及附录部分由刘伯承翻译。这部《步兵战斗条令》的翻译过程，的确是在战火中的一场翻译"接力赛"，是我国军事翻译史上生动而悲壮的篇章。

当刘伯承和左权同志分头执笔翻译的时候，我八路军为粉碎帝国主义的进攻，发动了著名的百团大战。这是一次举世瞩目的大规模战役。参加这次战役的有一二九师部队、晋察冀军区部队，晋西北的一二〇师部队，以及山西新军等105个团，约40万人的兵力。此外还有广大民兵和群众参加。刘伯承携带着译稿和邓小平同志一道，指挥一二九师部队参加了百团大战。

百团大战以后，刘伯承同志与左权同志合作翻译的稿子也取得了较快的进展，左权翻译的第二、三、四、五、六、七章已经陆续脱稿，交刘伯承校正。在给刘伯承的信中，左权写道："伯承同志，步兵战斗条令第二章至第七章已译完，请校正。其中划有红线处更有把握，第202条、第205条之'B'项未能译出，请校正补上。分给我的任务搞完了。第八、第九两章，各项我译，我可以继续，不过烦你校对就是，请你规定。"

刘伯承收到左权送来的译稿和信非常高兴。他承担的第八、九两章及附录部分也已接近尾声。假若再有一段安宁的时间，这两位老同学、老战友合作的译稿，将很快问世。可是，在百团大战之后，日本侵略军对我抗日根据地开始进行疯狂的反扑。加之1941年12月8日，日本军队又挑起太平洋战争，日本政府为了尽快结束在华战争，一方面继续加紧对国民党的诱降、逼降活动，企图迫蒋屈服；另一方面将以对共产党为主的方针更加强调起来，更加集中其主力于共产党领导的一切根据地周围，更加加紧对各根据地进行"扫荡"、"蚕食"和封锁，实行烧光、杀光、抢光的"三光"政策，以断绝我抗日军民的生存条件，妄图以此消灭我军，摧毁抗日根据地。

在当时反扫荡的日子里，刘伯承几乎天天带领部队夜行晓宿，东奔西

跑，与日本强盗周旋。不论环境多么艰苦，战斗多么紧张，刘伯承总是把左权同志的译稿带在身边，挤时间阅读、校译。1942年5月，左权牺牲后，刘伯承更是把左权遗留下来的译稿视为无比珍贵的财宝，倍加珍惜爱护。

1942年6月中旬，日军再次对一二九师师部发起疯狂"扫荡"，并派出便衣特工队，专门拿着朱德、刘伯承等高级将领的照片，窜入根据地进行突袭式活动，对八路军造成极大威胁。听到敌人"扫荡"的消息后，刘伯承又带着译稿和文件向宋家庄一带转移。当天深夜，部队正在崎岖的山道上艰难行进的时候，一匹驮文件的黑骡子突然失蹄，掉进了深山峡谷。

刘伯承得到报告后，非常痛惜地说："我那里还有左权同志的译稿噢！我本来还想请左权同志再校一下呢……"接着，久久不语，陷入焦虑与对战友的怀念之中。

在刘伯承身边工作的同志都知道，《苏军步兵战斗条令》的译稿，是刘伯承同左权最后一次合作的纪念，是师长和左参谋长用心血凝聚而成的，同时也是部队急需的教材。指战员们自告奋勇，纷纷要求摸黑下深谷。经过四处寻找，终于在日军控制的申家庄附近将译稿找回来了。当刘伯承捧着战士们冒死找回的译稿时，忍不住落下了热泪，连连表示感谢。

1943年春夏之交，《苏军步兵战斗条令》中译本上部出版。这部凝结着左权同志和刘伯承同志战斗情谊的译作，受到中央军委的高度重视。朱德总司令和彭德怀副总司令亲自颁布命令，将该书规定为我军步兵战术教育的基本教材，朱、彭首长还要求八路军、新四军各部队依照本书译版序言中的指示，"联系本军实际状况与实践经验来进行研究，以求能灵活运用其精神与原则于教育与战斗中。"

在这部书的译版序言中，刘伯承怀着对左权的深厚之情，记述了这段发生在战火之中的翻译"接力赛"的全部过程。刘伯承最后指出，这部教材是"用以供应军事干部的业务学习，亦即回答左权同志生前的希望。左权同志细致核实，具见之于其译文，此尤为我们军事干部所应学习与发扬的。"

1942年5月24日，日伪军纠集3万余兵力，兵分五路从偏城南的杨岩、李堡、麻田、阳邑等地，向八路军总部进行报复性奔袭式大"扫荡"。八路军总部、中共中央北方局机关和北方局党校集中学习整风的干部，共约1万多人，1千多匹骡马，被敌军合围在南艾铺、姚门口一带。日伪军集中猛烈炮火轰击，并派飞机轮番轰炸。情况十分危急。左权副参谋长镇静地指挥着部队，边打边撤，歼敌300余人。次日拂晓，部队到达辽县十字岭，日伪军也跟踪而至，左权同志从容不迫地组织部队掩护机关人员向三面突围，自己却不幸被敌人的炮弹击中，倒在血泊中。在牺牲前的一刻，左权同志还是只顾招呼自己的部属转移，置个人生死于度外，最后光荣地献出了自己的生命。

左权同志牺牲的消息，使整个太行山为之哭泣。刘伯承更是异常悲痛，他手抚译稿，睹物思人，其痛苦的情形难以言状。当时在场的李达同志在回忆录中曾记载道："左权同志的牺牲，使我全师将士震动极大。刘帅曾尤为悲恸。左权同志在苏联中山大学学习时和邓政委是同学。到伏龙芝军事学院学习时，又与刘师长同班同学。此后，他们又长期并肩战斗。由于集总和我师部驻地相距不远，左权同志还经常来一二九师，同刘师长、邓政委促膝畅谈，共同商讨和筹划工作。刘师长在翻译苏联军事著作时，还经常和左权同志互相切磋。由此可知，刘师长的悲痛是更深一层的。当我安慰刘师长时，他正默默地擦着泪水。过了一阵，他深情地追述着他们过去共同学习和战斗的情景。末了，他说：'我们从苏联回国时，他才二十几岁，今年也不过36岁吧。他年轻有为，是我党我军的一代英才。'联系刘伯承平时说过的话，'我在语言上有两位老师，中文请教小平同志，俄文请教左权同志'，更可看出，刘伯承对左权同志有多么深厚的情谊。"

不久，刘伯承和邓小平合写了《纪念我们的战友左权同志》一文，追念左权将军光辉战斗的革命业绩，文中写道："左权同志的牺牲，不仅是中华民族、中国人民和我党我军的重大损失，就在同志感情上，即个人的友谊上，也使我们失掉了一个最亲密的战友，我们的悲伤，是不可以言语形容的。"8年之后，刘伯承又专门撰文回忆当年和左权同志共同战斗，合作翻译的往事。文中写道："左权同志光荣牺牲已经八年了。他是抗日战争中牺牲的八路军高级将领，一个优秀的中国共产党党员。时间虽然过去8年了，但他仍活在我的记忆里，永远不能忘怀。22年前，我们一道在苏联陆军大学学习，1930年，一路归国，并先后赴江西中央苏区工作，在抗日战争中，又在一个地区工作，并合译了苏军战斗条令。他给我的印象太

深了。"

"左权同志对中国人民军队的建设，是有不可磨灭的功绩的。只就抗日战争来说，他对司令部指挥与教育工作的建设，作了重大的贡献。1938 年冬，在他的领导下，召开晋东南参谋长会议，起草了《八路军司令部工作条例》，并亲自建立了司令部各部门的机构，确定工作规则，总结经验示范。各军在敌后作战，主要是靠夺取敌人的武器以武装自己，但为了适应极端缺乏时之急需，左权同志曾艰苦经营太行山制造兵器的设施，起了相当的作用。他很用功学习研究问题。在莫斯科留学时，他是一个很用功的学生。到部队工作之后，他一直没有停止过学习。抗战期间，他很细心地研究毛主席的《论持久战》，研究敌人的战略、战术，如'扫荡作战'、'治安强化'、'蚕食政策'等；写作了《扫荡与反扫荡》的著名论文和关于反蚕食斗争的指示。他对于苏联军事科学也继续钻研，一获有苏联书报，即提出一些学习问题与我通信讨论，并译作教材。"显然，在刘伯承同志心目中，左权的牺牲使他失去了一位最亲密和最可信赖的战友。一直到晚年，刘伯承仍经常向身边的人讲述左权的为人、故事，讲述他同左权的生死之交。

（谢　戈）

"真是一位难得的将才"

——刘伯承和陈赓

刘伯承戎马一生，我军许多著名将领，都出自他领导的部队，颇具传奇色彩的陈赓将军，就曾经是刘伯承元帅的爱将之一。

1937 年 8 月，为实现全面抗战，陕甘宁边区的中央工农红军改编为国民革命军第八路军（又称第十八集团军），朱德任总指挥，彭德怀任副总指挥，辖一一五师、一二〇师和一二九师。

根据党中央的命令，刘伯承出任八路军一二九师师长，陈赓则被任命为三八六旅旅长，属一二九师建制。八路军一二九师是由中国工农红军第四方面军和陕北红军一部组成的援西军改编的，全师共 13000 余人。按照中央军委的指示，除少数部队留下驻防陕甘宁边区外，全师即将开赴抗日前线的部队计有 9100 余人。1937 年 9 月 4 日，刘伯承师长在师部主持召开了全师连以上干部会议，正式宣布改组后的部队编制序列及干部名单。当刘师长宣布完命令之后，这些刚经历了长征的红军干部，一时间议论纷纷。红军改编为八路军，部队缩编，军长当旅长、副旅长，师长当团长、副团长，团长当营长、副营长。有的甚至"官降三级"，干部当战士。但这对于绝大多数红军指战员来说是不成问题的，大家所议论的中心话题是对红军改成国民革命军有些想法。虽然红军通过改编取得了合法地位，能够立即东进抗日，值得庆幸，但是，红军毕竟是共产党领导的人民军队，一下改名，使不少红军指战员思想上产生了疙瘩。

刘伯承见大家议论纷纷有些情绪，便问道："同志们是不是有点想不开呀？"

一位干部忍不住站了起来："改编后，谁来领导我们？命令由谁来下？朱老总当了国民党第二战区副司令长官，会不会被他们架空？国民党过去多次'围剿'我们，这次会不会依仗其优势，借机整垮我们？"

刘伯承微微笑道："同志们的这种担心是正常的，但其实不要紧，没什么可担心的，我们名义上叫八路军，实际上还是红军，仍然是共产党的军队。我们有全国人民作后盾，有党中央和毛主席的正确领导，在总部有朱老总指挥，在前线、在师里有我，而且很快还要来一位很有经验很有能力的负责同志（刘伯承指的是稍后任一二九师政委的邓小平），国民党要搞阴谋，是指挥不动我军的！"

见大家议论逐渐平缓了，刘伯承又说："战士们的思想工作，还要靠在座的同志们去做，相信我们的广大官兵是会想通的。"刘师长稍作停顿："我看今天的任命大会就开到这里，陈赓同志留一下，散会！"

等大家散去，陈赓同志来到刘伯承的身边："刘师长，您刚才一席话，确实起到了安定军心的作用。"

刘伯承问道："你们旅的情况怎么样？"

"改编的消息刚传出来，有些干部不安于位，考虑自己的去留，以致影

响部队工作，发生了纪律废弛的现象。"陈赓显得很严肃。

刘伯承："同志们的心情是可以理解的，但这个弯子一定要转过来。"

陈赓回答说："我们前两天刚成立了个军级特别小组，主要就是解决干部战士的思想问题。"

刘伯承点点头："你们有什么具体措施没有？"

陈赓想了想："主要有三条，一是加强共产主义的基本教育和党的领导；二是针对原三十一军的具体情况，继续开展反对张国焘路线的斗争；三是提高部队的军事技术及干部的战术素养。"

刘伯承满意地点点头："很好！叫你留下来就是想通知你，9月6日全师誓师大会由你担任总指挥，要把部队调动好，这是一二九师第一次集会，要搞得像点样子。"

陈赓一个立正："保证没问题，师长就等着瞧好吧。"

说完，陈赓骑马离开师部。望着陈赓远去的背影，刘伯承师长满意地笑了："真是一位难得的将才。"

9月6日，八路军一二九师在陕西省三原县城以西的石桥镇召开了奔赴抗日战场的誓师大会。会场是在石桥镇附近的一片空旷的田野上。会场布置得简朴、庄严。

部队唱着雄壮的抗日歌曲，迈着整齐的步伐，从四面八方走向会场。早已赶到会场的大会总指挥陈赓同志，骑在马上有条不紊地指挥部队入场。师参谋长李达同志在一旁协助他整理部队，忽然天空乌云密布，大雨倾盆而下。陈赓和李达商量，先让部队回营房待命，再请示刘师长可否将誓师大会改期举行。这时刘伯承师长和张浩政委骑马冒雨赶到会场，见到陈赓便问道："怎么部队往回走了？"

"报告师长，因为下雨，我们想请示一下，誓师大会能不能等雨停了再开？"

"不行！"刘师长干脆而又坚决地说，"军人嘛，就是要风雨无阻，定了的就不能随便更改。今天是我们出师抗日的誓师大会，更不能改，要按时举行！"

"是！"陈赓又立即将部队重新召回。过去刘伯承常常讲，作为一个军人，就要风雨无阻，有一股无往而不胜的气概。尽管陈赓早就了解这一点，但这一回的体会更为深刻。

雨越下越大了，警卫员担心刘师长被雨淋坏，特意找来雨衣想让他穿上，被刘师长拒绝了。他素以严于治军著称，这和他的模范作用是分不开的。师里其他几位首长和刘师长一样在大雨中泰然自若地站在检阅台上，宛如一株株挺拔的松树。首长的以身作则，感染着全师将士。全师指战员整整齐齐地列队站在雨中，秩序井然，上万颗红星帽徽在迷茫的雨雾中闪着一片红光。干部、战士一个个英姿焕发，等待着师首长检阅。

8时许，一二九师抗日誓师大会在嘹亮的军号声中开始。大会总指挥陈赓旅长整队后，请首长阅兵，在刘师长的带领下，师首长乘马检阅了部队，接着刘师长在风雨声中向部队讲话："同志们！今天是我们开赴抗日最前线的誓师大会……"他魁梧的身躯，昂然屹立在雨雾中，洪亮的声音压过了风雨的喧嚣。

接着，全体官兵高举右臂，在刘师长的带领下进行宣誓。

"……为了民族，为了国家，为了同胞，为了子孙，我们只有抗战到底！……"

最后，同志们振臂高呼：

"打倒日本帝国主义！"

"中国共产党万岁！"

"发扬红军的光荣传统！"

雨声、宣誓声和口号声交织在一起，久久回荡在田野上空，激动着全师将士的心弦。陈赓在当天的日记中写道："此时大雨如倾，但人人精神奋发，口号震天，没有畏雨者。……我们红军永远是红军，是党领导的队伍，任凭换个什么名义，戴上什么帽子，我们始终为了共产党的光荣而奋斗。"

9月16日，八路军一二九师在刘师长的率领下，由石桥镇出发向山西开进。出发前，师里组织了一个先遣队，由师前方指挥所和七六九团组成。先遣队由刘师长亲自率领，陈赓旅长也随同前往，主要是为在师主力到达之前搞清敌、我、友三方的情况。每到一地，刘师长都要亲自看地形、摸情况。行军时，他总往前靠，这已是他多年来的习惯。

这天，正当一二九师开赴晋东北抗日前线的途中，传来了一一五师在平型关首战告捷的消息：经激战，歼灭日军板垣师团二十一旅团1000多人，

击毁汽车100多辆，获得了抗战初期的第一次大胜利。此战，打破了日军"不可战胜"的神话，对尚在开进途中的一二九师是一个莫大的鼓舞，人人都在欢呼雀跃，都恨不得能插翅飞赴抗日前线，为拯救中华民族的危亡而浴血奋战。

机会终于来了，陈赓率三八六旅在长生口迎来了到抗日前线后的第一仗。10月21日，日军二十师团从左翼向娘子关国民党守军迂回。为了打击和钳制敌人的进攻，刘伯承命令陈赓旅长在长生口地区歼敌。长生口是敌人进攻井陉——平定——太原的必经之路。10月22日，敌由井陉西犯，进至长生口时，陈赓亲率三八六旅七七二团以突然的动作，密集的火力，向敌发起冲击，经1小时激战，便结束战斗。之后又先后在东石门村、马山、锣鼓寨等地，进行伏击战，采用机动秘密而迅速，动作突然而坚决的游击战术，3天之内，共毙伤日军8百余，缴获枪支、弹药、骡马等许多军用物资，三八六旅首战告捷，这一战还解脱了旧关的危局，救出旧关被围的国民党曾万钟第三军和陕军武士敏第一六九师部队。

到11月8日太原失守，前后半个月中，陈赓率三八六旅，在刘伯承指挥下，配合兄弟部队，转战正太路，先后进行了大小战斗26次，在敌优我劣的条件下，以伏击、奇袭、阻击等手段，给日寇以沉重打击。其中以七亘村、黄崖底的三次伏击战斗最为精彩，这是刘伯承师长创造的"重叠埋伏"战术，即在同一地点连续设伏打击敌人。刘师长曾总结说：这种重叠的待伏之所以可能进行而且取得胜利，是由于我军摸到了当时日军的大致规律，即通常都有一股牛劲，他们在向预定目标突击时，非常执拗，有时撞了墙都不回头。刘师长以新的实践，丰富了我军游击战争的理论。陈赓的三八六旅也因此而打了几次出色伏击战，缴获了敌人大量装备，他的一个团几乎都变成了"日本兵"，都是黄呢大衣、钢盔、皮靴、新枪、漫山遍野的高头洋马，仅干粮罐头就够三八六旅吃一个月……这是三八六旅向敌人索取的开始。

太原失守以后，全国抗日战争局势出现了重大变化。日军基本上完成了对华北大城市和主要交通线的占领，国民党在华北的几十万军队已全线崩溃。在华北，以国民党为主体的正规战争已经结束，以共产党为主体的游击战争居于主要地位。11月11日，八路军总部根据党中央的指示，决定一二九师到晋东南，开展游击战争，创建抗日根据地。陈赓指挥三八九旅的主力部队即向敌占交通线展开，掩护开展根据地工作，同时抽派干部和小分队发动群众。这样连续三四个月，一二九师在敌人后方日夜进行作战，没有休整机会，在频繁的激战中度过了一个严寒的冬天。

1938年初，美国大使馆武官卡尔逊走访了一二九师，并到三八六旅与陈赓进行了长谈，当他耳闻目睹了八路军的战绩后，这位武官说："八路军有一套机动灵活的战略战术，这是在旧的军事典籍里所无法学到的东西。""三八六旅是中国最好的一个旅。你们在正太线上的行动，破坏了敌人的交通，神出鬼没的游击战，是使日军延迟南犯的根本所在。"

的确，自从1937年10月，在刘伯承师长的指挥下，陈赓率三八六旅进入抗日前线，先后在晋、冀、鲁、豫边境地区广阔的原野上，尤其是铁路沿线，积极开展游击战、破击战以来，给日寇以沉重打击。像神头岭、响堂铺、长乐村等这些著名战斗都使骄横的日本"皇军"尝够了苦头。难怪日军太田部队的比野在写给日军华中派遣军的永田利一的信中不得不承认："铁路两侧，八路军大大有，为了警备，昼夜不得安静，作战的事情，可说没有一天没有，我能活到现在，也实在是不可思议的！"日军一〇九师团的步兵也绝望地说："一切没有不叫你痛苦的，除了喝酒没有办法！"三八六旅健儿的英勇斗争，引起了日本侵略军的极大恐慌与仇恨，被日寇视为眼中钉。日军在晋东南几路围攻开始的时候，侵入北线的日军抓住我军一个通信兵，第一句问话就是："你是不是三八六旅的？"1939年2月，陈赓率三八六旅直属队在威县以南的香城固，打了一个"模范的诱伏战"，以小的代价，干净、全部、彻底地歼灭了日军一个加强步兵中队。敌人第二天就愤怒地纠集70辆汽车，载着2000余人，还出动5架飞机，配合坦克、重炮，向我猛扑，进行报复。陈赓指挥部队利用敌人的接合部，先向邱县转移。敌人向邱县追击的时候，我军突然转移到玉馆陶以北的尖冢附近；待敌追到尖冢时，我军已经安全渡过卫河转移到冠县地区休息。这样，敌人尾随我军进行了整整7天搜索和追击，其先头装甲车上，贴有"专打三八六旅"的标语。敌人沿途探询："是不是三八六旅旅部？"打听不是，汽车就一溜烟走了。纵然当地另有别的中国军队，他们几乎全不过问。三八六旅每到一处宿营的第二天，敌人的飞机便来轰炸，继之以炮轰和围攻。可

是敌人每次都扑了空，最后日军终因找不到三八六旅，只得饮恨而归。

　　光荣的战绩，使纵横华北战场的三八六旅，成为八路军第一二九师的主力军，陈赓也成为刘伯承的爱将之一，在此后抗日战争的艰苦岁月中，直到解放战争，凡是遇到硬仗、恶仗、险仗，在刘伯承的用兵决心中，总少不了陈赓的部队。

（郭若冰）

"我还是不要一点特殊化"
——刘伯承和李达

　　1937 年 7 月 7 日，日本帝国主义者发动了卢沟桥事变，妄图以武力吞并全中国，从此，中国人民开始了伟大的抗日战争。

　　中国工农红军改编为八路军后，刘伯承任一二九师师长，李达任参谋处处长，开始了他们两人共同的戎马相交。李达向刘伯承学到了许多许多。

"黄蜂"与"麻雀"

　　1937 年 11 月，一二九师进驻辽县。为了提高全师打游击战的水平，刘伯承决定在辽县开设训练班。在辽县的时候，李达等经常听刘伯承师长谈游击战的战术，讲如何汲取我国古代兵法和外国军事学的精华，来丰富我们的游击战，等等。他希望把游击训练班办成一个随营学校，以后再增加一些课目，让全师的干部多学一些军事、政治知识，以便更坚强有力地同日本侵略军进行战斗。

　　有一天，李达跟着刘伯承骑马出去，边走边谈训练班的事，他说："我们这个师虽然人数不算多，但是政治质量很高，有着光荣的传统，干部打仗很勇敢，也很朴实，就是文化水平低一些。前一段，情况紧张，没有时间集中学习，这次总算有机会轮训一遍了。要是抓紧教育，他们会很快提高的……"

正说着，刘伯承骑的马突然不安地嘶叫起来。李达的马同时也受惊了，四蹄乱蹦，一霎间，两匹马拼命向前奔跑。他们使劲抓住缰绳，等到各自勒马站定，才知道刚才有一群黄蜂从后面袭来，落在马屁股上、肚子上，把马蜇惊了。"这么个庞然大物，还怕小小的黄蜂！"刘伯承若有所思地说，"嗯，我看这好有一比呀。""比作什么呢？"李达很有兴趣地问道。"游击战。"刘伯承的话音刚落，又有一群黄蜂朝他们这边飞来，这两匹马听到声音就战栗起来，嘶叫着又跑了几步，唯恐黄蜂再来蜇它们。

"你看，这黄蜂虽小，威力却很大。"刘伯承边爱抚地捋了捋马鬃，让它安静下来。"这马就好比日本军队，它人数多，装备精良，训练有素，是个庞然大物。这黄蜂就好比我们分散出去的游击小组，短小精悍，行动灵活。""对。这些黄蜂虽然蜇不死马，可是马也受不了。"李达领会了刘伯承的比喻，十分兴奋。刘伯承的这个比喻，非常形象地说明了游击战的作用。抗日的游击队遍地撒开，灵活机动，神出鬼没，到处给日寇以袭扰、牵制、消耗和打击，弄得日寇坐卧不安，顾此失彼，穷于应付。

那时，我们的指战员运用自己的聪明智慧，机智巧妙地同日寇周旋，发明了许多新的游击战术。如后来经常被大家提到的"麻雀战"，就是当时的一个创造。1937年11月26日，敌人以五六百步兵、一连骑兵、6门迫击炮和两辆汽车，在范村附近向我侵犯。七七一团一连把全连人分散在10余里的广阔地面上，不时变换位置，从四面八方向敌人射击。敌人无法对付这些散在10余里范围内，像小麻雀一样飞来飞去的战士们，只有等着挨打，这一仗，敌伤亡百人，汽车被击毁一辆。

从此，"黄蜂"与"麻雀"便成了一二九师游击战的好教材。

"绝不能丢下一个人"

一次突破敌人包围封锁的转移中，部队正在黑暗中摸索前进时，忽然隐隐约约地看见对面山坡上有一支队伍正在走过来。开始，刘伯承和李达以为是掉队的警卫部队赶上来了，就向他们靠拢。当走到距离几十公尺远

时，才看清对面来的是日本鬼子！在前边的汉奸叫喊着："出来吧，看见你们了！"

刘伯承说："不要慌，这是虚张声势。别理他们，不要开枪，我们悄悄地绕过去。"在刘伯承和李达的指挥下，队伍有条不紊，非常肃静地钻入了另一道山沟。这股敌人竟没有发觉他们。入夜，终于甩掉了敌人，来到一个山坳里。刘伯承说："在这里等一会儿，等后面的同志们赶上来，一起走。"刘伯承摘下眼镜，擦了擦满脸的汗水，找了块石头坐下。李达等人与刘伯承相对而坐，喘着粗气，衣服都叫汗水给浸透了。

刘伯承说："好险啊，差一点让鬼子'抉剔'掉，去见马克思了。刚才跟鬼子打照面的时候，连他们的胡子我都看清楚了。这个'抉剔'扫荡啊，可以使敌我杂处，煮一锅饭敌我都吃，走一路敌我相混，可谓是极复杂、极残酷、极机动的斗争。"在这如此危险的时刻，刘伯承没有失掉幽默感。李达可没有这么轻松！为了让刘伯承及早转移到安全的地方，李达劝刘伯承还是先走，不要等后面的同志了。

"不！"刘伯承斩钉截铁地说。他犹如铁铸的一般，稳稳地端坐在石头上，严肃地望着人们，深情地说，"派人再去看看杨秀峰、李雪峰同志他们跟上来没有？还有那么多人没跟上，我怎么能走！他们都是党培养多年的同志，万一出了问题，叫我怎么向党交代呀！"

已经等到深夜 11 点钟了，敌人的枪声和犬吠声越来越近。李达认为决不能再让刘伯承等下去了，又劝他说："请你先走，我带一个排回去找后梯队吧。""太危险了，找不到怎么办？"刘伯承不放心地说。李达满怀信心地说："我们可以打游击嘛。"李达纵身上马，带领战士们往回走。当他们走出几步后，又回头望望刘伯承。刘伯承此时正站在石头旁边，手挂"拐杖"，依依不舍地目送着他们。望着刘伯承那魁梧的身体，李达感到胸中涌起一阵阵的热浪……

李达下山后一小时，没有一点音信。刘伯承说："再等他们一小时！"凌晨一时，仍没有李达的音信。刘伯承转身对身边的参谋说："你下山，把耳朵贴在地面上听听他们来了没有。"结果还是失望。刘伯承向山下眺望了一会儿，声音低沉地说："他们没来，吉凶难料，万一……这是多么大的损失啊！"然而，盲目地等待终不是个办法，而且天就要亮了，到那时的形势将更加危急。刘伯承忍痛命令部队转移突围。

这天黄昏,部队到达东黄须,由于李达和师直属队仍然没有消息,刘伯承忧心忡忡,寝食不安,他对新一旅的干部说:"李达参谋长他们的处境一定很困难,电台又联系不上,所以我考虑,由李化民同志(新一旅二团副团长)带领二营重返宋家庄一带去找他们。"李化民当即表示坚决完成任务。刘伯承说:"你们熟悉地形道路,有几次反'扫荡'的经验,我已经用电报和五旅联系了,叫他们派出部队,在响堂铺、神头一带侧击敌人,配合你们的行动。"

李达下山后,费尽周折终于找到了杨秀峰、李雪峰等人。当刘伯承听到他们都平安的消息后,高兴地又对其他人说:"参谋长胆大心细,这次多亏了他亲自下山去找,总算放下了我心中的一块石头。"

"我还是不要一点特殊化"

有一个时期,一二九师司令部和太行区党委机关的同志,在一个四合院里吃饭,也就是同吃一个灶,经常吃的是高粱或黑豆面加野菜、树叶,和在一起蒸成的菜馍馍。这种食品,又黑又硬,大家都风趣地把吃馍馍叫吃"砖头"。集总首长如左权、滕代远同志来师部时,也和大家一起同吃"砖头",有时,给他们加一道菜——炒粉条,这就是一顿美餐了。

刘伯承已经年过半百,在战斗中又多次负伤,身体本来就不好。李达怕长期这样下去,会把他拖垮,就劝他:"你是一师之长,你要躺下了,对工作损失就太大了。为了革命利益,你应该吃好点儿,加点儿营养吧,这是全师同志们的心愿啊!"刘伯承摇了摇头,微笑着对李达说:"我个人哪有这么大的作用?在这个时候,以身作则的作用就大了。你看我的身体不好,我的适应性可强呢。我这个人哪,也怪得很,条件好,能过;条件差,也照样能过。我在四川时,打瞎了一只眼睛,头顶也受了伤,后来腿又受了伤。我这身上的血不知换了几次,天晓得,我还是活下来了!在苏联学习时,整天面包、香肠、牛奶,还加上补药,回到上海,组织上千方百计地给我弄药。后来到了苏区,哪里去弄补药,这不是也过来了吗!现在能吃南瓜汤、刺节菜,就蛮不错嘛!我还是不要一点特殊化。"

1942 年、1943 年，是太行山上最艰苦的两年。尽管物质生活那么艰苦，可是精神生活仍然是丰富多彩的。军队与地方之间，部队与部队之间，首长和下级之间，充满着炽热的战斗友谊，艰苦的斗争环境，把大家团结得更加紧密了。

"统率机关必须做到短小精干"

太行军区经过了 1942 年 2 月反"扫荡"，特别是夏季反"扫荡"斗争，其中最严重的痛苦教训是旅及军分区以上的军政机关臃肿庞大，无战斗组织，缺乏军事常识和技能，转移不灵，活动不便，遭受了许多损失。因此，必须迅速改变这种状况，必须加强旅及军分区以上军政各机关人员军事生活的组织和锻炼，使之能真正军事化、战斗化起来，经验证明，这已是争取反"扫荡"胜利的重要保证了。

刘伯承十分关注统率机关战斗化问题，并就这个问题和李达多次进行研究，寻求解决的办法。在 1942 年 2 月反"扫荡"总结时，刘伯承对李达说："敌人对于任何抗战的统率机关，都是奇袭捕捉，从来没放松过的。这次我们统率机关又成为敌人合击的主要目标。因此，我们的统率机关必须做到精简机构，成为战斗的组织，马匹还要减少到最低限度，以免累赘。"刘伯承认为庞杂的指挥机关，对于军事指挥是一个负担。他曾幽默地说："带着这样的机关，就像挑着一担电灯泡子，总担心破，但晚上又要用它来照明。"当时刘伯承、邓小平为了迅速解决这一迫切问题，交代李达要给机关提出详细具体的办法和要求，并尽快落实。为此，李达根据刘邓的指示，于 1942 年 8 月 2 日，起草了《非战斗机关军事化问题》的文件，经刘伯承、邓小平审查修改后，下发到部队贯彻执行。这个文件的主要精神是：为了适应日军持续不断的残酷"扫荡"的现实，领导机关必须在精简机构的前提下，实行军事化、战斗化。自此，旅以上的机关由非战斗化转为战斗化，在反"扫荡"中就轻便得多，自由得多了。拿刘邓的话来说，无后顾之忧了，便于集中精力专注指挥部队打仗了。所以，自 1942 年年底起，一二九师在以后的历次反"扫荡"中，都以较小的损失赢得了胜利。

"情报工作是最重要的环节"

1942 年夏季，日寇准备对太行山根据地进行大规模的扫荡。得到这一情报后，李达参谋长立即向刘伯承作了汇报。李达说："日寇为了消灭八路军总部和一二九师，要发动所谓'驻晋日军总进攻'。估计这次参加扫荡的兵力比春季扫荡还要多。除了军事行动之外，日寇还暗地派特务到我们根据地活动。收买大烟鬼和流氓，进行短期训练，然后派他们到熟悉的地方散布鼠疫菌，刺探我军情报。保定日本特务机关开办的'日华训练队'其学员已提前毕业。他们化装成商人、难民和学生，潜入我根据地，任务是配合日寇的'军事扫荡'和散布慢性毒菌。国民党的特务也在积极活动，扬言要消灭共产党，刺杀八路军主要干部，捣毁八路军的后方设施。据说，日本特务要刺杀的第一个就是'独眼将军刘伯承'，连相片、履历书他们都印好了。"

刘伯承听完后说："现在日伪和国民党顽固派这两家的特务活动都很厉害。而我们的情报工作远不如敌人。今后，要确实健全我们的情报工作，应该把它看成防谍、除奸与争取反'扫荡'胜利的最重要的环节。不然，我们的脑壳都会被敌人挂在城门上了。"

刘伯承虽然没有批评李达，但李达却清醒地认识到，情报工作，确实存在着缺点，亟待改进，并在思想上进一步提高了对情报工作重要性的认识。后来发生的一件事对李达的触动就更大了。师部刚刚转移到一个新地方，侦察员就报告说：师部转移之后仅仅 3 个小时，有一股伪装成所谓"新六旅"的日军独立支队，就到了我师部原来的驻地。他们抓到老百姓，就问刘伯承到哪里去了！当他们听说师部转移了，又急忙追赶。这简直太危险了！如果刘伯承因此而身遭不测，那就会给党和人民的革命事业造成无法弥补的巨大损失。想到此，李达参谋长为事先没有得到确实的情报而感到非常内疚。

但刘伯承却对李达说："战争中发生一些这样或那样的意外事件是难免的。今后加强保密就是了。"根据刘伯承的指示，师部后来每转移到一个新地方，李达参谋长都非常注意严格保密，并且规定凡有关军事秘密和我军

行动与驻地，一律不准在电话上明述，以免被敌探截取。从这以后，一二九师的情报工作和保密工作又前进了一大步。

（谢　戈　王　英）

"你们年纪轻，好好干吧！"

——刘伯承和萧克

刘伯承与萧克，同是戎马一生，而他们的相识却颇富戏剧性。就萧克而言，从闻刘伯承大名到与之相见，整整经过了 9 年。

1927 年南昌起义后的第二天，革命军事委员会参谋团出了一张布告。布告的署名中，第一名就是刘伯承，接着排下来的是周恩来、贺龙、叶剑英、蔡廷锴。当时，萧克是连指导员，就问他的营长，这个列在最前面的人是谁？营长便向他介绍了这位川中名将。自此，起义军南下，沿途萧克多次看到那张布告，但一直没有见到刘伯承的面。这是萧克第一次闻刘伯承大名。

以后，在赣南、闽西游击时期，萧克又多次听朱德讲刘伯承，知他是四川护国军中非常能干的战将。1932 年，萧克开始读到刘伯承撰写、翻译的文章，最初是《游击队怎样动作》和《红军在战斗中的政治工作》。后来又看到了《现在游击队要解答的问题》以及有附图的《步兵连怎样冲锋》。这些军事著作萧克觉得很解决问题，因此对刘伯承更为仰慕。凡是能找到的刘伯承的文章，萧克都看。直到长征过草地，到了甘孜，他们才有幸见面。西安事变后，中央决定组织援西军，刘伯承任司令员，萧克是四方面军三十一军军长，归刘伯承指挥，直到这时他俩才有了直接工作关系，不过只有半年，革命需要使他们各负其责而分开。

刘伯承和萧克的交往，主要是在新中国成立以后，共同的军训任务把他俩连在一起。

1954 年中国人民解放军成立军事训练总监部，刘伯承任部长，他在南京当军事学院院长未到职，由叶剑英代理；萧克是副部长。萧克认为，他和刘伯承的关系，是学生与老师的关系。他一向认为在学术上刘伯承是他的好老师，所以，从1950年萧克任军训部长起，每年总要到南京去一趟，向刘伯承请教。

1950年初夏，萧克奉命建立军训部。周恩来、朱德和聂荣臻给他三项任务：一是制定全军年度训练计划；二是调整和完善军事院校体系；三是制定全军的队列条令、内务条令和纪律条令。11月3个条令定稿，送军委审查。恰好是年10月底刘伯承来到了北京，周恩来就指定刘伯承审查，并说，这件事要个学术权威。这三本书共10万多字，是军事上最基本的条令，陆海空三军通用的条令。刘伯承接受了任务，找了几个人一起研究，提出问题，逐一审定。对书的前言也字斟句酌，看得很仔细，去南京建立军事学院还将书稿一并带去。次年2月这3个条令就由军委正式颁布了。

1951年1月15日，南京军事学院举行开学典礼，总参和总政分别派萧克、萧华两将军为代表去祝贺。他们一下火车，看到刘伯承在站上迎候，十分感动，对刘伯承说："您老人家怎么自己来了？我们都是年轻人。"刘伯承说："你们远道而来……"

刘伯承办军事院校的心血没有白费，为中国人民解放军培养了大批优秀的军事领导干部，遗憾的是1958年批判所谓的军事教条主义，使军队建设遭到了极为严重的破坏。刘伯承在此次批判中受到了不公正的对待，他再也不能做军事学院的工作，对军队问题，也很难发言，实际上靠边了。萧克也以"资产阶级军事路线和反党宗派活动的代表人物"而受到错误的批判，被解除职务。

林彪垮台以后，叶剑英主持军委工作。1972年，萧克从江西五七干校回京，奉派去军政大学担任校长。他去拜访刘伯承，刘伯承对他说："我老了，你们年纪轻，好好干吧！"

1978年成立军事学院，萧克担任院长。教员从哪里来？用萧克的话说："这又要感谢刘帅了！"原来刘伯承在办军事学院的时候，不仅注重训练军事领导干部，也呕心沥血培养了一大批好教员。1958年受批判后，他们不能再沿着刘伯承的思想方法进行教学。10年浩劫中，这批教员大部分散掉了。萧克从1977年10月就想方设法把他们找回来，前后找回来170多人。

还有些老教员，很有水平。萧克硬把他们请了回来。萧克说："没有这批人，当时要办军事院校是很困难的。这是伯承同志的功绩！我办军事学院，始终注意吸收和发扬当初南京军事学院的好东西。"萧克对刘伯承的仰慕之情，溢于言表。

刘伯承逝世后，为悼念同志与师长，萧克特作七绝一首"南昌首义慕英名，幸得贤师六十春，正是神州始振日，哲人萎矣悼斯人"，以寄哀思。

（岳　明）

在刘伯承的领导下

在我的革命经历中，曾有幸在刘伯承的直接领导下工作过，虽然时间不是很长，但是他的高贵品德，卓越才能及其重大建树，却给我留下了异常深刻的印象，他对我的教导和影响，已经成为我一生工作和生活的标范。

值得回味的是，我第一次见到刘伯承，是在国外一家不大的中国饭馆里。那是1927年以后，我国由于大革命失败，发生了著名的八一南昌起义，中国革命进入了武装斗争的时期。根据党的决定，我和一批正在苏联学习的中国青年革命者，有选择地由莫斯科中山大学转到莫斯科步兵学校，改学国内斗争正需要的军事知识和各种战术技术。那时的苏联，正处于建国初期的20年代，生活还是相当艰苦。我们一批置身异乡的年轻人，更有一股怀念祖国思恋故土之情，有时就利用星期天约上几个同学，到莫斯科近郊的一家中国饭馆里，用一点很少的零花钱，叫上几个普通的中国菜，一面换换口味打打牙祭，一面领略一下久违了的故国风味。有一次，我们又去"小宴"时，见邻座又来了几位中国同志，他们中间有左权、陈启科。我们曾是中山大学的同学，彼此是很熟悉的。他们和我们一样是穿着苏联军服的，不过我们是士兵服，他们却是军官服。我见其中有一位身材高大的戴眼镜的中年人，说着一口动听的四川官话，他虽然时时显出一副稳健沉着的军人气派，他的同伴们对他也十分尊重，却又显得很随和可亲。我记得他曾经点了一样既有名又较大众化的四川回锅肉，还点过一个也是川菜味道的辣子鸡丁。由于左、陈两位的介绍，我才知道那位开朗诚朴的"四川老大哥"，就是在我国革命斗争中十分有名的川军将领刘伯承。他是在参加领导南昌起义以后，由党派遣到苏联来学习和研究军事的，开始在莫斯科的高级步兵学校，以后又到苏联的最高军事学府——伏龙芝军事学院继续深造。出于和我们同样的原因，他也利用星期天和有限的生活津贴，来这里享受一下祖国和家乡的美味。

当时我才是年近20的小青年，他却是已属中年的革命名将，我比他小了整整15岁，在他面前，不论在革命经历上还是在年岁上，我都是个"小字辈"。可是他对我们却一见如故地十分和蔼可亲，一点看不出他曾是统率过军队、参加领导过南昌起义的著名将军。由于时逾半个多世纪，当时刘伯承的言谈活动很难一一回想起来了，但是他那谦和诚挚的对人态度和亲切幽默的川腔语调，至今还觉闭目可见，侧耳可闻。我在步兵学校学习了约两年，也正是刘伯承居留莫斯科的时期，类似上述那样饭馆里的接触，还曾有过几次。1929年秋，我国东北军阀在蒋介石和日本帝国主义者支持下，挑起了"中东路事件"，与苏联驻远东部队发生了军事冲突，我和一批中国同学被从步兵学校和炮兵学校抽调出来，派到伯力苏军远东司令部工作，听说刘伯承也来到了那里，担任了新组成的"远东工人游击队"司令。只是由于他们一直在伯力远郊区的山沟里进行训练，我们仅闻其事却未见其人。

1933年，我先后在红三师和汀连军分区工作一段时间后，又回到红校。当年10月间，我得到通知去见刘伯承总参谋长。我到达后他说，有一位共产国际的军事顾问，刚从上海来到苏区，因为他不懂中文，活动极为不便，中央决定选调一个可靠的同志，去为他做翻译，以协助他的工作。伯承说他已向中央推荐了我，认为我比较合适也能胜任这项工作。也许他考虑到我离开红校的一段时间内，已担任过红军师政委和军分区司令员，现在又来做这项具体工作，可能会有点想法，便反复对我讲了这项工作的特殊意义。其实我当时倒没有考虑别的，一听是工作需要，并且中央已经研究过了，就马上表示服从中央决定，愿意接受这项新任务。他说那好，要我马

上办好调动手续报到上任，又关照我注意保密，不得对任何人透露自己将要执行的这项新的任务。我一一应承后，马上将自己的衣物一收拾，带着背包就去正式报到了。伯承又向我一一交代了今后工作的具体要求和注意事项，就亲自领着我"上任"去，将我向那位顾问作了介绍。

那顾问就是奥托·布劳恩，他曾在苏联红军中当过骑兵师的参谋长，也是伏龙芝军事学院的毕业生，1932 年就来到中国，次年 10 月才辗转来到中央苏区，为了工作方便，还给他起了个中国名字——李德。他来到时，正是王明的"左"倾教条主义盛行的时期，博古等临时中央领导人，排斥了毛泽东同志的正确领导，取消了他的军事指挥权，可是博古同志自己对军事又一窍不通，便想借重李德这位外来的"洋大人"，凭借共产国际的权威和影响，来推行王明的一套。李德此人也不知天高地厚，当仁不让地一手揽起了军事指挥大权。可是他对于我们的国情、民情尤其是红军和苏区的实际情况，并没有深入的了解，对于我军的作战原则和经验更是毫无研究，只知道纸上谈兵地照搬在苏联军事学院学到的军事教条。加之此人过分盲目自信，作风简单粗暴，根本听不进别人的不同意见，将既有丰富的实践经验又有很高的军事学识的刘伯承总参谋长实际上挤到了一边，只让他处理一些具体工作，不让他过问战争的方针大计。一向组织纪律观念很强、涵养很深的刘伯承，虽然不满意李德这一套，却并不计较他侵犯了自己的职权，一直以大局为重进行着克制，同时在执行李德的"指示"时，尽力设法弥补某些漏洞，在可能范围内减少由于李德瞎指挥造成的损失。

由于伯承同"左"倾错误的分歧，他与李德始终只保持着一种公事公办的工作关系，同他从无个人来往，与博古等和李德的亲密关系形成了鲜明对照。在第五次反"围剿"中，李德曾几次到前线部队"视察"，作为临时中央负责人的博古都亲自陪同，而作为总参谋长的伯承却一次也不相陪，有时只派总参作战局的同志同去。他的这种态度，当然引起了李德对他的猜忌和不满，有一次竟公开指责他，说他还不如一个普通参谋，白在苏联学习了几年。我觉得李德这种说法太伤人，便故意没有翻译他的原话，只打圆场地说李德认为参谋工作做得不周到，还有不少缺陷。其实伯承自己也是精通俄语的，他听后笑着对我道："你真是个好人啊，他骂我的话你就不翻译了！"后来伯承与李德的矛盾越来越深，日益成为推行王明"左"倾教条主义的障碍，李德终于下令撤销了他的总参谋长职务，并将他降职为五军团的参谋长。伯承面对打击不动声色，马上去五军团上了任。他在摆脱了李德等人的控制管辖之后，在董振堂军团长和李卓然政委的支持下，在军团内的干部大会上，对李德等推行的一套错误做法，进行了既尖锐又有分寸的揭露批判。长征开始以后，五军团奉命担任后卫，伯承与军团其他领导同志一起，率领全军团很好地完成了掩护中央和全军转移的艰巨任务。

第二次撤离遵义后，我就被调到三军团，同伯承同志的直接接触就少了。

建国以后，我调离军队，转到外事工作岗位，由于工作性质不同，我们除了偶尔在中央召开的某些会议上不期而遇，作过友好的交谈，别的接触机会也就不多了。作为刘帅直接领导过的一名老兵，我衷心地祝愿他长寿。

（伍修权）

"今天找你来，是有件事情要告诉你"

——刘伯承和孔从洲

在解放战争时期，孔从洲多次受到刘伯承的接见，有幸聆听刘伯承的教诲，使其终身难忘。

1946年6月，蒋介石悍然撕毁了"双十协定"和"停战令"，集中了25个旅的兵力，向中原解放区大举进犯，开始了大规模的全面内战，扬言3个月到6个月内消灭中国人民解放军。

中共中央、毛泽东，坚定地领导中国人民和人民解放军，以革命的自卫战争，反对国民党的反革命战争。当时，中国人民解放军处于战略防御地位，为了集中兵力，各个歼灭敌人，主动地放弃了一些城镇。有的指战员对这种作法不甚理解，思想也有些不那么通。1946年8月的一天上午，

刘伯承在鲁西南菏泽接见了孔从洲，亲切地询问了部队的情况，特别是干部的思想情况。当孔从洲谈到有的干部、战士被一些表面现象所迷惑，对于我军当前所采取积极防御诱敌深入的方针、主动放弃一些城镇的作法有些不够理解时，刘伯承很风趣地说："3个月来，我们冀鲁豫战场，以17座空城，换了蒋介石6万多人，这是一笔好买卖啊，为什么不干呢？""要向大家讲清楚，战争的胜负，决定于主力保存和丧失，存人失地，地终可得；存地失人，必将人地皆失"，"死守一城一地，无疑自背包袱，如果我们不在必要时毅然放弃那些城镇，那么我们将被分散兵力，处处防守，而处处挨打"，"我们把这些包袱丢掉，让蒋介石拾起来背上，他背得越多，就越走不动，这样，敌人的守备兵力就会越大，机动兵力必然减少，我们就可以集中兵力各个歼灭敌人。"刘伯承停了一会儿又引用毛主席的话说："主席讲过'寸土必争，结果是全土皆失'，就是这个道理。"接着又问孔从洲："从洲同志，你说是不是这个道理呀！"孔立即回答："是，就是这个道理。"刘伯承站了起来，带孔到挂满地图的墙壁边，指着图给他讲述了上党战役的情况，进一步说明党中央、毛主席制定的积极防御诱敌深入战略方针的正确性。刘伯承从理论到实践的讲述，使孔受到了深刻教育，尤其对我军战略方针的认识更加深刻。

1949年1月，淮海战役胜利结束后，中原野战军根据党中央指示，改编为中国人民解放军第二野战军。刘伯承任司令员，邓小平任政治委员。部队以原有的7个纵队为基础扩编为3个兵团，下辖9个军，装备大大加强。2月8日上午，孔从洲接到通知，下午2时刘伯承要接见。孔从洲心里格外高兴，心想这次又可以见到敬爱的刘司令员了。他按时到达设在河南商丘西南一个村子里的二野司令部。刘伯承一见面就和他亲切地握手，询问部队的情况以及孔从洲的身体等情况，他都一一做了回答。刘伯承在日理万机的繁忙工作中，对同志的关心，使孔从洲倍感亲切。稍停了一会儿，刘伯承说："从洲同志，今天找你来，是有件事情要告诉你。为了战争进展的需要，我们准备在现有的炮兵团、工兵团、坦克大队的基础上建立一个特种兵纵队。"刘伯承接着讲述了建立特种兵纵队的重要意义。他说："随着解放战争的胜利发展，我军装备的改善，我们已有建立特种兵纵队的条件。现代战争是诸军、兵种的合同作战，建立特纵不但对即将到来的渡江作战有用，而且在将来胜利之后，还要以特纵为基础发展特种兵，以适应建设现代化国防军的需要。"孔从洲听了之后，对刘伯承的高瞻远瞩，卓越远见，不胜敬佩！

当晚，邓小平又和孔从洲谈话，首先说这次建立特纵的重要性，强调"要把思想建设搞好，要把干部的团结搞好，要提高各兵种协同作战的能力"，并明确了特纵的领导人，以李达为司令员兼政委，孔从洲任副司令员。

这次和刘邓首长的会见，前后共约两个多小时。第二天，孔从洲怀着依依不舍的心情，向刘邓首长告别。

1949 年 4 月解放南京后，即以缴获的装备，编了两个工兵团、两个地炮团、一个高炮团。三野、四野各调给一个地炮团，这样使特纵空前地壮大起来。到解放重庆后，在西南军区党委和首长的关怀下，炮兵和工兵分编，部队又有了新的发展，刘伯承的卓越远见，再次地得到了实现。

（李　屏）

"指挥是向刘帅学的"

——刘伯承和王近山

1978 年 5 月的一天，正躺在病榻上的刘伯承元帅，听到王近山病逝的噩耗后，突然睁大眼睛，直愣愣地望着天花板，嘴里叨念着："近山、近山！"眼角涌出了两行热泪。于是，他闭上眼睛，又陷入了那金戈铁马的回忆之中。

一

1937 年 8 月 25 日，奉中央军委命令，由中国工农红军第四方面军、第二十九军、第三十军、陕甘宁独立第一、二、三、四团和第十五团、骑兵

团等改编成八路军第一二九师。

该师组建不久，师长刘伯承、副师长徐向前、参谋长倪志亮、政训处主任张浩、副主任宋任穷等首长便坐到一起，开始互相介绍团以上干部的情况。由此，刘伯承得知第七七二团副团长王近山多年来一直跟随徐向前南征北战。由放牛娃、士兵，成长为红军指挥员的他，刚满20岁，就当了红十师师长。

一晃过去多日。邓小平政委到一二九师赴任不久，同刘伯承等师首长到三八六旅视察，在接见团以上干部时，刘师长扫视了坐在旅部里的十几个人，最后把目光投向靠窗户站着那位头上顶着伤疤的小伙子，转过头问陈赓旅长："这就是近山同志吧！""是！我叫王近山！"还没等陈旅长回答，王近山两脚跟一靠，行了个注目礼，握住刘师长伸过来的右手，快言快语地作了自我介绍。

刘师长转过头向邓政委介绍说："这就是拼命三郎王疯子！"一句话把满屋的人都逗笑了。

刘邓两位首长和被接见的同志一一握手坐定之后，陈赓旅长请师首长给大家讲几句，在大家的再三恳求下，刘师长从"王疯子"讲起。他说："关于近山同志的一些情况，向前同志都对我讲了，古兵法上说，一人投命，足惧万夫，意思是说，如果一个人不怕死，提着刀横冲直撞，谁见了都会害怕，多少人都抵挡不住，打仗也是这样，狭路相逢勇者胜，没有点疯劲儿，没有不怕死的精神是不行的。"

刘师长微笑着看了看王近山又接着讲："你们都是指挥员，手底下有几千人，打起仗来，干部战士的眼睛都盯着你们，你们畏缩不前，也不会带出死打硬拼的部队来。看来，作为一个指挥员，贪生怕死不行。但指挥员又不同于一般的战士，组织上把几百人，几千人都交给你了，光有吕布之勇，夏侯惇之猛，还是不够的，还必须有子房（张良）之谋，孔明之智……"

王近山听得入了神，他听到兴奋处，拿起手中的铅笔头，想往本子上记，可是"斗大的字不识一升"一个字还没写完，师长的另一句话又开始了，他急得直挠头皮，几次碰到伤疤，他也顾不得钻心的疼，一心想把师长的话全记下来。

这时，刘师长把话锋一转说："一个人的谋与智，不是天生的，而是学习与实践的结果。关于实践，在座的诸位，三天两头就要和敌人打一仗，只要善于摸索，注意总结、积累经验就行了。学习，对于我们这些工农出身的指挥员来说，尤为重要，大家都知道三国时的东吴大将吕蒙吧，此人十五六岁就投身行伍，虽英勇过人，因没上过学，给孙权写报告还得叫别人代笔。后来在孙权的劝导下，他开始读兵书和史书，因他勤奋好学，进步很快。一次，鲁肃代周瑜领兵，路过吕蒙防地，两人谈论兵事，吕蒙的一些见解，使鲁肃大为吃惊，非常感慨地说：'我以为小弟只有武略，没想到士别三日，当刮目相待，你再也不是当年的吴下阿蒙了！'鲁肃死后，吕蒙统领吴军，运用计谋逼迫关羽败走麦城，最后平定了荆州。在座的诸位，年龄才不过二三十岁，只要肯学习，决不会比吕蒙差的！"

听到这儿，大家不约而同地鼓起掌来。送走刘邓首长后，王近山一连几夜都没有睡好觉，刘师长的肺腑之言，一直在耳边萦绕，后来，他终于学起吕蒙来，主动找团里文化高的同志补习文化。他学文化不用课本，而是一边看报纸、听首长讲话，一边认字，用他的话说，这叫一举两得。就这样，1937年的一个冬天，他利用作战间隙，从报纸上，油印的材料中，师长和政委送给他的读物里，先后学习了刘伯承同志《现在游击队要解答的问题》、《从实践中联想到我军教育要注意的事项》、《抗日游击队四个基本任务》、《抗日自卫队三个基本任务》、《击退正太路敌人六路围攻的战术观察》等文章。其中对一些精辟的句子，他背得滚瓜烂熟。同时，利用开会和谈心的机会，还多次聆听了刘师长和邓政委的教诲，逐渐地学会了与敌斗智斗谋来。

对于王近山来说，这是他戎马生涯中一次重要的转折。刘师长的言传身教，使他终身难忘。后来，每当他向别人谈起自己成长的过程时，都会十分动情地说："我是在毛主席和老一辈无产阶级革命家的影响和教育下成长起来的，勇敢是向徐帅学的，指挥是向刘帅学的，果断是向邓政委学的。"

二

　　1943 年 10 月的一天，太岳二分区司令员王近山，刚吃过早饭，接到刘伯承师长的亲笔信，师长在信中说："奉党中央命令，派你带十六团赴延安扩编部队，保卫陕甘宁边区。现在日寇正集中重兵在太岳地区'扫荡'，敌情复杂，形势紧张，路上一定要多加小心。特别要摸清敌人的情况，在这方面我们有些地方不如敌人，比如敌人能印出我抗战干部的履历、相片，我们机关部队所在地和腹地某些险要地形等，我们有些人则相反，从反扫荡起直到仗打完了，有的干部懵懵懂懂地还不知道对手是谁，人家是用什么手段打的，这怎么能做到知己知彼呢？前年我就讲过，各军分区应成立精干的便衣队，专门经常不断地出入敌占区，进行军事政治的战役侦察，特别要以奔袭、抄袭、搜索的战斗动作，擒获俘虏，取得文书、邮件，以查明敌人的部署与行动动态，听说你们在这方面做得不错，希望再接再厉，不仅要随时掌握敌大扫荡的行动，还要摸清其后续部队与补给线，辎重运输状况和扫荡撤退时的行动路线，等等。"最后，师长一再嘱咐："此次西行，你是独立作战，在敌我利寡时机变换很快，而上级又无法及时指导的条件之下，必须发挥我军机断行事的优良传统。"

　　这封信王近山拿起放下，放下又拿起来，反复掂量首长每句话的分量，心中筹划怎么样才能顺利地到达目的地。在与政委刘忠、副司令员周希汉研究机动方案时，他从地图上发现，在敌腹心地区的韩略村地形险要，可资利用，便暗暗记在心里。

　　当王近山带领十六团接近韩略村时，他令团长陈景玉和团政委常祥考把部队暂时隐蔽起来，自己挑选几位精明强干的战士，组成便衣小分队，侦察韩略村附近的敌情与地形。

　　在进韩略村时，他先把其他人埋伏起来，以防有事好作策应，自己走近正坐在村边歇脚的那位卖豆腐的老乡，点起烟后，两人拉起家常话来。从谈话中知道，这位老乡是邻村一位忠厚老实的农民，因有几位亲戚在敌人"扫荡"时被害，对日寇怀有刻骨仇恨，便说明了自己的真实来意。这位老乡把豆腐担子交给他，两人一起进村，逢熟人就说这是他的一位远房亲戚，来串门，见他腰疼，同他一块来卖豆腐。结果在与乡亲们闲谈中，把敌人活动的规律，车队经过韩略村的时间，韩略村附近的地形，进出路线，摸得清清楚楚。

随后，他将十六团埋伏在韩略村附近，打了一个漂亮的伏击战。在他的指挥下，十六团指战员经过 3 个小时的激战，截击了 13 辆满载日寇军官的汽车，歼敌 120 余人。从缴获的文件上查明，这股敌人是日寇华北派遣军司令部的"战地参观团"，成员主要是日本"支那派遣军步兵学校"第五、第六中队和其他一些军官。在打死的敌人中，有少将旅团长一名，联队长一名。

这一仗，打得相当漂亮，到延安后，毛主席接见了王近山，表扬他勇敢、果断、有胆略，没请示上级，就主动积极地打了一个漂亮仗。刘邓首长后来让人带口信告诉王近山，表扬他有勇有谋，鼓励他要戒骄戒躁，不断进步！

三

1946 年定陶战役前的干部会上，身为六纵队司令员的王近山拍案而起，斩钉截铁地说："赵锡田骑兵冒进，看上去气势汹汹，实属孤立突出之敌，这仗应该打，我王近山今天立下军令状，不消灭赵锡田，再也没脸回来见你们！我们六纵队请战，坚决打！打得剩下一个旅我当旅长！剩下一个团我当团长！剩下一个连我当连长！全纵队打光，我们对得起党，对得起哺育我们的太行山父老乡亲！"王近山当场要下了打敌整三师主力二十五旅五十九团的最艰巨任务。

刘邓首长答应了他的请求，邓政委表扬了王近山勇挑重担的高度责任感。刘师长随即作了各纵合力聚歼敌整三师的战役部署。

敌整三师师长赵锡田，果不是等闲之辈，他进驻大杨湖的五十九团，更不是一盏省油的灯，该团在一天之内，就把大杨湖这个 200 来户人家的村庄，变成了一个内有暗堡工事和穿墙透壁的枪眼，外有密密麻麻的地堡，中有沟壕相通的坚固工事群，致使六纵激战两昼夜仍未攻下来。

这对王近山来说，无疑是有生以来的奇耻大辱。他急得两眼进火，恨

不得马上冲上去，把赵锡田撕成八段，以洗却这不能让人忍受的耻辱。

刘伯承首长是最了解王近山的，虽说王近山这些年来，读了不少兵书，已不是个一激即怒的一介武夫，但此人性情刚烈，胜得了，败了不成，而且还多少有些冒失。

9月5日一清早，刘伯承就来到了六纵前方指挥所，把各纵队首长都找来，在一间用门板搭成的地下室里，召开了紧急作战会议，分析了敌情，查找了战斗失利的原因，重新调整了部署，并再一次提醒王近山，一定要集中兵力，用拳头打人。

在刘伯承首长的提醒与启发下，王近山似乎又悟出了点什么，意识到了原来打敌五十九团的兵力，是少了些，还没有形成以石击卵的优势，随后集中六纵的9个团的兵力，打敌五十九团。

为了及时掌握战场情况，王近山到距敌仅300米的旅指挥所指挥，并不时地鼓励部下说："国民党军队，都属老鼠的，洞门光棍，欺软怕硬，只要我们硬，他们就软！对这帮混蛋要狠点，把所有的子弹、手榴弹都打到敌人身上去！战到最后一个人，也要把敌人打垮！坚持，只要坚持住，坚持到底，胜利就是我们的！"

六纵指战员见刘司令亲临前线指挥，已信心百倍。听王司令员这么一鼓劲儿，更加精神抖擞。不怕敌人工事坚、火力猛、飞机炸、大炮轰，也不怕冲过来的坦克，前赴后继，英勇冲杀。最后除了一个预备营外，其他部队连炊事员、饲养员、机关干部都冲上去了。

战斗从半夜发起，战至拂晓，仍有一股敌人在村中拼死顽抗。王近山意识到，天亮后，敌人若派飞机来增援，我军将处于更加不利的地步。想到此，他将手中的预备营也投入战斗，并命令部队和敌人纠缠在一起，使敌人飞机无法增援。结果太阳出来后，敌人果然派出飞机增援，但由于敌我形成胶着状，无从下手，又都飞走了。

这下子可把战士们乐坏了，头上没有顾虑，放心大胆地往前冲，战至8时，我军攻占了大杨湖村，全歼敌五十九团。

五十九团一被歼，敌整三师的精神支柱一下子垮了下来，二十旅旅部和整三师师部，上上下下争相逃命。我军各纵队乘势将敌分群割块，达成合围部署，很快地全歼了敌整三师，活捉了赵锡田。

东西两线的敌人听到赵锡田被活捉的消息后，惊恐万分，顿时都乱了阵脚，如决堤的洪水，四处溃散。就这样，定陶战役，以敌人的彻底失败而告终。

为此，延安《解放日报》发表了《蒋军必败》的社论，充分肯定了定陶战役胜利的重大意义。

（孙　国）

"没有文化是干不好革命的"

——刘伯承和何正文

何正文是刘伯承的老部下，从长征到抗日战争，他曾在刘伯承领导下工作、战斗过多年。刘伯承在何正文成长道路上的指导作用令其终生不忘。

"工农干部必须重视文化学习"

何正文与刘伯承相识是在长征路上。1935 年 8 月，红四方面军长征到达阿坝地区。由于张国焘搞分裂活动，成立伪中央，部队又南下返回天全、芦山。这时，红军大学成立了，由工农红军总参谋长刘伯承担任校长。何正文在红大指挥连学习，不久担任党支部书记，任排长。一天，刘伯承到指挥连视察工作，何正文第一次见到刘伯承。翌年 2 月，他们再次北上到达道孚。刚住下，校务办公室通知说，校长要找指挥连长、指导员和何正文去谈话。听到这个消息，何正文非常高兴。在此之前，何正文就听说刘校长是著名的军事家，又是百战百胜的"常胜将军"，心里十分敬仰。能聆听自己所爱戴的首长的教导，是多么难得的机会啊！他们 3 人一进屋，就看见了身躯魁梧的刘伯承。他身穿灰布军装，面庞清瘦，但很有精神。刘伯承亲切地招呼他们坐下，便开始询问情况。谈话间，他见何正文很少说话，

便说："何正文同志，你是支部书记嘛，对政治工作这个问题，你有什么看法呢？"听到刘伯承的问话，何正文感到十分惊讶。因为过去在红四方面军里，张国焘根本不重视政治工作，处理问题从来不征求基层党组织的意见。而刘伯承这样注重听取党支部书记的意见，这是多么鲜明的对照啊！这次谈话，刘伯承对政治工作的重视，对基层党组织的尊重，以及他平等待人的民主作风，给何正文留下了极为深刻的印象。

抗日战争爆发后，何正文所在的部队编入一二九师，跟随刘、邓首长进军太行山区，开辟抗日根据地。从此，何正文便在刘伯承同志和邓小平同志的领导下工作、战斗。

刘伯承在军事上有很深的造诣。他知识渊博，精通古今中外的兵法，讲起话来谈古论今，妙趣横生。当时，许多工农干部能打仗，但文化水平低，这对于继续提高指挥能力是一个极大的障碍。刘伯承从培养干部的长远打算出发，十分重视干部的文化学习。

1938年7月，何正文从晋东南榆社县游击自卫纵队调回一二九师。途中路过师部驻地黎城时，刘伯承知道了，找他去谈话。何正文在游击队工作时，改名何化一。为什么改名字呢？那时他想，当兵打仗嘛，要"文"干什么，就改了。这次一见面，刘伯承说："你不是何正文吗？怎么叫何化一？"真没想到，刘伯承只同他谈过一次话，而且是两年多以前的事了，可竟然记住了他的名字。刘伯承见他有些不好意思，便风趣地说："人的名字是个代号，便于记忆嘛！我叫刘伯承，是个代号，你叫何正文，也是个代号。你改它干啥子嘛！"几句话把何正文说笑了。

接着，刘伯承十分认真地同他谈起学习文化的问题。刘伯承说："工农干部必须重视文化学习。没有文化怎么拟战斗文书呀？怎么看地图呀？可不能轻视文化。没有文化是干不好革命的。"接着，又告诉何正文怎样学习文化，说："你要先认识几千个字，然后再学习历史、自然、算术。掌握了文化知识，就等于掌握了一把钥匙，就可以打开军事、政治、科学知识的大门。"他还指定何正文读三部书《三国演义》、《水浒传》、《红楼梦》。他说："这些书你必须看。看懂了，可以提高你的写作能力啊。"事后，何正文暗自揣摩：刘伯承大概是从我改名字觉察到我不喜欢那个"文"字，才这样郑重其事地同我谈学习文化的问题。

何正文小的时候，家里很穷，父母想尽一切办法送他读私塾。后来由于生活实在维持不下去，只读了两个大半年就停学了。刘伯承要他重视文化学习，给了他很大的启示。从此，他把学文化与干革命紧紧地联系在一起。尽管当时环境十分艰苦，行军打仗是家常便饭，但他总是在紧张的战斗间隙里，挤出时间来认字、写字。冬天，夜幕降临，只要情况许可，他就坐在炉火旁借着火光学习。有的同志诙谐地说，这是"烤火学校"。刘伯承指定的三部书，他都想办法找来读了，对于提高文化水平和写作能力确实有很大的好处。

在太行山时期，他多次调动工作。每次调动，只要路过师部，刘伯承总是抽时间找他谈话，询问他的工作、学习情况，督促他抓紧文化学习。刘伯承告诉他："要学写日记、写总结。每干完一件事，都要总结一下。总结一次，提高一步。"还要求他"必须写毛笔字，而且要写正楷。"

写日记，何正文没能坚持下来，至今引为憾事。写总结和写毛笔字，他大体上照着做了，直到现在还有用毛笔的习惯。开始写总结时感到很吃力，不敢写。1941年9月，何正文在七六九团任参谋长，部队打完邢（台）、沙（河）、永（年）战役后，他下决心熬了一两个通宵，写了《攻打碉堡的经验》一文，送到《前线》杂志社。文章出人意料地被发表了，使他受到很大鼓舞。以后写多了，逐渐摸到一些门路，胆子也就大了。通过写总结，何正文逐渐认识和积累实践中的经验，不断提高军事指挥能力。坚持写正楷，也使他受益匪浅。现在，每当他拿起毛笔写字或批改文件时，刘伯承教导他学文化的情景就萦绕在脑际，心里充满了怀念和感激之情。

"参谋工作很重要，不能轻视"

刘伯承堪称我军参谋工作的奠基人。土地革命战争时期，刘伯承曾担任中国工农红军总参谋长。在艰苦卓绝的二万五千里长征中，他多谋善断，协助毛泽东同志和朱德同志统率红军，多次巧妙地冲破敌人的围追堵截，表现出卓越的军事才能。刘帅十分重视加强司令部建设，重视发挥参谋人员的作用，提高他们的工作能力。

从抗日战争到解放战争，何正文大部分时间做参谋工作。1938年11

月,何正文在一二九师随营学校任营长兼军事主任教员,奉命调任一二九师骑兵团参谋长。当时,何正文不太愿意做参谋工作,刘伯承得知后便找他谈话。

师部的驻地离随营学校不远,刘伯承住在一间半窑洞式的房子里。室内很窄小,光线也比较暗淡。刘伯承正在批阅文件,见何正文进来,便让他坐下。放下手中的笔,开门见山地问:"听说你不愿做参谋工作,是吗?"何正文点了点头。刘伯承站起来,来回踱着步子,用深沉的语调说:"参谋工作很重要,不能轻视。轻视参谋工作就是军阀思想作怪。"他略微沉思了一下,又接着说:"参谋工作是一门专业知识,学问深得很,不懂参谋工作就不可能是优秀的指挥员。"还说:"参谋人员就是指挥人员,参谋工作就是指挥工作。一个干部从学校毕业后,当一段连长,再当一段参谋,然后再去当营长、团长,这样的指挥员就全面了。"稍停了一会,又温和地说:"当然,做参谋工作的同志,要有'甘当牛尾,不做鸡头'的精神。要埋头苦干,任劳任怨,要做无名英雄,不要计较什么权力、地位和功绩……"

刘伯承的谈话,既有严肃的批评,又有耐心的开导,道理深刻,语重心长,使何正文的思想开了窍。刘伯承走到他身边,带着慈祥的微笑问:"怎么样,愿不愿意做参谋工作?我就当过总参谋长嘛!"何正文站起身来回答:"师长,我想通了。我一定遵照首长的指示,尽力把参谋工作做好!"刘伯承满意地点了点头。何正文辞别了首长,愉快地奔赴新的工作岗位。在以后的岁月里,他多次担任过各级参谋长的工作,每次调动,总是想起刘伯承的亲切教诲,勉励自己兢兢业业地把参谋工作做好。

"领导干部要做好样子"

刘伯承具有丰富的军事工作经验,很善于治军。强调"干部带头",是他治军的良策之一。他常说:"强将手下无弱兵","会带兵的带雄兵,不会带兵的带窝囊兵"。他还经常把自己带兵的经验传给下级,指导干部增长才干。

刘伯承多次向何正文讲到"干部带头"的问题。他说:"一支部队能不能带好,关键是干部。领导干部要做好样子。没有带不好的兵,只有带不好兵的官。"并要求指挥员"要成为全面的指挥员",即第一要德，第二要才，所谓"才"，就是要求做到四会，即"会带兵、养兵、练兵、用兵"。他还告诫何正文："青年人切忌骄傲，骄傲是跌跤子的开始。"

刘伯承不仅对干部严格要求，而且处处身体力行，为人表率。何正文目睹过一件事，感受非常深刻。

抗日战争胜利后，何正文在太行军区任参谋长。当时，蒋介石一面施放和平谈判的烟幕，一面积极准备发动全面内战。1946 年 1 月 13 日"停战协定"生效，蒋介石仍然命令国民党军队"抢占战略要点"，并不断调动军队向我解放区进犯。阴云笼罩全国，随时都有爆发全面内战的可能。为了做好粉碎国民党进攻的准备，晋冀鲁豫军区于 6 月 15 日在邯郸召开旅以上干部会议，部署开展整军练兵运动。会议后期，刘伯承司令员、邓小平政委决定，组织到会同志进行一次打靶，为部队训练带个好头。

靶场设在邯郸市西北郊的一片荒地上。这天，天气晴朗，晨风微吹，空气里飘散着杂草野花的芳香，令人神清气爽。8 点钟，刘伯承来到靶场，大家的精神格外振奋。按照预先的规定，同志们列队依次射击。刘伯承认真审视着每个人的射击动作，严肃的神情仿佛是在指挥一场战斗。

何正文射击完毕，看到刘伯承从警卫战士手里拿过一支步枪，走向靶台。何正文心里想：刘师长年过半百，眼睛又不好，亲临现场指导就可以了，何必亲自打靶？那时，刘伯承虽然任司令员，但老兵还是按抗战初期的习惯，亲切地称他"师长"。何正文走到刘伯承身边低声说："师长，你就不打了吧，看一看就行了。"刘伯承摆了摆手说："不行，领导干部要给大家带头做个样子嘛！"说着，他装上子弹，按照射击要领，卧下身子，举枪瞄准，"啪！啪！啪！"连打三枪。

刘伯承亲自打靶的模范行动，很快传遍晋冀鲁豫军区，极大地鼓舞了全体指战员，驱散了和平麻痹思想，推动了部队的练兵运动。不久，内战全面爆发，经过短期训练的部队，战斗力有了新的提高，在刘伯承和邓小平的指挥下，奔赴战场，连续取得了三出陇海线和定陶、鄄南、滑县等战役的重大胜利。

许多年以后，何正文撰文纪念刘伯承说：刘伯承同志对我的教育是多方面的，言传身教，难以一一记述，他那和蔼可亲的面容，谆谆的教导，

铭刻在我的心中，使我永远不能忘怀。

（郑　欧）

"老院长做学问，
钻研问题真是细致入微啊"
——刘伯承和陶汉章

1950 年盛夏的一天，聂荣臻代总长把华北军区军政大学教育长陶汉章召到北京中南海，对他说："你认识刘伯承司令员吗？"

"我怎么不认识！他当红军总参谋长时我就认识他。那时，我在二方面军司令部当参谋，他还考过我呢。"一提起刘伯承，陶汉章的话就多了。

"喔！他是怎么考你的呢？"聂代总长反问了一句。

于是，陶汉章打开话匣子，兴致勃勃地对聂代总长讲起了当年刘伯承"考地图"的故事——

"调皮鬼，我不和你讲，我要你自己找嘛！"

那是 1936 年 7 月，红军二、四方面军会师后，刘伯承随二方面军行动。有一天，他来到二方面军司令部，对陶汉章等四个参谋说："来，都过来嘛！我考一考你们的参谋业务。"

陶汉章当时只有十七岁，很调皮，站起来说："请问总长，你怎么考我们呢？"

"考地图。我说地名，一分钟后你们给我报精确坐标。"刘伯承一边回答，一边把地图发给了他们。等他们打开后，他突然说："王庄。"

这时，陶汉章又站起来问："报告总长，王庄有好几个，谁知道你说的是哪一个王庄？"

"调皮鬼，我不和你讲，我要你自己找嘛！"刘伯承说完，走到陶汉章跟前，用手指轻轻地敲了一下他的脑门。

陶汉章缩了缩脖子，做了一个鬼脸，再也不吭声了。

"结果，我们只好趴在地图上，一个一个地找，一个一个地报坐标。搞得我们很紧张哩！"陶汉章边讲边做着手势。讲得聂代总长也忍不住笑了起来。

一会儿，聂代总长站起身，从办公桌上拿出两封信，对陶汉章说："你认识刘伯承司令员就更好了。你带上毛主席、朱老总写给他的亲笔信，马上坐飞机到重庆，向他转达党中央的决定，请他来京筹建陆大。"

当天晚上，陶汉章到达重庆，在北碚见到了刘伯承。首先向他转达了聂代总长的问候，然后把毛主席、朱总司令的亲笔信交给了他。

刘伯承看完了信，摘下眼镜一边擦一边高兴地说："古语说得好，'君命召，不俟驾而行'啊！请你转告聂老总，就说我愉快地接受了这个任务。我把这里的工作给小平同志和贺老总交代一下就走，不日即到京复命。"

几天后，当陶汉章向刘伯承辞行时，刘伯承再次请他向聂代总长转述自己坚决服从调动，愿意去办学校的愉快心情。还托他捎回一些四川榨菜、豆瓣酱之类的土特产食品，说："朱老总、聂老总都是四川佬，这些东西又便宜又好吃，他们一定喜欢。"

"那好嘛，你要细心了，我就再也不讲啰！"

在军事学院经过一段工作，由刘伯承亲自审定的《军语通报》，已经下发了 19 期，修订军语名词 1764 条。另外，还下发了《陆军军队标号》、《海军军队标号》，共修订各种标号 903 个，军语代字 383 个。

为了在更大范围内征求意见，及早呈报中央军委审核批准，正式颁布全军使用，刘伯承决定将它们汇总起来，编成一册，铅印出版。为此，他把科研部副部长陶汉章叫到办公室，对陶汉章说：

"陶汉章同志，我们商量一下，能否把'军语通报'和'军队标号'汇编成一册，定名为《军语画一》，铅印出版呢？"

"这个问题我们也考虑过，这样做很有必要。"陶汉章回答。

"具体做法是不是这样，先把这些军语和标号分门别类，有序地排列起来，然后再根据全院使用的情况，做进一步的修改。这是个很严肃、很细

致的工作，你要亲自动手，再找一个细心的同志协助你。行不行？"

刘伯承说到这里，抬头看了看陶汉章，话题又扯开了。他接着批评道："你这个同志，脑子快，人也聪明，就是不细心。你要有三分之一的细心，你就强多了。"

"院长，以后我细心就是了。你别总讲我，我都手足无措了。"陶汉章不好意思地分辩着。

"那好嘛！你要细心了，我就再也不讲啰！"

停了一会儿，刘伯承又问陶汉章："顾问让你写论文，考博士，当学术权威，你准备得怎么样了？"

陶汉章回答说："我怕考不取，我也当不了学术权威。院长，全院都公认你是真正的学术权威啰！"

"那不同嘛！你年轻，时间长。我已经是太阳偏西，日薄西山了。把你培养出来就是几十年时间啰！我们这些老家伙，是要不断提高自己，但是更重要的是不能忘记培养青年一代。这是个重要问题。我们要向青年一代交下去，传下去。"一提到这个问题，刘伯承就无限感慨。他对青年干部寄予着厚望。

陶汉章受领任务后，加班加点，日夜苦干，很快就把军语和军队标号重新整理出来，又反复地仔细地修改了好几遍。于是，他拿着一大摞书稿向刘伯承汇报。

刘伯承听完汇报，问陶汉章还有什么问题没有。陶汉章提出，有两个军语还搞得不够准确：一个是"自动推进火炮"，这个译名恐怕不确切；还有一个工兵器材中的军语名词"门桥"，不知道怎样解释。

刘伯承说：对一些军语名词的翻译，不能片面命词。"自动推进火炮"也可以"自动推退"嘛！倘若如此，也可以叫"自动推退火炮"啰！这样译不行。还是译"自行火炮"更确切。

对"门桥"这个名词，刘伯承解释说：这个词是从日本传来的。日本河流多，造桥费事又不便于船只通航。于是，就用许多平面舟联结在一起，架成浮桥，中间留一个缺口，让来往船只航行。人和车辆过河时，又用平面舟把缺口封闭，让人和车辆从上面通过。所以，缺口的地方叫"桥门"，桥之门也。封闭缺口的平面舟叫"门桥"，门之桥也。军队渡江河，常将若干个制式的平面舟结合起来，用以渡送车辆、火炮、坦克等，也借用这个词，称这些平面舟为"门桥"。

听了刘伯承的解释，陶汉章的疑问全清楚了。他心里暗自佩服，忍不住内心发出赞叹："老院长做学问，钻研问题真是细致入微啊！"

（齐生平）

泸州起义的得力助手

——刘伯承和许剑霜

刘伯承将军在指挥泸州起义时，有一位得力的助手，他就是许剑霜。

许剑霜，1895 年出生于泸州，他早年投笔从戎，考入当时四川督军熊克武先生创办的四川陆军讲武学堂。1920 年毕业后分派在川军第二混成旅，由于他作战勇敢，指挥有方，练兵也很出色，数年时间即由候差擢升至团长，驻防泸州蓝田坝。

1927 年 1 月下旬，刘伯承将军莅泸就任国民革命军川军各路总指挥。此后，许剑霜和刘伯承接触颇多，他几乎每天都去总指挥部聆听刘伯承将军的教诲。刘将军出巡，由许陪同时间也多，耳濡目染之下，许的思想日益进步。当时刘伯承在泸州为培养革命军事人才，创办了泸（州）纳（溪）军团联合军事政治学校。学校筹办期间，许剑霜东奔西跑，不遗余力；开课以后，他又是该校的得力教员。刘伯承在部队中厉行新政，许剑霜亦带头贯彻执行，如在各营、连设立政治指导员，并提倡官兵一致、服装一律、不开军官灶、废除体罚等，刘伯承到所属各部队督促检查时，许曾多次受到称赞。

泸州革命形势的蓬勃发展，受到当时川黔各路军阀的忌恨。这年 4 月中旬，他们乘蒋介石清党之风，纠集人马从四面八方分头向泸州袭来。一时间，整个泸州城被围得水泄不通，各渡口码头均被严密封锁，交通、粮源断绝。泸州保卫战开始了。

　　许剑霜团是川军第二混成旅的老底子，经过较长时间的严格训练，又打过多次硬仗，在川军有"铁军"之称，是当时刘伯承最信赖的部队。因此，在泸州保卫战中，许团始终担负重任，其防线是由百子图、枇杷沟、大北门至小河街、管驿嘴一带，这是敌人进攻泸州的重点方向。由于全团官兵顽强坚守，敌人先后发起30多次强攻，均被击退。此外，该团还在刘伯承的亲自指示下，由三营十一连梁狄焜连长将电影放映机改装成土制探照灯，入暮后适时照射江面如同白昼，又将猫儿大铁炮装进大量火药、铁块等向敌发射，炮声震天，令敌胆寒。他们还搜集大、小坛罐数千，装满石灰，待敌人攻至城墙脚时掷下，坛破灰扬，满阵烟雾，敌人睁不开眼睛，还误认为是由苏俄支援来的新式武器！

　　5月中旬，起义军已被号称10万之众的所谓川黔联军围困在泸州城里浴血苦战40多天，到了粮尽援绝的艰危地步。城内居民食物极度匮乏。刘伯承深体民艰，指示起义军各部，尽量设法挤出有限的口粮支援百姓，宁肯自己紧束腰带，不让居民有一个人饿死。许团带头响应号召，动员各连由每天两餐干饭改为一干一稀，将挤出来的粮食，分送给小河街、大北门、桂花街、三倒拐、西门、枇杷沟一带的居民，在一定程度上缓解了饥荒，并增强了军民团结。

　　5月16日上午，起义军总指挥部召集会议，在分析了当时的形势和险恶处境后，决定让刘伯承总指挥先行撤离。是日入暮后，许剑霜率二名警卫，护送刘伯承等出西门至安全地带。过后，刘伯承率少数随员辗转绕道去江西，参加领导了中外闻名的"八一"南昌起义，而许剑霜仍留在川军继续与军阀势力进行各种形式斗争。

（李克猷）

"公交问题，公事公断"
——刘伯承和张仲明

　　1926年12月1日到3日，刘伯承在党的领导下，以国民革命军川军总指挥的名义，发动了泸州、顺庆起义，拉起了 12000 多名起义军，响应北伐战争，给北洋军阀以沉重打击。1927 年春，他作为各路起义军总指挥来到四川南部的泸州城，整顿起义队伍，建立革命秩序，很快就使这座城市发生了变化。

在刘伯承的治理下，泸州成为最令人瞩目的地方，成为川中革命事业发展的靠山。这一切，自然引起了附近地方军阀的恐慌。他们一面加紧对农民搜刮，一面对农民实施镇压。在 3 月 10 日这一天，就枪杀抗捐抗税的农民 10 余人，还大肆掳掠，烧毁民房数 10 座。

听到这一消息，刘伯承非常气愤，他命令指挥部的周参谋赶快起草通电，声讨地方军阀屠杀人民的罪行。

周参谋面带难色，支支吾吾地说："……总指挥，这恐有不便吧……"

"滥军阀残杀民众，这种行为决不能容许！"刘伯承答复十分干脆，"起草吧，要快，要通电全国！哼，亏他们还挂着国民革命军的招牌，真是无耻！"

"这……"

刘伯承一看周参谋推推挡挡，想必其中有些缘故，便追问说："有啥子难处吗？平日里你出口成章，声讨军阀就说不出话来了?!"

周参谋吞吞吐吐地说："是张仲明领着人干的……"

"志芳?!"刘伯承念叨着张仲明的别名，自言自语地问道："是他干的?"

周参谋肯定地点点头。

刘伯承一边踱着步子，一边扪着自己的额头，陷入了对往事的回忆中……

张仲明别名志芳，和他是一起参加革命军，一起就读在重庆将校学堂的同窗好友。他俩私交很深，几乎不分你我。当刘伯承早年家境贫寒时，张仲明曾慷慨解囊；当刘伯承遭人妒忌、排挤时，张仲明曾挺身而出，鼎力相助。尤其是 1923 年秋，刘伯承身负重伤之后，一直在成都寄居在张家养伤，汤药茶饭照顾得颇为周到。后来，省城战事告急，刘伯承又应邀到张的老家——犍为五通桥静养。老朋友放弃公务，陪侍左右，或临窗课读，或并步踏青，或悠闲垂钓，或谈古论今……真可谓形影不离。直到 1924 年秋天，他们才分手。

刘伯承从犍为出发，到北京、上海考察，随后走上了共产主义者的道路。而张仲明仍偏处一隅，在军阀部队谋事，官衔已升至旅长。

刘伯承是一个很忠厚、很重感情的人。周参谋看到总指挥正在追忆往日的友情，以为他改变了主意，便把纸、笔收拾起来，准备退出。

"慢着！"刘伯承喊住周参谋，认真地说，"过去，我同志芳的交情的确很深。可是，他今天居然干起杀害人民的勾当，对抗国民革命，我们不能客气！快写罢。"

周参谋说情道："张旅长是奉了上司的命令才这么干的，怕他是迫不得已……"

"不！"刘伯承以强硬的口气谴责说，"他身为旅长，已经不是小娃娃啦。他的上司，指使他在我们的鼻子底下闹事，想必是有些名堂的。我们就是要'打狗欺主'，让他们看看革命军的颜色。我们不为民做主，谁来为民做主？这不是私交问题，而是公交问题，公事公断！"

刘伯承一边激动地说着，一边从周参谋手中接过纸、笔，干脆自己动手拟写起来：

自革命潮流窜入夔门以来，不逾数月，将黑暗沉沉之四川一变而为革命区域，我流离颠连之7000万民众，以为从此可享安乐矣。但核诸事实，则大谬不然。革命之声浪虽高，民众之痛苦仍旧。军队筹粮派款，益为增甚。人民偶起要求，则嗾使其爪牙肆意荼毒，此而谓之革命军人，不亦怪乎？

近据荣县公众请愿团迭电称该县知事邓邦植，协同国民革命军二十四军刘自乾所部之张志芳旅长，因勒筹军款，向人民以武力进攻，并于青（9）日在李家堰方面开枪扫射，登时击毙请愿团民众10余人，焚毁民房数10座。军行所至，抢劫一空。披览之下，毛发皆竖。当在革命将告成功之时，人民解除倒悬之际，该邓邦植、张志芳等以革命之军队，作强寇之暴行，非但党纪军纪所不许，亦为公理人道所难容。望各界同胞，一致声援，铲除败类，诛此蟊贼，使革命进程不生窒碍，投机分子有所炯戒也。

这份电文很快发到武汉，《汉口民国日报》以醒目位置刊登，刘伯承对旧友的声讨，传遍了四面八方。

（陈石平　张茂峰　康景海）

彝海结盟

——刘伯承和小叶丹

长征途中，1935 年 5 月 20 日晚，中央红军先遣司令刘伯承，政治委员聂荣臻率第一团进入冕宁。次日，中央军委主席朱德电令全军经冕宁、安顺场北进。于是，刘伯承、聂荣臻即率先遣队由冕宁城来到大桥镇。由大桥镇经额鸡、俄瓦、园包包到俄瓦垭口。这一带是彝汉杂居区。再从俄瓦垭口经一碗水、海子边、北沙村到喇嘛房，便属于拖乌彝族聚居区了。这里山势更加险要，道路崎岖，树木葱茏，野草丛生，便于隐蔽，山涧之上往往只搭有一根独木桥，易守难攻。先遣队前卫连刚到喇嘛房，就被手持棍棒、长矛、弓箭、土枪等各种武器的彝民堵住了去路。他们"呜呼！""呜呼！"吆喝着，互相联系，人越聚越多。工作团的冯文彬带着"通司"上去答话。一个小头目说："娃娃（指白彝）们要点钱让你们通过。"冯文彬问："要多少？"对方回答："要 200 块。"马上给了他们 200 元银元。大家一抢而散。一会儿，又来一群彝民要钱，说刚才给的是罗洪家，我们是沽基家。又给了 200 元。正在交涉之际，后面来人报告：工兵连遭到袭击，被抓去的人被剥光了衣服，放回来了。

前卫连只好停止前进。肖华、冯文彬等出面宣传党的民族政策，说明共产党、红军与国民党"官军"不同，希望彝民同红军联合起来，打倒汉官，打倒压迫人民的刘文辉，打汉人的财主，分财主的衣服粮食。红军来此，只是借道过路，决不住宿。经过一阵谈话之后，一个小头目说："我去找爷爷来。"过了一会儿，来了一个高大的汉子，打着赤膊，围着一块麻布，赤足，披着头发，后面跟着十几个背梭镖的青年。来人自我介绍："我

是沽基家的小叶丹,要见你们司令员,我们大家讲和不打。"于是,萧华先去向刘司令、聂政委报告,冯文彬陪同小叶丹在后面跟来。翻过一个山凹,过了一个森林,到了一个坪里,这里有一个清水池塘,名为袁居海子。刘伯承听说小叶丹愿意和好,非常高兴地迎了上来。小叶丹见来者身材魁伟,后面跟着几个"亲兵"知是刘司令到了,赶紧趋前行礼,刘伯承把他扶起,即在池塘边坐下。小叶丹解释说;"今天在后面打你们的不是我,是罗洪家。听说你们要打刘文辉,主张彝汉平等,我愿与司令员结义为弟兄。"刘伯承说:"那些欺压彝民的汉人,也是红军的敌人,我们结义是为了反对共同的敌人。"小叶丹非常高兴,叫一个娃子到家里去拿一只公鸡来。结盟仪式按彝家规矩简单而庄重:娃子拿来公鸡,用碗在塘里舀了一碗清水,一手持刀,一手拿鸡,口中念念有词:"今日刘司令与小叶丹在海子边结义为兄弟,以后如有反复时,同此鸡一样的死。"念完,立即用刀把鸡头一斩,鸡血滴在水碗中,清水立即变成了殷红色,然后将"血酒"分作两碗,分别摆在刘伯承和小叶丹面前。几个红小鬼看着好玩,有的发出笑声。只见刘伯承面色庄重,谁也不敢笑了。一切准备妥帖之后,刘伯承与小叶丹虔诚地并排跪下。面对着蔚蓝的天空和清澈的池水。刘首先端起"血酒",大声发出誓言:"上有天,下有地,我刘伯承与小叶丹今天在海子边结义为兄弟,如有反复,天诛地灭。"说罢将"血酒"一饮而尽。小叶丹端起大碗激动地说:"我小叶丹今日与刘司令结为兄弟,如有三心二意,同此鸡一样死。"说罢也一饮而尽。这时,夕阳快落山了,刘伯承请小叶丹等到大桥镇赴晚宴。小叶丹带领十八个小头领欣然前往。刘伯承素知彝民嗜酒善饮,叫把大桥镇的酒全部买来。晚宴在一个保长的宅院举行,这里是红军先遣司令部。席间,小叶丹对刘伯承说:"明天我要沽基家的娃子到山边接应你们过境。罗洪家的抢了你们的东西,还抓了你们的人。如明天罗洪家再来,你们打正面,我们从山上打过去,打到林子里,把全村都给他烧光。"他这种义气是真诚的。但他们两个部落有宿怨,也有借红军的力量出口气的意思。刘伯承连忙向他解释说:"彝族内部要团结,自己人不打自己人。我们要共同对付镇压你们的反动政府,对付军阀刘文辉。"又伸出手比划说:"一个指头没有劲,十个指头捏在一起力量就大了。我们共同的敌人是国民党反动派。"说罢站起来把一面红旗赠给小叶丹,上书"中国夷民红军沽基支队"，任命小叶丹为支队长，他的弟弟古基尔拉为副队长，并当场写了委任状，小叶丹非常高兴。刘伯承又给他讲了许多革命道理，这个淳朴的汉子把刘司令的教诲，点点滴滴记在心头。当晚即住在先遣司令部。

第二天早饭后，先遣队再次进入彝民区。小叶丹跟着前卫连六连走在前头。爬上头一个山凹时，见十几个沽基家的娃子拿着红旗，背着长枪，口里"呜呼！""呜呼！"叫着上了山顶，这是他们村寨的入口，只见他们都排好了队，笑眯眯地表示欢迎，把红军当作自己人看待。一些青年和儿童，还主动靠近战士们，双手比比划划，配合一些简单的词句，说明他们的心意。战士们有的送给他们鞋子，有的送给他们毛巾，得到的人欢呼雀跃，民族团结的气氛非常热烈。刘伯承和聂荣臻来到时，小叶丹有依依不舍之意。他告诉刘伯承说："我不能再走了，前面不是我管的地方了。我派4个娃子送你们到前面的村寨；另外挑选20个娃子到红军里来学习军事，学会了回来打刘文辉。"刘伯承说："后面红军大队还多，拜托你一定把全部红军安全送过彝区。红军走后你要打起红旗坚持斗争，将来我们会回来的。临别之前，送你一点薄礼。"这时警卫员抬过擦得油亮的10支步枪。小叶丹大受感动，坚持要把他的坐骑———一匹精壮的大黑骡子，送给刘司令。彝汉团结的气氛达到了高潮。

先遣队继续前进。一路经过卡纳、阿尔那些阿回、阿红等村寨，经过彝人交涉，都能顺利通过。过一个村寨换一个带路的彝人向导，好像经过老根据地时派人带路的情形一样。

大凉山的道路就这样打通了。5月23日朱总司令发出《关于我军到袁居海子边的行动指示》：

　　　　刘聂率我第一团于昨日在冕宁北50余里处之袁居海子边，为彝民之罗儿、老五、沽基三族所困，经交涉沽基与我为盟，老五中立、罗儿截去我工兵一部、器材及枪30枝后，为我击溃。沽基蛮王允今23日护送我一团经拖乌、筲箕湾赴岔罗。岔罗到纳儿坝渡口则为汉族居地。第一军团主力今晨已随第一团后跟进，军委纵队及第五军团拟今夜向大桥、拖乌续进。

小叶丹忠实地执行了刘伯承的嘱咐，将彝民组织起来，护送红军后续部队过境。他昼夜奔忙，往返于大桥镇和筲箕湾，经过7天7夜，红军大队一路畅行无阻，安全通过彝族区。

红军走后，小叶丹打起了红军彝民支队的旗帜，在留下的红军政委的帮助下与罗洪、洛伍家联合起来，于1935年8月在冕宁县中心乡萨塔村举行了反对国民党残暴统治的誓师大会，提出了"停止冤家械斗，一致对敌"的战斗口号。彝民支队发展到1000多人，坚持了5年的斗争。1941年彝人败类邓秀廷在反动军阀的支持下，挑拨离间，分化了3个家支的联盟，镇压了彝民革命，抓住了红军政委。小叶丹倾家荡产拿出1500两银子给邓秀廷，把红军政委赎出来了。后来小叶丹和沽基尔拉的委任状被邓匪搜去，以"通共有据"的罪名，在大桥镇杀害了他们兄弟。小叶丹在被捕前，含着热泪告诉自己的妻子和弟弟沽基尼丕："只有共产党、红军讲民族平等，把我们彝人当人看。这样的军队一定会回来的。刘伯承这样的伟大人物是绝不会骗人的。万一我死了，你们一定要保护好这面旗帜，将来交给刘司令。"

（宋　科）

"抬上他走"

——刘伯承和周鉴

"砰、砰、砰……"一阵急促的枪声掠过师部上空。大路东头的"消息树"呼地倒下去了。

"危险！鬼子偷偷摸到师部来了，必须赶快转移。"

小警卫员焦急地报告说："师长正在闹病，一直昏迷不醒呀！"

"快找担架！"管理科长周鉴果断地说。因为他知道，我们部队都到前面打击鬼子去了，后面留的兵力很少，情况是相当紧急的。

参谋和警卫员快速转了一圈，空着手回来了："真糟糕！担架都上前面啦。"

"背!"小警卫员和参谋抢上去，准备把刘师长背起来走。可是，刘伯承同志身体魁梧，"小鬼"们都背不起来。

"别争了，我来!"身强力壮的周鉴把大家推开，单膝跪在地下，弯着腰，命令式地说:"帮帮手，把师长扶上来。"

刘伯承朦胧地感到有人背他，吃力地呼喊:"不要!……不要这样……我自己来。"

周鉴不由分说，背起师长抬腿就跑。警卫员、参谋在旁边护送着。他们穿过村庄，越过干涸的河沟，朝山坳里奔去。

周鉴用手紧紧搂住师长的腿部，高一脚，低一脚，吭哧吭哧地大步朝前走着。不一会儿，就汗流满面了。

"换一换吧!"小警卫员和参谋恳求着。

周鉴抿着嘴，摇摇头，意思是说，你们心有余力不足，还是我来。

"砰、砰、砰"——枪声在不远的地方打响。日本鬼子像是摸进了村庄，在那里屠杀着……

"大家来抬吧。你一个人怎么受得了?"

周鉴瞪了瞪眼，摇摇头，声音有些严厉地说:"不行!"

是啊，情况这么紧急，山路这么窄，师长的病又这么重，怎么能抬呢?他将师长往上攒了攒，咬紧牙关继续向前。

山，越来越陡。路，也越来越难走。

"让……让我下来!"刘伯承低声地喊着。

周鉴气喘吁吁，满脸涨得紫红。额上的汗水"吧嗒吧嗒"滴落在山岩上。他两手搂得更紧，顽强地朝前走着。他想，能翻过这座山梁就比较安全了。突然，"哇"的一声，像是涌上来一股浓"痰"。他"啪"地吐了出去——是血!

"怎么吐血啦?!"为了不被同志们发现，他赶紧一脚踩住血迹。他只有一个信念:再有几十步，翻过山梁，就好了……

一步、两步，就差五六步了。周鉴又"哇"地吐出一摊殷红的血，浸染着山上的青草。

"周科长吐血啦!"小警卫员惊喊。

"快扶住师长，就几步啦，快!"周鉴的牙缝里挤出坚强的声音。大家

急忙上前，七手八脚地将刘伯承抬过山梁，转进深山坳比较安全的地带。

转进深山坳以后，刘伯承同志渐渐苏醒过来。他着急地呼喊："周鉴同志呢？周鉴同志呢？快，快让他上来。"又吩咐身边的两个参谋："你们去照顾他，不要管我！"

部队在继续转移。警卫员牵来了大白马，把刘伯承搀到马上，往前走着、走着。刘伯承同志几步一回头，不时地向后张望。到了山路的拐弯处，他没有看到周鉴同志跟上来，便翻身下马，坐在路边的一块石头上，不走了，深情地朝后看着，说："等大家上来。"

"师长，快走吧，这儿不安全。"警卫员催促着说，"周科长在后面有人照顾。"

"他们在后边，比我更危险。一定要等他们上来。"刘伯承说着，仍旧坐在石头上，一动不动地向后边延颈注望。

远处的枪声，渐渐稀落。周鉴在同志们的搀扶下，步履蹒跚，艰难地向前。他一眼看到刘伯承便焦急地喊着："让师长快走，不要等我。"

刘伯承仪态从容、镇静地说："你们听枪声——我们的队伍正在迂回，鬼子很快就要缩回乌龟壳的。对八路军的游击战，鬼子是一筹莫展的。"说着，走到周鉴同志面前，关切地问："周鉴同志，你好些了没有？"

"我……我好多了。您快走吧，这一带还不安全……"

刘伯承点点头，对警卫员招手说："把马牵过来，让周鉴同志骑，大家一起转移。"

"不！这不行。"周鉴两眼噙着泪水，说什么也不肯上马。

刘师长看到这种情况，便对后上来的人说："来4个警卫员，抬上他走。"

（陈石平　张茂峰　康景海）

"你骑上我的骡子走怎么样"

1935 年 6 月中旬，中央红军经过长途跋涉，抵达宝兴县属的大晓碛，准备翻越巍峨的雪山——夹金山。当时，我是军委通讯连手枪排一班班长。

夹金山海拔 4000 多米，终年积雪，山高坡陡，气候恶劣，很少有人翻越。当时我的身体很虚弱，每走一步都像有千斤重。尽管越走气温越低，但我身上单薄的衣服已被虚汗湿透了。我呼吸急促，脸色苍白，渐渐地掉到了后边。

指导员看到我掉了队，就把我身上的米袋和马刀拿过去背在自己身上，又搀扶住我，并一边鼓励我，一边推着我走。到了半山腰即将进入雪线的时候，我再也坚持不住了，就一屁股坐在了地上。指导员急得没有办法，又喊又叫，又推又拉，而我只想坐着，永远这么坐下去。我闭上了眼睛。

真舒服啊……我依稀觉得自已进入了梦境。就在此时，耳边响起了浓重的川音："这不是一班长吗？怎么坐在这里？"

"报告参谋长，他生病了，实在走不动。"这是指导员的声音。

参谋长？是刘总参谋长吗？我觉得自己是在做梦。

指导员在一旁推推我："快站起来，总参谋长来了。"

我尽力地睁开眼睛，只见刘伯承同志骑着骡子停在我的面前，眼睛关切地注视着我。他的记忆力真好，我只是给他送过几次公事（信），他便记住了我，这个普普通通的红军战士。在指导员的搀扶下，我艰难地站了起来。刚一站直身，身上便打了一个寒噤，眼前金花飞舞，脑袋痛得像裂开一样。我身子一软，不由自主地又朝地上坐，指导员一把抱住了我。

刘伯承同志跳下骡子，看了看我的脸色，亲切地对我说：

"一班长，这个地方不能停啊！时间久了阎王老子要来找你的麻烦！你骑上我的骡子走怎么样？"

刘总参谋长的腿在 10 多年前负过重伤，行军时主要靠骡子代步。这匹骡子还是通过彝民区时，彝族首领小叶丹送给他的。我怎么能骑首长的骡子而让他徒步爬雪山呢？我坚决地摇了摇头。

刘伯承同志沉思了一下，又对我说：

"既然如此，你抓住骡子尾巴，低下头，只管走，我不叫你，你就不要松手。"我无力地点了点头，在指导员的帮助下，两手抓住了骡子的尾巴。

刘伯承同志骑上了骡子，回过头来问：

"抓牢了吗？"

指导员说好了。刘伯承同志催开骡子，向山顶攀去。他还不时地回过头来鼓励我：

"抓牢！"

"别松劲！"

"再坚持一下就好了！"

在刘伯承同志的鼓励下，虽然我的头依旧很痛，脑子却清醒了。我不知哪儿来的力量，双手紧紧地抓住了骡子的尾巴。靠着骡子的牵引，我两条腿机械地在迈动着，一步一步地走得十分艰难。我觉得自己好像是在腾云驾雾。快到山顶时，坡度越来越陡，风也越来越大。脚下的路冻得硬邦邦的，骡子踩上去直打滑。风裹着雪花迎面扑来，打在脸上像刀割的一样疼痛。穿着刚才还湿透了衣服的我，冻得直打哆嗦，两手渐渐地失去了知觉。但我看到伏在骡子背上同风雪作斗争的刘伯承同志，心中便增添了力量，始终紧紧地抓住骡子的尾巴，终于攀上了山顶。

这时，正是中午。雪山在阳光的照耀下，发出耀眼的光芒。在这一片晶莹洁白的世界里，在迤逦而行的红军队伍中，一个骑着骡子匆匆行进的身影映入我的眼帘，那么醒目，那么高大。望着渐渐远去的刘伯承同志的背影，泪水模糊了我的双眼，我知道，今天如果不是刘总参谋长的帮助，我是无论如何也过不了这座巍峨险峻的雪山的。他救了我，可我却连声道谢的话都没顾上说。

（李振山）

好兵不用多，一个顶十个

——刘伯承和白高山

1936 年冬，红军在敌人三面夹击下，走了 1 个多月，来到了宁夏和甘肃交界的一座大山边。只要翻过了这座山，敌人就无可奈何了。

拂晓，掩护部队登上了山沟两边的山头，部队就沿着山沟疾速前进。红军大学的队伍紧跟在部队后面。红军大学是在甘肃成县休整时成立的，校长是红军总参谋长刘伯承同志。

战士们走着谈着，忽然山上传来枪声，知道是掩护部队和敌人接火了。接着，敌机出现在上空，轰炸、扫射。一场激战过后，红军把敌人压下去了。

日过头顶，白高山带领着政治第九班来到大山脚下。这里山崖陡峭，爬崖就像上天梯。蹬着岩缝，抓着突出的岩石或小树，拽推着伤员慢慢地往上爬。沟里扔下翻不过山的骡马，在嗷嗷地叫。太阳偏西，50 里的高山才爬了一半，九班就与部队失去了联络。九班是收容伤员的，山下还有敌人，虽然累极了，也不敢休息，搀扶着收容来的伤员一个劲地攀山赶路。

走着走着，白高山看见两个人并排坐在山坡上，身穿浅灰色的衣服，一看就知道是掉队的同志。他加快脚步爬了上去，看见一个戴眼镜的熟悉面孔，不由得一愣，心想：这不是我们的刘校长吗？那一旁不是他的警卫员吗？白高山禁不住叫了一声："哎呀！校长！怎么还待在这里？"这时，刘伯承两手撑地、侧着身子、眼睛紧紧地盯着白高山。随后问："你是带队的？"白高山说："我是政治第九连九班长白高山。"他听后又端详了白高山一下，满意地点了点头，挪动了一下身子。白高山这时才看见刘伯承身子底下有一摊血，臀部被炸伤，原来他和警卫员都负伤了。白高山看到这情景，也不知怎么的，全身战栗着，赶忙上去扶住了刘伯承。警卫员告诉白高山说是被飞机炸的。刘伯承摘下眼镜，抹了抹镜片上的尘土，好像安慰

大家似的说:"没得要紧,闹革命,负伤是常事,哪有不流血的革命? 红军就是从血泊里爬出来的。现在我们得想办法,继续前进,停久了就危险啦。"

后来的同志都上来了。刘伯承望了望搀扶着伤员爬上来的人们,问白高山:"这都是你们收容班的人吗?"白高山又把情况说了一下。刘伯承沉思一会儿说:"好兵不用多,一个顶十个。雪山草地都没有难住我们,还怕什么啊!"大家听了刘伯承的话,情绪都高涨起来。但是,怎样护送校长呢? 抬吧,没担架,光秃秃的山连根棍子也找不到。白高山左思右想,始终想不出个主意来。这时,一个坐在白高山身边的伤员用绷带缠手,白高山凝视着他那晃动着的绷带,不禁心花开放。绷带不是可以帮忙吗? 他立刻叫全班同志把绑腿解下来,凑在一起,拧成一股粗绳子,然后,把刘伯承扶起来,绳子穿过他的腋窝,前面用两个同志拉着,像拉逆水船那样,旁边两个同志扶着,后面再用两个同志轻轻推推或抬抬。就这样,6 个同志架扶着刘伯承向前走了。伤员同志这时劲头也来了,有的坚决不要别人扶架,有的还背起了自己的小背包。有一个伤员本来在山脚下就走不动了,这时也一瘸一瘸地紧跟着走,他对白高山说:"班长! 你不要为我担心,你能把咱们校长照顾好,我就是爬也要跟上!"白高山看着他那忍痛的脸色,感动地说:"好同志,有咱们校长在一起,什么困难我们都能克服了!"走不到二三十步,刘伯承就要叫停下来,让大家歇歇。走不大陡的坡,刘伯承就只让两个同志扶着,自己坚持着走。

大家牵着爬着,走了约有半里路,就赶上了刘伯承的爱人汪荣华。她的小腿部也负伤了,用自己的绑带缠着。她看见大家,高兴极了,她是刘伯承叫她先走的,但老是看不见刘伯承来,就坐下来等着。坐得久了,站也站不起来了。一个战士上前扶起她,就一起赶路了。

天已黑下来,几颗寒星向大家眨着眼睛。同志们借着星光朝前走,走得很慢。照这样走,不知什么时候才能赶上部队。如果今夜不能爬过这座山,明天敌人撵上来,那就危险了。就是敌人不来,刘伯承的伤口发作,那也是很不妙的。白高山心里焦急,于是和几个同志商量,决定先派两个人到前面找部队。

两位同志走后,他们继续前进。走在前面的同志不时地喊着:"注意!

有石头，绕着走。""有坑啰！小心要掉下去！"白高山时前时后地照应，看着谁累了就换换。山陡人乏，休息的次数也多了。一休息，同志们就猜测着：现在可能找上部队了，现在可能找到马了。刘伯承知道我们累，每次走动时，总要自己咬着牙走，叫同志们多照顾重伤员。伤病员听了，怎么也不答应。他们对刘伯承说："校长放心，我们比你年轻，伤比你轻，能挺得住。"同志们还是轮流架扶着校长走。

大约又走了 4 个钟头，隐隐约约可以看见山顶了。正在这时，山顶传来越来越清楚的马蹄声，跟着，人的谈话声也听见了。同志们欢喜地喊着："班长！马来了，马来了。"白高山提高了嗓音，使劲地向山上喊："喂！我们在这里呀！"山上的同志听了，同样高声喊起来。这声音多么感动人啊！

3 匹马从山上下来了，还跟来 3 个饲养员。大家忙着把刘伯承、汪荣华和警卫员安置在马上。临走时，刘伯承紧紧地握着白高山的手，激动地说："辛苦啦，高班长同志，谢谢你们的帮忙。班里的同志，你还要设法把他们带到目的地。"白高山兴奋得不知说什么好，向首长保证说："首长放心，我们一定跟着你赶上去！"回头，白高山小声地叮咛饲养员同志路上小心，好好牵马。他们听了挺不高兴地说；"得了，这还要你啰嗦！"马走动了，校长还向九班同志们一再招呼着："同志们！艰苦的一段我们走过来了，希望你们都能赶上队！"大家在黑夜里送别了校长。

同志们赶到山顶，在石崖下找到了苦水，用洗脸又洗脚的小盆烧了一盆水，拌了一点黑炒面，填了一下空肚子，又继续向前赶路了。在路上，大家一直在牵挂着校长他们。九班在第二天上午，赶上了部队。

大雪把大地的一切都盖住了。红军大学在甘肃曲子镇举行开学典礼。白高山怀着兴奋而急切的心情到了会场，一心要想见见校长。他正在四处张望着，突然后面的同志捅了他一下，摇着他的肩膀指给他："你看，校长来了！"他扭过头去一看，校长挂着拐杖出现在主席台上，白高山高兴得简直要跳起来了。

（岑 平）

在实际工作中教育和提高干部

——刘伯承和田牧

　　田牧 1940 年调到一二九师司令部训练科工作，一直到 1947 年二野南进大别山之前的六七年中，经常工作在刘伯承身边，刘伯承的言传身教令田牧终生难忘。

"田牧同志：……你的意见以为如何？"

　　刘伯承在日常工作中，特别注意结合实际工作教育和提高干部。在太行山时期，他的主要精力一是抓作战，二是抓训练。他对训练计划、重要教材以及有关训练方针原则的指示性文件，总是亲自审批和修改。如果改动较大或是涉及原则性的问题时，他定要把参谋们找去，给他们讲解，讲他为什么要这样改，最后照例要问："你还有意见没有？"当你表示没有意见后，他才签发。给田牧印象最深的是 1941 年冬，他为师部起草了一个有关克服游击习气、建设一支有战斗力的正规军的指示送请刘伯承审查，篇幅大约有四五页。刘伯承感到田牧提出的问题比较重要，但具体措施中有一条不够妥当。原来，田牧以为，为了克服游击习气，要选一些新组建的部队进行系统的正规训练，然后，以此为基础加以发展。刘伯承对这个文稿进行了反复的修改之后，把田牧叫去，先给他上了一堂有关中国近代军队建军史的课，从袁世凯北洋练兵讲起，一直讲到中国红军的各个方面军的组建发展过程。并由此证明，凡是战斗力提高得快的部队，都是有一支老部队作基础。然后，他才让田牧看他修改过的文稿，问田牧还有什么意见。田牧表示同意之后，刘伯承才作了签批。可是，正当田牧拿去让油印员刻蜡版时，刘伯承又让警卫员送来一个便条，上面写着：田牧同志，刚才那个文件的第×页第×行的×××4字，我意改为×××，你的意见以为如何？伯承、即。田牧遵照他的指示，将文稿重新作了修改，很快付印发出，可是他这张寥寥数字的便条，却使田牧陷于久久的激动之中。

"你们大人马蹄底下的草都没有踏死呀！"

田牧在训练科工作的头几年中，总以为打仗靠战斗部队是训练工作的重点；因此每次整训计划下达之后，往往只注意向作战部队了解训练进展情况，或下去检查帮助，对直属分队很少过问。1942年2月反"扫荡"之后，有一天，刘伯承散步到姜沟的师警卫连驻地，发现警卫连出操动作不好，把田牧叫去进行了严肃的批评。他一见田牧就大发脾气，用拉长的四川腔说：

"你们怎么搞的呀?!"稍停了一下又说："你们大人马蹄底下的草都没有踏死呀！"田牧摸不着头脑，没敢吭声。他接着说："一个警卫连出操，就在一个村住，你们也不去看看他出的什么操；今天我看了半天，连长只会'牛碾米'（意思就是既不教队列动作，也不教技术动作，连长只会站在操场中央喊'一二一和一二一'，让战士在圆周上跑步，像农村晒谷场上或碾米槽上的牛碾米一样）。"又说："战士的跑步是两个脚跟着地，像小脚婆娘一样，这像个什么队伍呀！"田牧这才知道自己工作上确有错误和片面性，答应以后改正。此后不久，刘伯承吸取5月反"扫荡"中师直有的单位夜间转移途中突然遇敌，前面拿枪的同志因平日训练不够，拉不开枪栓的教训，决定对包括政治部和边区政府在内的机关人员，进行射击投弹和利用地形地物的训练，让田牧他们组织一些军事干部担任教员，并让每个机关人员都进行一发手榴弹实弹投掷，并教田牧跟参谋长一起到边区政府去帮助动员，到政治部检查操作。从此以后使田牧懂得了在领导工作上首先抓好领导机关的必要性。

"来！我们一起吃！"

刘伯承对身边的工作人员和部属，除注意教育培养外，在政治上和生活上也是非常关怀的。田牧几次随刘伯承出差行军，就受到过他的关切。

一次，田牧和当时的副科长梁军，一同随刘伯承到三八五旅检查工作。到后，他们和刘伯承共住一家老百姓的三合院，刘伯承住北房，警卫员住东房，田牧和梁军住西房。每顿开饭时，部队领导知道刘伯承是四川人，爱吃鱼，也习惯吃大米饭，所以让伙房每顿给刘伯承一小碟半截鱼、一小碗白菜和一平碗饭。刘伯承每顿都是一手拿筷子，一手端一个搪瓷盘（盘中放着菜饭碗）走到田牧房里来，放在桌子上，说："梁军！田牧！来！我们一起吃！"这房间光有靠窗户的桌子，没有凳子。他们当然不忍心吃刘伯承那一点点菜，但刘伯承在几天中每顿如此，和他们站在一起吃饭。1942 年下半年，那是 5 月反"扫荡"以后。刘伯承要去麻田八路军总部，和彭德怀、罗瑞卿、何长工等同志一起，研究成立十八集团军军事教材编审委员会的问题，田牧是随刘伯承列席会议的唯一参谋人员，在第一顿准备首长们开饭的时候，刘伯承便问："田牧同志怎么吃饭？"总部管理科长朱早观答："我们准备好了。"会议开了两三天。麻田离赤岸 60 里，往返需两天。刘伯承骑马，田牧和警卫员步行随同。刘伯承为了照顾他们，他让马走得很慢，中途还休息一两次。琐碎小事一桩桩，却深深留在田牧的记忆中直到晚年。

（墨　云）

"没有群众基础要打游击怎么行呢"？

——刘伯承和陈荒煤

1939 年 7 月，一个暴风雨刚过的下午，陈荒煤在晋东南前线一个山沟里的庙宇里会见了刘伯承。

"据我的估计——"刘伯承打开一本练习簿，把敌人进攻的路线图指给陈荒煤看，低声道："敌人这次进攻的兵力，总在 10 个师团以上。"

刘伯承的身子往后靠了靠，把两臂横搁在一把旧圈椅的托手上，展开了他的宽胸膛，眉头深思地皱了起来。

这是陈荒煤第一次见到刘伯承。

他们坐在一间长方形的房子里，四围的墙壁悬挂着敌人五万分之一的精细的军用地图。大路及公路的路线都用红笔勾引出来，向长治那里汇集——敌人现在就汹涌地在这些路线上奔驰，因为友军在沁县大道上的躲避，敌人很快地进袭了沁县、长治，而占领了潞城、襄垣……敌人正用兵力四面围拢。就是他们现在安静地坐在这里的一块地方，距离敌人都不过是数十公里。

一张桌搁在屋子的一角，堆着一些书籍，一本书籍开着，那是苏联版的《联共党史》。

刘伯承穿着一身旧的蓝布衬衫和西装裤，光着头，戴着一副琥黄边的眼镜，右眼下凹，没有光，那是受伤瞎了以后换上的假眼。多少年来，他就是这样用一只眼睛看军用地图和工作的。

"敌人这次不同了，上面责备得很严厉，要部队分散配置，以游击对游击呢！"他静静地谈到敌人，"大部队当然是稳扎稳打，就是利用小部队出击，譬如他们现在也要走小路，在夜间出动来打我们哩！"

刘伯承望陈荒煤一眼，忽然微笑了一下。

"那哪里行嘛！"他连连摇着头，"兵力不够，兵力不够！分散配置，容易失掉联络，运输也困难，而且他哪里有那样大的兵力摆？"

他站起来，走向墙壁的地图下面，挥起一只胳膊指着地图，向陈荒煤道：

"要分散配置，又要守据点，这里几百，那里几百，那他这一条线就得摆多少兵！在和辽一带，他们现在在修堡垒，但是相隔五里十里二十里，"他摇摇头肯定地说，"这完全没有用，他这有什么用！兵力不够的！"

他一甩手，摇摇头，走回桌边，并不回顾那地图一下。他指出了敌人的致命的弱点。那地图上无数红线伸张的网络，便好像突然一下子变得脆弱了，似在蜿蜒地颤抖着。

"不过，敌人现在很注重青年，到地方就捉青年，开训练班。"但他随即却又皱着眉头，用一种深思熟虑的口气说，"他们也要得民心了，我们得到他们宣传的纲要，有一条是破坏吗？建设吗？努力建设！他们也要建设了……"

他在屋里徘徊起来……

接着他们又谈到文艺工作者将如何体验生活的问题，他一边注意地倾听着陈荒煤的话，一边显然还在思索，但不等陈荒煤说完，他向陈荒煤说道：

"重要的还是意识问题，要生活那是没有问题的。高尔基没有经历过许多生活，就不能成为高尔基了。不过，我觉得：重要的还是在生活里锻炼意识。那是不容易的哩，人最难克服的就是意识。"

他告诉陈荒煤，看了一个旧形式的戏，一个游击队员上场，报名是大学毕业生；他笑了，轻声地道：

"这就是意识问题了。一个游击队里有几个大学毕业生呢？又为什么一定要说是大学生？并没有必要的。这是什么，小资产阶级的意识。难免的哩！"

他记起了什么，止不住地大声笑了起来。

"我跟你讲，那一年，我跟贺龙两个逃到香港，很狼狈呢。"

他只有一身破军服，褴褛而肮脏。在没下船之前，他和贺龙将军约好了，要贺龙将军装做主人，因为他身体胖胖的；他自己便装作贺龙将军的仆人，先上岸去找旅馆。

"我找到了一家旅馆，那才气咧，茶房引我看看房间，把我带到一间又暗又小的房间里，我生气了，我说那间房间这也不好，那也不行……哪里晓得我后来往镜子跟前一站，哎呀，我那个样子：脸又黑又瘦，穿一身破军装，胡子头发多长……这才急死人！我连忙说我是替我们主人来看房间的，差点就露出了马脚……哈哈……"

陈荒煤第二天就准备到最前线去。他问了问战争的情况，站起来准备往宿舍去。

"这次敌人'扫荡'大概时间要长些，战争也会更残酷些，"刘伯承也站起身来说，"不过，他们想和我们一样打游击，那是不行的！没有群众基础要打游击怎么行呢？"

他抚摩着那本《联共党史》的书面，忽然笑着向陈荒煤道：

"这本书末尾引那斯大林的一段话才引得好，群众就是地母，我们现在就要靠地才能作战哩。唉，这是好书。我现在对着俄文读，快读完了——

眼睛不行了啊！"

然而，陈荒煤知道这本书运到前方来还不到两个星期。而且，刘伯承读书是要用工具，那就是不能离开桌面的一把小放大镜。

当他提到他的眼睛，忽然间两人都沉默了。

陈荒煤辞了出来。

（储子德）

"刘师长把心都扒给我们了呀！"
——刘伯承和石志本

世界上有借眼珠子的事情吗？说来还真有！

那还是抗日战争期间，在太行山的时候。有一天，刘伯承正伏在书案上，一手握着毛笔，一手握着放大镜，聚精会神地在翻译外国军事著作。

忽然，门外有人喊："报告！"

刘伯承侧过身来，面向门口："啊，是汪乃贵同志，有事情找我吗？"

汪乃贵不好意思地点点头："想……想和您借件东西……真不好意思开口呀。"

"嗬！有名的直筒子脾气，怎么学得扭扭捏捏的。有啥子事情，直截了当地讲嘛。"

汪乃贵一看首长和蔼慈祥的面容，原来的顾虑很快就扔到"爪哇国"去了。他挺了挺腰板，坦率地说："我想跟您借'眼珠子'。"

旁边的警卫员听了忍不住笑起来："嘿嘿，世界上借什么的都有，谁听过借眼珠子的？真稀奇！"

"小鬼，你笑啥子？我这里还真有'眼珠子'借呐。"刘伯承说道，搁下手中的毛笔和放大镜，转身问汪乃贵："你两只眼睛灯笼一样，明晃晃的，打鬼子的时候都能迸出火来，还要借'眼珠子'干啥？一定是受人之托吧。"

"您说对啦。"汪乃贵点点头说,"我那里有个副团长……"

"我晓得,他叫石志本。打仗很勇敢的哟。"刘伯承插话说。

"对对,就是他。在一次战斗中,他的左眼负伤,已经残废了。整天用块纱布捂着,感到很不雅观。听说您这里有假眼珠子,他再三托我向您借一个用用……"汪乃贵一五一十地诉说着。

刘伯承站起来,颇为同情地说:"是啊,小伙子年纪轻轻的,瞎了一只眼睛,是有损风貌。我也是24岁的时候,把右眼弄残废了。……你告诉他,为革命负伤是光荣的。要振作精神,挺起胸膛,千万不能悲观。玻璃眼珠子我这里还有几个,你让他来挑好了。"

"是!"汪乃贵高兴地转回去,把这个好消息告诉了石志本。

不几天,石志本蛮有信心地登上门来。刘伯承热情地说:"快坐下,快坐下。"转身朝屋里喊:"汪荣华,你把我那个盒子端出来,让他挑一挑'眼珠子'。"很快,她就把刘伯承备用的玻璃眼球端出来了。

"来,我帮你挑一挑。"刘伯承一个一个地拨拉着,让石志本试着戴一戴,还关切地说:"一定要合适才行,不然的话,眼眶子会磨得很疼的。"又亲自教给他安放假眼和进行消毒的方法。

可是,石志本试了好几个都不合适。刘伯承耐心地说:"莫着急,再挑一挑。我的是右眼,你的是左眼,可能规格大小不一样……"

石志本又反复试了几遍,还是不合适,感到有些失望。刘伯承同志安慰他说:"你放心,我再想办法替你找一找。来,让我量一量你左边眼窝的大小。"说时,非常仔细地用手比画着,摆弄了好一阵子。

石志本虽然没有借到"眼珠子",但他心里一直暖烘烘的。刘伯承平易近人,关心、体贴干部的崇高形象,深深刻在他的记忆中。

几个月过去了,太行山的冰雪已经开始融化,微微的暖气吹拂着大地。

有一天,石志本刚刚训练回来。忽然,汪乃贵举着一个精致的小纸盒子,高兴地喊道:"石志本,石志本,你的'眼珠子'来啦!"

"首长,别拿我开心了。'眼珠子'还能从天上飞下来吗?"石志本漫不经心地说。因为当时抗日斗争环境相当艰苦,日寇疯狂地进行"扫荡",对根据地实行经济封锁,与外界的联系很不方便,打那以后,石志本也就不再把"眼珠子"的事放在心上。

汪乃贵开玩笑似的问："要真是从天上飞来'眼珠子'怎么办？"

"那就是王母娘娘显灵、玉皇大帝降福。"石志本也随意答道。

"看！"汪乃贵把小盒子打开，捧到他的胸前。天哪，里面真是三颗晶莹闪亮的玻璃球！

石志本激动地拈起玻璃球，在灿烂的阳光下照着、看着、摩挲着。玻璃球像是水灵灵的真眼珠一样——透亮通明，闪闪发光。这个从不落泪的铁汉子，竟像孩子似的流下了热泪。他紧紧抓住汪乃贵的手，无限感激地说："谢谢首长！谢谢首长！"

"谢我干什么？"汪乃贵连忙解释说，"是刘师长特意送给你的，他专门托人到上海找师傅定做，又托人带到这太行山。"

"真是王母娘娘显灵，玉皇大帝降福啊！"干部战士借着副团长的"话把"，开玩笑似的说着。又很快围拢过来，争着看那从上海运来的稀罕东西。大家异口同声地赞叹说："刘师长把心都扒给我们了呀！"

（陈石平　张茂峰　康景海）

"打仗，时间观念非常重要"
——刘伯承和崔维庭

1945 年，崔维庭任襄垣县抗日县长。从解放襄垣城到上党战役结束的短暂的 36 天中，崔维庭先后 4 次见到刘伯承。他那沉着坚毅、多谋善断的高大形象，给崔维庭留下了深刻的印象。

在寅畏堂

9 月 1 日黄昏，攻打襄垣城的部队发起总攻，2 日凌晨战斗告捷。

3 日早饭后，崔维庭和李纲正要召开全体指挥部工作人员会议，通讯员说："刘伯承司令员电话通知，让你和政委到寅畏堂开紧急会议。"当崔维

庭和政委走进会场时，部队干部已坐满了。刘伯承笑哈哈地说："别客气，都是自己人，随便找个地方坐下就行了。"刘伯承喝了几口水，从座位上站起来说："昨天凌晨3点钟，日伪县长和阎军县长还在这里争权夺利，现在我们占了他的位置，他俩却被押进了我们的看守所。"稍停片刻他又接着说："咱们坐的这个地方，你们知道旧县长是用来做什么用的？"在场的没人吭声。刘伯承接着说："每个县城的衙门里，都修有这样一个地方，叫'退思堂'，他的意思是县长办完公事，不回卧室，先退到这里休息一会，思考一下当天办的事有没有差错，能不能补救，所以叫'退思堂'。咱们今天在这里开会，也是要让大家回忆总结一下，我们这次部队和地方配合攻打襄垣城的经验教训。所以，今天才在这个地方开会。"这时，靠近刘伯承身边的两个同志低声议论说："明明写着'寅畏堂'，怎么又说成'退思堂'呢？"刘伯承笑了笑风趣地说："你俩不要偷着讲话，有意见就大声提嘛！'退思堂'，全国各地的衙门都有，它的意思是思善补过；唯有襄垣叫'寅畏堂'。我一看到这个名词，就感到奇怪。昨晚我翻了一下襄垣县志，才发现是乾隆47年李庭芳县令把'退思堂'改为'寅畏堂'的。他认为'退思堂'有十大弊病，思过不如清心，清心不如寅畏。总之，思善补过，不如秉公执法，事先思考完善，免得草菅人命。今天我们在这里开会，就是让大家很好地、周密地考虑一下当前襄垣城的几项主要工作：一、研究一下如何广泛深入地发动群众的问题。二、全面系统地回忆总结一下这次军民联合攻打襄垣城的经验教训。再进行一次军事大演习。三、掩埋敌人尸体，处理俘虏，整顿市容，开市营业。四、拆毁碉堡、城墙，以防阎军复得固守。五、没收汉奸财物，放粮济贫，解决群众生活问题。"

散会后，大家根据刘司令员的五项指示，一一落实，特别是系统总结了民兵和部队配合作战、民工参战和扩大群众支前的经验。

"不论做什么工作，都要事先向群众讲清目的意义"

在军民演习攻城战斗结束的第二天，崔维庭和李纲安排了城镇救济和释放最后一批俘虏问题后，就从北门开始检查拆城墙和碉墙的工作。当他俩由北转到西南时，远远看见东南城角又有几个军人和老百姓在一块拆城墙。李纲停住脚步问他:"部队不是都分在西北拐角上吗?前面怎么又有部队和老百姓混着干呢?"当他俩走近时,才大吃一惊,原来是刘伯承、邓小平和李达等几个领导同志也在这里。看见他们来,刘伯承便笑哈哈地迎上来握住他们的手说:"县长同志从哪道而来?"崔维庭说:"由北门转到西门,由西门转到这里,看看有什么问题。"刘伯承又说:"我们是从部队那边由西转到这里的,情况知道了,你俩发现了什么问题?"崔说:"部队比地方民工干劲大,进度快,地方上民工最快的是拆完垛口,部队已经拆得离地平只有四五尺了。"刘伯承问这是什么原因,崔维庭看了看政委,谁也说不出来。刘伯承接着说:"部队为什么干劲大、进度快呢?因为他们搭梯攻城,饱尝了城墙的害处,怕阎军再来固守;另一个是邓小平政委作了动员,讲清了拆毁城墙的重要意义。我和政委问了几个老乡,他们都说城墙不可毁坏,只能修补,不能拆毁。后来我和参谋长他们给这一片老乡讲解了拆城墙的意义,说明城墙是贪官豪绅、地主恶霸的护身墙,是劳苦大众的囚禁所,不毁掉它,阎军再来固守,咱们再攻打,损失就更大了;拆掉城墙对我们将来扩大城市开展建设都是大有好处的。通过发动,群众提高了认识,干劲也大多了。今后你们不论做什么工作,都要事先向群众讲清目的意义,使之提高认识,口服心服,工作才能干得好干得快。事情要让群众逼着我们干,我们不能逼群众,强迫人干是不行的。"邓小平放下木杠笑笑说:"时间紧迫,让他们快去干就对了。"

"现在是打仗,时间观念非常重要"

10月2日,崔维庭和李纲商定分别到各区检查一下支前参战的准备工作。刚要上马,通讯员给崔维庭一份电报,打开一看,上面写道:"襄垣县县长,接报后带县财粮干部速来大平指挥所,有军务大事商量,务于12点前赶到。刘伯承。"

看完电报,崔维庭和李纲交换了意见,便同县财粮科长秦天德,骑马赶到大平河东边一家小院,在一个窄小的西房里,见到了刘伯承。刘伯承放下手里的书本看了看手表说:"现在是12点过1刻钟了,你俩晚到1刻,要是出击敌人,抢占山头,早误了大事。现在是打仗,时间观念非常重要!

你俩晚来1刻钟，陈锡联同志就走了，要再晚来10分钟，我们几个就到前沿山头去观察阵地去了。"刘伯承说着放下手里的书，给崔维庭和秦天德倒了两碗水，坐在破椅上说："这次叫你俩来，主要是想和你们研究一下襄垣民兵、民工的支前任务，因为这个仗是在你们这个地方打，你们的具体任务就更多一点。比如哪个联防民兵配合哪个部队作战，担架队、运输队是服务于哪个部队，还有后方的碾米、磨面、烧干粮、做饭、送饭、送军鞋等具体问题。我们有个初步意见，因你来晚了，具体情况还得问陈锡联同志才能知道。现在他去了烧土沟，晚到一小时，锡联同志就到了关上、马平一带。"这时，进来一个战士说："刘司令员，政委和参谋长叫你走。"刘伯承把书本合上，从座位上站起来说："就这样吧！你俩快到烧土沟去。"

"我代表师领导授予你一支德国三把盒子枪"

10月7日，有名的磨盘垴、老爷山战斗结束，崔维庭和襄垣1000多名配合部队作战的民兵、2000多名支前参战的民工，打扫了战场，掩埋了尸体，带着缴获阎军的枪支弹药等战利品，排着整齐的队伍，雄赳赳气昂昂地沿着榆林关上的大道，前往烧土沟参加军民庆祝胜利联欢大会。不料到达时，部队令兵说："首长通知，联欢会不开了，有新的任务，让你们等候命令。"

3000多民兵、民工都到齐了，把个几十亩大的地方挤满了。崔维庭和支前指挥部的领导同志正在议论接受新任务时，有人报告说："首长们来看望同志们了。"他们赶忙挤出人群，走到路边。原来，刘伯承、邓小平、李达、陈锡联等首长都来了。刘伯承握住崔维庭的手说："感谢你们襄垣军民对我军的极大支援，我代表全体指战员，向襄垣人民表示衷心的感谢。"

握手告别时，刘伯承看了看崔维庭腰中皮带上的手枪，掏出来一看，笑了笑说："啊！汉阳造，老得没牙了，该更新了吧？"崔维庭说："是呀！早该更新了；可是，每次战斗任务分工，我总是搞后勤，得不到搞枪的机会。"刘伯承当即对通讯员说："小鬼！把你那支心爱的宝贝交出来吧！"小鬼为难地把左肩上挂的手枪拿下，交给刘司令员。刘伯承双手捧着手枪，亲切地说："维庭同志，你的后勤工作搞得很好，今天我代表师领导授予你一支德国三把盒子枪，以表我军对襄垣人民的谢意，请收下。"崔维庭接住枪，热泪盈眶地行了个军礼说："襄垣人民心向党，一切为前线，要钱有钱，要粮有粮，要人有人，请领导放心。"

（李士兵）

"战争时期，执行命令第一"

"要坚持党的利益高于一切的原则"，这是刘伯承元帅在教育我的一次谈话中阐述的中心思想。岁月流逝，几经沧桑，他的谈话却闪耀出更加绚丽的光彩，成为鼓舞我为党努力工作永世难忘的教诲。

1946 年下半年第三次国内革命战争初期，晋冀鲁豫野战军主力和广大地方武装、游击队在刘伯承司令员、邓小平政治委员的指挥下，在冀鲁豫、晋南和豫北战场，连战皆捷，3 个月歼灭蒋军达 6 万余人，有力地打击了对晋冀鲁豫解放区进犯的蒋军。胜利的形势，鼓舞着广大指战员高昂的战斗热情，英勇作战，杀敌立功的士气旺盛。晋冀鲁豫解放区人民群众，热烈参军、参战，支援前线。部队里，特别是在机关工作的青年同志更是摩拳擦掌，纷纷要求到战斗部队指挥打仗，杀敌立功。当时，我在晋冀鲁豫野战军第三纵队司令部工作。我的心情也和许多青年干部一样，想离开机关，到战斗部队去锻炼自己直接指挥打仗。

但是，当我正要打报告要求调离机关的时候，发生了一件料想不到的事情。

9 月 12 日，定陶战役刚一结束，三纵队司令员陈锡联、副司令员曾绍山找我谈话，说上级要调我到野战军司令部作战科工作，并限我在一个星期内到野战军司令部报到。真是事与愿违。眼看我下部队工作的愿望就要落空，心里格外着急。我决定到野战军司令部找李达参谋长，我想他会理解我要求下部队的心情。

野战军司令部驻在巨野县城西南不远的一个村庄，离 3 纵队驻地只有 8

公里。16 日下午，我骑了一匹马，怀着急切的心情，轻骑疾驰，很快就到了。

为了防止敌机轰炸，野战军司令部驻的村子并不大。司令部作战科设在一间比较宽敞的民房里，墙上挂满了各种作战图表，三张大小不一的八仙桌拼到一起，就成了首长的办公桌，桌上摆着各种文电和办公用具。我去的时候，李达参谋长正在同首长一起办公。在座的首长有刘伯承司令员、邓小平政治委员、滕代远副司令员、张际春副政治委员等。我怕惊动首长，敬礼以后，站在一旁，静静地等候。等了一会，我轻轻地走到李达参谋长跟前，要求说："我做机关工作时间不短了，应该到部队去锻炼，学习打仗了。"李达参谋长明白了我的意思，他从爱护我的角度，批评我说，不应该跑来讲价钱，要我马上回去，带行李到野战军司令部报到。我不但没有得到他的支持，反而挨了一通批评，感到有点委屈，心里不是滋味，竟不顾身旁有首长，还是向李达参谋长要求："我思想不通，不愿意到野战军司令部工作。"

李达参谋长对我批评教育时，刘、邓、滕、张等首长都没有表态，只是偶尔抬头看我一眼，似乎对我的态度不满意。作战处长张廷发不断向我递眼色，暗示我不要再说下去。可是因为我下部队心切，还是缠着李达参谋长不放，央求他答复我的要求。最后，刘伯承司令员说："好了，你等一等，一会儿到我屋里去谈谈吧。"这是多么亲切的声音啊！我高兴极了，谁都知道，刘伯承司令员像慈祥的老母亲一样，在他面前什么话都可以讲，也许我的意见可以被首长接受哩。

首长很快处理完工作。刘司令员站起来，招呼我到他睡觉的屋子里。这是一间普通民房，地上铺了谷草，上边铺上马褡子、被子，就是刘伯承的睡铺了。屋里除了老乡原有的一张破桌子、两个小凳子以外，再没有什么陈设了。刘伯承拉着我的手和他就地坐在睡铺上，他微笑着和蔼地说："你今天怎么这么大气呀？我们推心置腹地谈谈，你把不愿到野战军司令部工作的真实思想，来个'竹筒倒豆子'，都说出来。这样，你可能会痛快点。"我一向对刘伯承十分崇敬，听他这么讲，反倒不好意思谈自己的思想和意见了。他看我犹豫的样子，又十分诚恳地催促我："说嘛，全说出来，不对的，咱们还可以一起研究。"在他的启示下，我毫无保留地讲了自己的真实思想。

我先谈了自己做机关工作比较长，缺乏战斗锻炼，又没进过"参训队"学习，是个"土包子参谋"，到大机关来，恐怕胜任不了；又说，现在打大兵团大规模运动战，是学习打仗的好机会，如果老蹲机关，我就要成为一个不会指挥打仗的人了。特别是战争很快就要胜利了，再不很好学习打仗，就没有机会了。我还谈了不愿意做机关工作的另一个原因，是在部队里不少人看不起参谋人员。我说："我一不怕吃苦，二不怕死，三不是不能做部队工作，因此我不愿蹲机关，受窝囊气了。"

我像受了委屈的孩子在母亲面前一样，一连几十分钟，一口气把闷在心里的话都讲了出来，心里立刻亮堂了很多。但我也知道有些想法不一定对，准备接受首长的批评。

在我谈个人想法的过程中，刘伯承一直注意地倾听，间或提问一两句，帮助我把问题讲清、讲透。我说完以后，他问我："调你来野战军司令部工作，怎么就没有学习打仗的机会了呢？"我说："我看再有两年蒋介石就有可能被打倒了，战争就可能要结束了。"他笑着问道："你这个'两年'的根据是什么？我倒想听听！"我顺口回答道："我们的战争是正义的，有全国人民的拥护和支持，蒋介石发动内战，不得人心，必然失败。虽然从军队数量上和装备上是敌大我小，敌优我劣，但我军士气高，战法对，蒋军腐败无能，士气低，不愿打内战。从全国战局发展的形势看，从6月到现在3个月，我军在全国各战场已歼敌20多万，仅我晋冀鲁豫就歼敌6万多人，按照这个速度，再打它两年，蒋介石的400万军队，不就都报销了吗？"刘伯承听到这里，哈哈大笑起来。他说："小张呀，你这个青年，真是个大胆子，敢想敢说，想了不少问题。肯用脑子想问题，精神好。想得不对或不完全对，都不要紧。做参谋工作就要有这种精神。你对战争的看法有的是正确的，有的就不正确或不完全正确。特别是你想问题可能有点片面性。看来你还是个小小的速胜论者呢。"接着他严肃地说："对待军事科学，同对待其他各门科学一样，要讲辩证法。要用辩证的、全面的、发展的观点去分析战争，才能认识它，驾驭它。判断战争的胜负，不能用简单的加法，只计算消灭敌人的兵力是不够的，战争是经济力、政治力、军事力的全面竞赛。要战胜敌人不仅要在军事上取得胜利，还必须在政治上、经济上战

胜敌人。我军必胜，蒋军必败，是肯定无疑的。至于是否'两年就可以胜利'，我不赞成你这种简单的分析。就你说的敌我力量消长变化而论，也很片面。蒋介石400万军队不是固定不变的，你消灭他几十万、几百万，他还可以征兵抓丁来补充嘛，他还会组建许多后备兵团嘛。因此，你两年消灭蒋介石军队的推论是不全面、不科学、不正确的。要真正战胜蒋介石，必须给他造成一个政治上彻底垮台，经济上彻底枯竭，军事上彻底输光的局面。因此，我们必须按照毛泽东同志的教导，在战略上藐视敌人，战术上重视敌人，从最困难的情况出发，坚定、沉着、审慎、远谋，一仗一仗地打好。既不悲观失望，没有信心；又不盲目乐观，轻敌麻痹，妄图速胜。我军在历史上曾犯过严重的'左'倾错误，教训极为深刻，我们可要引以为戒啊……"

刘伯承关于战争问题的论述，使我听得入了神，思想豁然开朗，眼界顿时开阔，感到我的"两年可胜论"是那么片面。要求调动工作的思想又是那么渺小，微不足道。

刘伯承话锋一转，又谈到了我的工作问题。他说："调你来司令部作战科工作是两个月前，经过反复研究决定的，本来没啥要谈，既然你思想不通，又有这么大的意见，只好谈了。"接着他严肃地说："第一，你有意见能向组织交心，这很好。但是共产党员考虑问题的前提是：一切服从党的利益，要坚持党的利益高于一切的原则。当个人利益同党的利益发生矛盾的时候，要坚决地、无条件地服从党的利益。现在组织上决定调你来野战军司令部作战科工作，就应该坚决服从，不应该讲价钱。李达参谋长对你的批评是对的。你应该马上来野战军司令部报到上班。"

刘伯承接着说："第二，革命工作，有各种分工。军队工作，有军事、政治、后勤等各方面的分工，既有部队工作，也有机关工作。机关工作不能没有人做，参谋工作更不能没人干。做机关工作、参谋工作，是党的事业的需要。有一部分青年人，同你的思想一样，总想到前方亲自参加战斗、指挥打仗，不能说这种精神不好。但是机关工作总得有人做呀！现在我们部队知识分子太少，像你这样有点文化的人就是要调些来做机关工作、做参谋工作。做参谋工作没点有文化的人那怎么行啊！在机关工作没有在前方打仗那么痛快，也许比在部队工作发展、提拔得慢点。可是这不是共产党员应该考虑的问题，更不能成为不愿意做机关工作的理由。共产党员，从入党那一天起，就立下誓言，要为实现共产主义奋斗终生，贡献一切，甚至不惜献出自己的生命。因此，我们共产党员，对工作不能挑肥拣瘦，不能讲价钱，强调个人兴趣。我就当过总参谋长嘛，党中央叫我干，我就得干嘛。总之，现在是战争时期，执行命令第一。对战争的态度，对工作的态度，是对每个共产党员的严峻考验。"

关于有人看不起参谋人员的问题，刘伯承说："这种情况是存在的，但对此不能估计过于严重，要看到从上到下，绝大多数同志对此是有正确认识的。不能因此就不干参谋工作。我们要向这种不良倾向作斗争，更重要的是要经过参谋人员自身的努力，来改变某些人的观感，纠正其不正确的认识，从而彻底肃清张国焘路线的流毒影响。"刘伯承最后说："我军各级参谋人员，绝大多数是好的，他们立场坚定，作战勇敢，工作积极，学习勤奋，他们中的许多人，现在已经成为我军优秀的指挥员了……"

刘伯承这样循循善诱地同我谈了将近两个小时，有满含深情的批评，有激励人心的鼓舞，没有一点教训人的口吻。刘伯承在指挥千军万马同敌人决战的紧张时刻里，抽出这么多宝贵时间来不厌其烦地教诲一个普通青年，实在难能可贵，使人永志不忘。

通过这次谈话，我的意见没有了，委屈没有了，心情愉快，信心倍增，我坚定地向刘伯承表示："坚决服从命令，坚持党的利益高于一切的原则，明天一定来报到上班。"

（张生华）

"人民战士要经得起各种考验"

我军跃进大别山以后，一面发动群众，建立根据地；一面和比我们多十几倍的敌人展开运动战。

一天，我扶着五班长，一瘸一拐地跟着部队行军。五班长的脚脖子在牵骡子下山时扭了一下，肿得老粗，给他抹了好几次红药水，也不见效。他忍着痛，坚持跟着队伍走。

正走着，指导员气喘喘地从背后跑上来说："卫生员，五班长！你们俩留在后面，跟其他几个脚疼有病的同志一起走……"

五班长没等指导员把话说完，就恳求说："指导员，我能跟上队伍。"说罢，他抽回架在我肩上的手，拄着铁锹就走。

"别忙！"指导员叫住他，"你和卫生员负责收容掉队的同志，要说服他们尽量跟上队伍，不要掉得太远。四周都是敌人，我把掉队的同志交给你们，这是个任务。"说到这里，指导员郑重地看了五班长一眼，问道："怎么样？"

"没问题，指导员！你放心吧！"五班长回答。

"这就好！今晚的宿营地是泼皮河，还有50多里地。我在宿营地等你们。"指导员说罢，就到前面赶队伍去了。

我和五班长在路边等着，一共收容了五个同志。一个是四班副，他的胃病又发了，用手使劲捂着肚子，步履维艰。一个是老战士，广东人，我们都叫他"老广"。他只穿一只草鞋，光着一只打满血泡的脚走着。这对他不算啥。谁知又得了寒热病，脸烧得通红，额头烫手，走起来一歪一斜的。见四班副和"老广"病成这个样子，我这当卫生员的心里不知有多难过。我的卫生包里除了红药水、纱布和两个救急水的小空瓶，再也没别的用了，我真发愁。

还有一个是刚解放过来的四川战士，个子比我稍高些，大家都管他叫"小四川"。再有两个是刚参军的新同志，他俩走得满脚掌都是血泡，但他们一声不吭，闷头跟着走。

太阳偏西了，一个下午，我们才走了十八九里地。

我们又走了三四里路，到了一个小庄子。庄子里驻有我们的部队。不知是哪个单位的，看样子也是行军到这里刚住下。我们走到一家屋子门口，在小场子边的树下坐下来休息。屋门口站着两个背驳壳枪的警卫员，我们正想去向他找点水喝，这时从门内走出来一位首长。他走下台阶，回头对屋里招呼一声，跟着在门口又出现了一位：戴着一副眼镜，穿一件蓝布衬衣，下面穿的是和我们一样的粗布灰军裤。两首长向我们这边走来。

那位戴眼镜的首长走到我们跟前，打量了我们一下，问道："你们刚到，是哪个单位的？"说的是四川口音。

五班长说："十六旅。"

我说："十六旅……四十七团的。"

另一个首长问："你们是掉队的病号？"说的也是四川口音。

我说："有两个是病号，还有几个是脚疼。"

戴眼镜的首长问我们："你们现在打算赶部队还是住下？"

五班长说："指导员叫我们尽量跟上部队，不要掉远了。"

他说："你们大概还没吃饭吧？"

我们没吭气。

说实在的，中午喝的稀饭，肚子早就饿得咕咕叫了，可我没有说出来。"小四川"却嘟囔了一句："早就饿惨了。"

首长们一听，都笑了。先出来的那位首长转身就叫警卫员到伙房打饭去了。

这时我心里不安起来。指导员常说：碰到友邻部队要讲团结，尽可能不要麻烦别人。想到这里，我忙说："我们赶回自己部队再吃吧！"

"为什么？"戴眼镜的首长问。

我说："我们不能麻烦友邻……"

五班长也接着说："我们没粮条……"

五班长的话还没说完，首长们互相看了一眼，又都笑了起来。戴眼镜的首长边笑边说："莫客气嘛！我们都是一家人。"

"这顿饭算我们请客，不向你们要粮条。"另一位首长也笑着说。

一会儿，两个警卫员端来了一盆饭，一盆菜，还有一桶开水。

戴眼镜的首长弯下身来，摸摸盛饭菜的盆子，说："还有热气，再不吃就凉了。"

五班长说："那就谢谢首长啦！"大家这才掏出碗筷去盛饭。

我们吃着饭，首长们和我们蹲在一起，问这问那，我们都忘了拘束，就像在自己连里一样。首长们听"小四川"说的四川话，就问他："你是四川人？"

"小四川""嗯"了一声。

"是我们的老乡亲。"戴眼镜的首长说,"四川,顶多再过两三年,我们就可以打到四川去啰!"

"小四川"听说这么快就可以打到他的老家去,高兴地说:"打到四川,那才安逸。"

我们听了这些话,一个个都高兴得不行。

戴眼镜的首长见我背着红十字卫生包,就问我:"你是卫生员?"

我说:"是的。"

他把我的卫生包拿去打开看了看说:"小卫生员,你这里除了红汞纱布,就只有两个救急水空瓶了。"说到这里,他又叫警卫员去找军医来给大家看病。

吃完饭,军医来了,给病号看了一下说:"一个是重感冒,一个是慢性肠胃炎,得吃些药。其他人只是脚上打泡,多用开水烫烫,注意消毒,别让化脓溃烂。"他指着五班长的脚说:"他的脚得热敷几次,把烧酒用火点燃抹上,多摩擦摩擦,就会消肿。"说完他就要去拿药。戴眼镜的首长叫住他说:"有啥子八卦丹救急水之类的药品,给这小卫生员一些。"

我心想:这位首长真好,要能给我一些八卦丹救急水,谁有个头疼脑热的,我就能给他治了。我正在高兴,就见一个小鬼跑来把两小包药交给我,说:"这一包是给感冒的病号吃的,这一包是给胃疼的病号吃的。"我还等着他给我些八卦丹救急水,哪知小鬼对戴眼镜的首长说:"医生找过了,没八卦丹救急水了。"我听了这话,心里一凉。戴眼镜的首长沉思了一会儿,说:"嗯,我那儿好像还有,让我去找找。"说着就进屋去了。

不一会,他就捧了一捧东西,笑眯眯地走来说:"小卫生员,算你运气好,你看,还有不少嘞,给你!"

我仔细一看,嘿!他拿来一大包八卦丹。

我真太高兴啦!连声说:"谢谢首长,谢谢……"连忙接过来,数了数有14包,我用纱布包好,装进了卫生包。

首长说:"这下你可有了本钱了,可是,不要谁想吃就给谁吃,一气吃完了,有病的同志就没得吃了。"

太阳落山了,五班长对首长说:"我们准备走啦!"

戴眼镜的首长点了点头，另一位首长说："你们走吧，赶上部队，早些把病养好；革命斗争是艰巨的，还有很多任务要我们去完成哪！真金不怕火炼，人民战士要经得起各种考验。"

我们整整行装，向首长们敬了个礼，就上路了。

我们走着，谈论着这两位友邻部队的首长对我们无微不至的关怀和照顾，都说回连后一定向连首长汇报，再集体写封感谢信寄来。这时，我才想到没有问问这两位首长姓什么，是哪个部队的。感谢信寄给谁呢？不行，得返回去问问，我们又返回村来。那两位首长已经不在场子上了。向在门口站哨的警卫员打听，开始他俩不肯告诉。我们说，回到连里要向上级汇报，并写感谢信寄来。警卫员这才对我们说："你们怎么连这两位首长也认不出来？那个戴眼镜的首长就是刘伯承司令员，另一位首长是邓小平政委。"

听他这一说，我们都愣住了。刘司令员和邓政委是这样平易近人，和蔼可亲！我一辈子也忘不了。

问清楚后，我们又上路了。一路上，大家眉开眼笑地谈论着，脚也不疼了，病也好了，疲劳也不知跑到哪去了，只觉得浑身轻松，劲头十足。

当夜回到连里，我们把情况向指导员汇报了。同志们听说我们见到了刘、邓首长，都来问长问短，要我们把详细情形说给他们听。

从此以后，不论行军、打仗、休息，同志们都要求我们一讲再讲，百听不厌。有病的同志吃了刘、邓首长送的八卦丹，像吃了灵丹妙药，真是药到病除。

那些八卦丹在我身上背了很久，很久……

（张镜霖）

忘不掉的一段往事

解放战争期间，我在二野司令部任作战参谋，有机会经常接近刘伯承司令员，他那卓越的指挥才能，渊博的军事知识，严肃的工作作风，惊人的记忆力，使我获得不少教益。是他教育我，作为一个参谋人员，工作一定要严谨认真，一丝不苟。

1949年夏秋，我第二野战军，奉党中央军委命令，进军大西南。刘伯承、邓小平在南京作了进军大西南的部署。当我三、四、五兵团遵照部署向西南进军展开后，我野司前指立即由南京经武汉、长沙，于9月上旬进抵常德。

我们作战处，即是刘、邓首长的办公室。我当时任作战参谋，分工专管我军情况。任务是：我军每天的进军情况，特别是各兵团先头部队进展速度及具体位置和战斗情况一并汇总，画出要图，向刘、邓首长报告。我们前指是随三兵团跟进的，所以对三兵团的进军情况掌握，要求更加具体、确实。就在这关键的任务中，我发生了一件失误的事。

一天，从机要处陆续送来的各兵团进军的战报，我都一一查看地图，先头部队所到达的位置、时间，以要图的形式标示出来，当四、五兵团的报告查清标示后，唯有三兵团先头部队所抵达乌江边的一个很小的渡场，因为那一带渡场比较多，地名大体相似，我没有在地图上找到。在作战地图上找不到这个地点，要图上就不能准确地标示出来，急得我手持战报、眼盯地图反复查找。刘司令员平时就谆谆教导我们，参谋工作要严谨、确实，时间要准确，标示要清晰，看起来一目了然。可是这个地点一直找到晚饭时，我还没有找到。急到我头上直冒汗，因为每天晚饭后，刘、邓首长必定来作战室看阅战报的。我的任务不能按时准确完成，就影响到刘、邓首长的工作时间了。就在这当儿，首长来了，在三兵团的进军标示图上，只有兵团、军、师的位置，先头部队的位置没有标示出来，这时我小心地、如实地向首长报告："我没有在地图上找到该兵团先头部队抵达的那个渡场的位置，没敢标上，怕不准确。"然后就将各兵团报来的战报及我所标示的要图，呈给刘司令员阅。我站在一旁和往常一样，但我的心是不和往常一样的平静，准备着首长的有关提问及对各兵团战报中有所请示的问题的回复，以便草拟文稿。

只见刘伯承戴上他那专为看地图用的眼镜，右手执着毛笔首先看阅各兵团报来的战报，继而看我汇总的标示要图。他没有说话，在地图下划了个"＜"（这是他看阅文件后必划的符号）。他将看图用的眼镜摘下来，换上了养目镜（刘伯承眼睛不太好，备有三副不同用途的眼镜，一副是看地图用的，一副是看一般文件用的，一副是平时保护眼睛用的），靠在椅子上，好像在思考什么，我仍站在他身旁。"小焦。"我怔了一下，刘司令员继续说，"你再去地图边从彭水向南至沿河那一段乌江两岸找那个渡场，看有没有这个地点？"他的语气是那样的和蔼。我遵照他的提示就去找，没有多大工夫，就找到了小渡场磨寨。我红着脸，回到桌边，在我汇总的那张标示要图上，工整地填上磨寨的准确位置，再用红笔划上我军先头部队的符号。这时，刘伯承再一次换上他那看图用的眼镜，又将我标示的要图看了一次。当他将眼镜再换下来时，对我说："当年红军长征时，咱们红军的一个部队，也是在这个小小的渡场过的乌江，至今已是十几年的事了。"我们的司令员对一个小小的地名，过了那么长的时间，还记得那么清楚，一个小地名没有标出来，他也不放过。

交接班后，我回到自己的住处，晚饭也忘吃了，躺在床上，思索着，情不自禁地流下了眼泪。这是我永远忘不了的一件事啊！

两天后又是我值班，刘、邓首长准时来到作战室看阅战报，两位首长亲切地交谈着，我们屏气静心地听着，邓政治委员说："走！走！走！快走！"胜利的喜悦投在每一个人的脸庞上，我们原打算在常德住3个月的，可只住了1个月，刘、邓首长即率领我们风驰电掣般地出发了，我们的速度够多快呀！刘、邓首长和三兵团的领导均与该兵团先头部队同时抵达重庆南岸海棠溪。第二天我们即过江进了重庆市，刘、邓首长及前指住在曾家岩，也就是我们敬爱的周总理在重庆工作时的公馆。

事隔 30 多年了，我虽病残离休，但是每当我回忆戎马历程，总不会忘记这一段往事。

（焦立中）

"战士是不用眼泪求战的"

1947 年 7 月末的一个傍晚，部队都已经吃过了晚饭，但因为节令正在中伏，夜幕降临很迟。半月来的连绵阴雨虽然已经停下来，但阴湿闷热的暑气炙人，和我的心情相似。我看到准备南征的战友们积极欢快地精简行装，书写家信等情况，再也忍耐不住，决心要亲自去找野战军首长请战。

野战军政治部就住在离野战军司令部不远的另一条街上的农家小院里。西南的大门前有一个持枪的哨兵守卫着。

村庄遍地积水，发出镜子般的闪光，四处依然像白天一样明晃晃的。我迈着被心事重重催逼着的急速脚步，径直朝野战军政治部驻地走去。从东口进街，没多远就到了野政门口，我停了下来。哨兵没有理会也没有阻拦，可不知为什么，我却在大门口犹豫、徘徊了好几次，没有进去，又转回东口去了。

当我第二次转回身来，决心再往街里走时，在向北拐弯处，迎面来了刘伯承司令员。我无法躲闪，更不愿躲闪，就立即并拢了脚跟，挺起胸膛，习惯地抬手去扶正军帽，准备敬礼。可能由于相遇突然，心情激动，我的手刚一接触军帽，两根盘着的发辫滑落出来了。这样，没等我报名，刘伯承立刻认出了我。

"稍息吧，记者同志！"刘伯承像平日一样平易亲切地向我伸出了手。他的眼睛慈祥地看着我，像是已经看到了我有心事，接着说："难得有这样安静的黄昏啊！你一个人在构思什么作品呵！摆摆我听听好吗？不过，这几天咱们的任务是休息，不要把弓弦绷得太紧，革命的路还长得很啊！咱们一块散散步吧！"

"报告司令员！我的弓弦还没有拉开向敌人射击，已经被没收了。我无论如何也想不通。这是我的决心和申请，烦劳您转给党委考虑，批准我继续随部队南征吧！"我孩子气地毫无自控能力地，向司令员倒出了几天来憋在心里的委屈，并将一张文字报告递给了他。我最后的话音已经呜咽了。

"战士是不用眼泪求战的，走，咱们一块去政治部，把你的请求亲自告诉张副政委。我们一同研究解决！"刘伯承一点也没责怪我的冲动，接过申请书说。

我和他并排缓步向政治部走去。见到了张际春副政委，刘伯承开门见山地说：

"际春同志呵！记者同志来向你请战了！"

正在小油灯下批阅文件的张际春听见刘伯承的声音，立即从椅子上站起来。刘伯承把我的书面申请递到张际春手中。副政委招呼司令员和我坐下，马上看了报告，像老妈妈一样笑着说：

"宣传部、新华社记者团的领导，都反映了你的要求，我们正准备研究解决，你倒把司令员给搬来了。"

"不是她搬司令员，是司令员怂恿她找你当面解决问题啊！"没等我开口，伯承风趣地解释说。

"报告副政委，我已经一连两个晚上都决心来找您，请不要把我送回邯郸去，不要剥夺我参加战略进攻的权利！我坚决遵守'一切行动听指挥'的守则。可是，我对这次'进军大别山'人员条件的决定有意见。由于千里跃进敌人心脏，进行无后方作战，非战斗部队的女同志一律不参加，医护，文工团员可酌情考虑，我们新闻、文学工作者不是战士吗？不可以酌情考虑吗？"我又一次孩子气地，控制不住激动地说，眼里滚动着泪珠。

"问得好！这些问题张副政委都会给你满意的回答。可是，你又忘了，战士是不用眼泪来求战的！"刘伯承依然很风趣地说。

"我们可不是赵太爷，哪能剥夺你革命的权利呢？新闻、文学工作是革命工作的一条战线，记者、作家是当然的战士……"张际春这没说完，我又慌忙地接上："那……为什么通知我？……"

"组织上考虑你已是做妈妈的人，身体又很瘦弱，去大别山，毛主席估

计的三个前途都是要付出代价的。我们需要保存力量，前后方都需要文化战士，所以才想把你留下来。"张际春作了充分说明。

"是的，党委是要特别考虑保护好我们的'灯泡'啊！"刘伯承接了一句。

"请用对一个普通战士的要求来要求我！我保证不让部队背包袱！"我毫无顾忌地开口了。

"那就特殊处理一下吧，际春同志！"刘伯承先表了态。

张际春接受了刘伯承的建议，并立即接通了给邓小平政委的电话。

"完全同意特殊处理，列入战斗人员编制！"邓小平明确、爽朗的回答，从电话听筒清晰地传到了我耳朵里。

我破涕为笑，控制着激动的眼泪，告别了两位首长，跑回住处，也连夜做起轻装准备来。

这样，我参加了史无前例的中国革命战略转折的南征，我获得了一生中难得的锻炼，1947 年 7 月下旬这个夜晚，起了关键的作用。它给了我经受艰苦、克服困难的勇气和动力！

（曾　克）

"看到字，就像见到你们一样"

1948 年 12 月 20 日中午，皑皑白雪覆盖着辽阔的鲁西南原野。街道两侧的店铺陆续开张，在战火中遭到损坏的房屋在修补刷新。翻身的秧歌，欢庆的锣鼓，不时穿街而过的支前队伍，更给这古老的单县城增添了无限生机。

我布置完了淮海战役支前和情报工作匆匆回来，发现公安局门前停放着一辆中吉普，两辆美式十轮卡。我仔细观察，门岗已换了人，只见两个穿着灰色军装的年轻英俊的战士，手握卡宾枪，威风凛凛地站在那里。我向前说明了情况。他们和蔼地笑了笑让我进去了。我接连又顺利地通过两道岗，径直走进5间老式西屋的局长办公室。

室内坐着两位部队首长，正在兴致勃勃地交谈着。正当门放着一张八仙桌，桌上放着一把老式砂壶和两个粗瓷大碗，碗里的白开水早已消失了热气。从他们那风尘仆仆的神态上看，显然是刚刚离开炮火纷飞的战场，冒着风雪到达这里的。

为了弄清他们的身份，我进内间问了正在和通讯员徐培根小声嘀咕的甄副局长，结果他也不知晓。于是，我走出内间，鼓足勇气恭敬地问："请问首长，不知该怎么称呼？"听到我的询问，二位首长停止了谈话，抬起头来打量了我一番。坐在南边的那位首长操着浓重的四川口音温和地问我："你是做什么工作的？""我是这公安局的负责人。"他听说后，便热情地示意让我坐下，然后，往前微探着身子，低声说："我是陈毅，他是刘伯承司令员。"

啊，坐在我面前的，竟是正在淮海前线指挥千军万马，横扫国民党王牌军的我军两位卓越的统帅。我禁不住呼喊出来："刘司令员！陈司令员！"

陈毅马上用手示意我小声一点，并嘱咐我说："要绝对保密。"

我用手拭干了泪水模糊的眼睛，睁大幸福的眸子，呆呆地凝视着这两位在人民群众中享有崇高威望的军事首长。好半天我才想起问："首长还没吃饭吧？"他俩坦率地笑着回答："没有。"我心中不觉一惊。

此时，天已过午，雪花依旧飘落，寒风仍在呼啸，室内十分清冷，又没有取暖的炭火，首长竟还饿着肚子。作为一个地方干部，我怎能不感到内疚，感到心疼，又怎能原谅自己。当时，我只想赶快让首长吃到热腾腾的饭菜，于是，马上派人端了来。由于条件限制，再加上保密的需要，饭菜十分简单。都是单县土产：羊肉汤、烧牛肉、酥烧饼。但两位首长却十分满意。刘伯承司令员掏出小刀一块一块地割着烧牛肉，两人分食着。陈毅司令员一勺一勺地品尝着羊肉汤的滋味。他们一边谈笑着，一边就着酥烧饼，吃得那样香甜。

饭后，他俩不顾长途跋涉的疲劳，兴致勃勃地和我谈起来。刘伯承手端着刚倒上开水的粗瓷大碗，一边慢慢地喝着，一边关心地问我："老百姓的情绪怎样，对战争有什么反应？"两人一齐用征询的目光注视着我。

这时，我眼前立刻浮现出湖西人民踊跃支前的热烈情景。晚上，一个个村庄灯火辉煌，纺车声，舂米声，姑娘们做军鞋时的笑语声，飘荡在湖西的夜空；白天，辽阔的原野上则到处是人声鼎沸，车轮滚滚，支前的队伍如奔腾的洪流向淮海战场汇集。想到这里，我满怀信心地回答："单县人民对战争的胜利充满信心，劲头很足，正积极响应政府号召，踊跃参加淮海战役的支前工作。"

陈毅听到这里，插话说："既要想到战争中的支前，还要想到胜利后的建设！"刘伯承接着说："要为建设新中国而奋战。"接着我又汇报了单县人民夺回胜利果实后，积极恢复、发展生产的情况。刘伯承把碗放在桌上，微倾着身子，微笑地专注地听着；陈毅已经把手中的大碗送到嘴边，但也忘记了喝，一对明亮的大眼闪烁着兴奋、热情的光芒，最后他激情难抑，声音洪亮地说："没有冀鲁豫上百万人民群众不辞劳苦，踊跃支前，就很难保证我军在风雪侵袭的严冬季节始终保持旺盛的战斗力。我们军民要努力奋战，夺取全国的胜利，迎接新中国的诞生！"

刘伯承激动地摘下眼镜，放在胸前，轻轻地清了一下嗓子，热情洋溢地称赞说："冀鲁豫人民在支前工作中，热情很高，贡献很大，很值得敬佩。"

他俩用赞扬的目光看了看我，又互相对视了一下，肯定地点了点头，满意地微笑着。

看着他们兴致很浓，我就借机向他们请教人们最关心的战局问题。

"首长，淮海战役情况怎样？"

"很快会解决问题！"刘伯承大手一挥，干脆有力地回答。

"北平呢？"

"可能比天津解决得更好！"

"山西阎锡山的30万军队，不是后顾之忧么？"

"蒋的包袱。"陈毅回答得是那么幽默，风趣。

突然，外边传来两声枪响，陈司令员马上警觉地问："城内怎么打枪，秩序为什么这样差？"我只好如实回报："这里住有华野的后方医院，伤员中有些俘虏成分，有时随便打枪，影响社会治安。"他俩慈祥的面容顿时严肃起来。刘伯承正喝着开水，却"当"的一声把碗重重地放在桌上，碗里溅出了几滴水珠。陈毅脸一沉，挪动了一下身子，轻轻拍动着椅子的扶手，喘着粗气，气愤地说："太不像话。"他立刻派警卫员通知华野后勤医院负责人来一趟。

这位负责人进屋后，陈司令员目光严厉地看着他，声音不大，但却沉重有力地批评了他。

刘伯承显然也非常生气，但他并没有说话，而是掏出他的指南针，细心地擦拭着，爱惜地抚摸着，来回摆动着，他严肃地点着头表示赞同陈毅的意见。

当这位负责人主动承担责任，认真做了检查后，两位将军才让他坐下，亲切地和他交谈起来，非常关心地询问了一些伤病员的医疗、生活情况。刘伯承仍然抚摸着指南针，十分温和地说："党中央、毛主席早就指示我们，人民的军队要时刻爱护人民，这种鱼水之情，我们应当永远保持下去。"聆听这严肃而亲切的告诫，医院负责人双目流下了惭愧的泪水，我的眼圈也湿润了。

晚饭后，我给他俩安排好住处，端去了火盆，燃着了木炭，为了让他们很好地休息，我就提前离开他们。

夜深了，我躺在床上翻来覆去难以入睡，白天的动人情景又一幕幕展现在眼前。今天，我竟有机会见到两位爱民如子、带兵有方的首长，思念着他们的亲切面容，回味着春风般的话语，我感到这真是有生以来最大的荣誉和幸福。可是，明天他们就要离开湖西登程北上了，时间如此短暂，我必须让将军留下珍贵的纪念，永远镌刻心头。留什么纪念呢？想啊想，蓦地，一个念头在我脑子里产生了。

第二天清晨，我来到他们的住房内，等首长的工作告一段落，我就鼓起勇气，贸然上前说："首长，你们今天就要启程了，我想提点要求。"

陈毅转过身来，双手叉腰，笑眯眯地注视着我，非常慷慨地说："有什么要求只管提。"

刘伯承也微笑着鼓励我说："想要啥，说吧。"

见首长这样慷慨大方地满口应允，我心里十分惊喜，便说："请首长题词留念吧。"

他们原以为这里刚解放，地方上可能缺少武器，没料到我提出了这个

要求。他们开始一愣，然后轻轻地摆着手，委婉推却说："我们都不会写字，要别的可以。"

我非常担心失掉这个千载难逢的良机，赶快把准备好的普通白纸铺在桌上，双手执笔，恳求说："我们这一带谁不了解，请题字吧，多年以后，看到字，就像见到你们一样。"

看看推辞不过，刘伯承终于答复说："好吧！"但他又自言自语，好像是同别人商量："写什么好呢?"接着，他们之间相互让了一阵。刘伯承精神抖擞地脱下大衣，搓了搓发凉的大手，扶了扶墨色眼镜，走到桌前，视量着白纸，紧握毫笔，饱蘸墨汁，略加思索，俯案疾书。于是，那俊秀洒脱的笔迹，清晰地跃然纸上：

　　　一九四八年冬至前一日
　　　冀鲁豫人民为完成人民解放战争的胜利，尽了最大的努力，
　　现在还是努力于支前工作，十分难得，特致敬佩。
　　　　　　　　　　　　　　　　　　刘伯承敬题于单县公安局

陈毅在一旁全神贯注地俯视着，没等刘伯承写完就脱下大衣，跃然欲试。刘伯承写完后，陈毅接过毛笔，激动地扯了扯衣袖，饱蘸墨汁，一挥而就。那遒劲雄浑，气势磅礴的大字又清晰地留在条幅上：

　　　胜利在望，继续作战，继续支前
　　　　　　　　　　　　　　　　陈毅敬题一九四八年十二月
　　　　　　　　　　　　　　　　二十一日于单县公安局

单县人民一直珍视着这两个题词，它鼓舞人民群众恢复生产，奋勇支前，迎来了新中国的诞生。

　　　　　　　　　　　　　　　　　　　　　　（刘锐夫）

"谈谈我们二野在解放战争时期的经历吧"

我见到刘伯承同志,是在1949年9月。那是一个令人难以忘怀的秋天。苦难深重的中国人民,经历了长期艰苦卓绝的斗争,终于作了国家的主人。北京喜气洋洋,准备迎接开国大典,召开中国人民政治协商会议。全党、全军、全国各族人民、各界人士的优秀代表云集北京,共商建国大计。《人民日报》编辑部派我访问参加人民政治协商会议的刘伯承同志。

秋天的北京天高气爽,景色分外宜人。屹立在北京中心的紫禁城,此刻已回到人民怀抱。黄灿灿的琉璃瓦大屋顶,在金色阳光下闪耀出夺目的光彩。中南海内,碧波荡漾,秋菊盛开。我,一个21岁的青年记者,怀着兴奋而又不安的心情,在上午8点多钟,来到中南海刘伯承同志的住所门前。

面前是一排3间老式、朴素的平房。东面一间,住着刘伯承同志。西面一间,住着粟裕。当中一间,放着一张方桌和几把椅子,大概是他们吃饭的地方。

我轻轻掀开东面房间的白布门帘,走了进去。一眼看去,室内的陈设,十分简单。靠窗竖放着一张大写字台,上面堆放着许多书籍、文件。旁边是两张藤椅,一套单人沙发。靠墙是一张木床。墙上挂着一幅中国地图。刘伯承戴着眼镜,正坐在写字台旁的藤椅上看书。我没有想到,这样一位威震中外、名闻全军的军事家和参加过南昌起义、二万五千里长征的我党、我军的杰出领导人,看上去却像是一位慈祥博学的学者。他面带温和的微笑,起身招呼我坐下,随手又给我泡了一杯茶。我的紧张、不安和拘束顿时消失了。

刘伯承看了报社的介绍信,亲切地笑着说:"你是要访问我?你可知道,我是不喜欢记者访问的?"听了这一句话,我不免又紧张起来,面上忍

不住透露出了不安的神色。只见刘伯承同志呷了一口茶，似乎想起了一件十分可笑的事似的笑着说："我给你讲一件往事吧。那是在1941年，抗日战争最艰苦的时期，日军向我太行山区举行铁壁合围的扫荡，企图一举消灭我军主力。在前线指挥所里，我正忙着布置反'扫荡'的斗争。一位记者硬逼我谈了不到1小时，却洋洋洒洒写了一大篇，把我吹得神乎其神。文章送到我手里，我把它扔到字纸篓里去了。你看我对记者，是不是有点不大客气？"他的目光透过眼镜盯住我，这是一种能看透人的心灵的智慧而深沉的目光。来此以前，我听到报社的老同志告诉我，刘伯承对待记者一向十分亲切。那位记者可能冒冒失失，写的不大实在，这才触怒了刘伯承吧。想到这里，我不禁笑了起来，大着胆说："我想，我那位同行可能有点客里空作风，他写的不大合乎实际，您才把稿子扔进字纸篓的吧？"刘伯承笑了起来："哦，原来你也知道客里空？"说着，他从桌上一堆书中抽出一本俄文书，对我说："你看，这就是《前线》这个剧本。我很喜欢它，常常带在身边。这里，描写了一位戈尔洛夫将军，思想又保守，又骄傲，值得我辈军人警惕。也写了你的一位同行客里空，信口开河，弄虚作假，你可要注意啊。"说着，刘伯承同志翻开书，用中文向我念了一段客里空凭空虚构的对老将军的描写，例如老将军听到儿子牺牲的消息眼中闪着泪花啦，说了一大段要为儿子复仇的誓言啦，等等。一面念，刘伯承同志一面呵呵大笑。

我只知道刘伯承同志是一位举世闻名的军事家，完全没有想到，他对于文艺也这样熟悉、爱好。他似乎看透了我的心思，笑笑说："我知道你们年轻人，尤其是干你们这一行的，一般都喜爱文艺。你大概不会想到，我这个老军人也这样喜欢文艺吧。我喜爱的是这样真实地描写现实而又切中时弊，对现实有所促进的书。写书，要写这样的书。做人，可不能做戈尔洛夫和客里空这样的人。你说对吗？"

我连连点头，又是没有想到，刚见面，刘伯承就给我上了这样富有教益的一课。我怀着感激的心情对他说："谢谢你，刘伯承同志。我刚开始工作，一定警惕，不当客里空这样的记者。我希望，我写的东西不至于被您扔到字纸篓里。不过，"我调皮地加了一句，"写得不像样，扔了也不怕。我会捡起来，再写第二遍、第三遍的。"刘伯承爽朗地笑了："你这个娃娃，倒有勇气，有决心，没有被我这番话唬住？不打退堂鼓？好吧，你要我谈什么？"

来以前，报社一位领导同志说，请刘伯承谈谈毛泽东的军事战略思想。那时，我是这样的年轻，不懂得像我这样幼稚的外行，提出这样一个重要论题是很不相称的。然而我毕竟老老实实地说："请您谈谈毛泽东的军事战略思想。"

"要谈毛泽东的军事战略思想？"刘伯承哈哈大笑起来："哈哈，你这个娃娃，提这样大的问题，你知道什么是军事战略思想？哈哈，你呀，就像小孩子戴顶大帽子，喏喏，快盖到肩膀上了。"他一边笑着，一边打着手势，好像一顶硕大的帽子，正盖在我的头上，连头带脑盖下去，一直盖到肩膀上……

我明白了我的可笑处境，不觉也跟着大笑起来。

"你们在笑什么？"一声洪亮的声音在门外响起。随着声音，走进邓小平和贺龙。我真高兴在这里看到了这两位我久已景仰的革命前辈。贺龙同志学着邓小平和刘伯承的四川口音，大声说："你们笑的啥子嘛？"

刘伯承笑着说："这个娃娃要我谈毛泽东的军事战略思想。你们看，像不像一个小娃娃要戴一顶大帽子，那帽子直盖到肩膀上了？"

"哈哈，哈哈，"贺老总的笑声响彻全屋，捏着烟斗的手不住在我面前晃动，"小娃娃戴大帽子，哈哈，戴大帽子！"小平同志也笑了起来。

在三位革命前辈的爽朗笑声中，我虽然十分窘，但又觉得无拘无束，宛如沐浴在春风化雨之中，只感到无比亲切。我想，该怎样收场呢？只有求助于刘伯承。于是，我红着脸，轻声说："刘伯承同志，您愿意谈什么，我就记什么。"

刘伯承转过身，用商量的口气向小平同志说："你来得正好，你看，我谈些什么好呢？"

小平同志笑道："你定好了，谈什么都行。"

刘伯承想了一下说："谈谈我们二野在解放战争时期的经历吧，你看怎么样？"

小平同志连连点头说："好，好。"

小平同志也十分尊重刘伯承同志。他对刘伯承同志笑着说："我和贺老总来看看你。你和记者说吧。贺老总，我们走吧。"说着，他拉着贺龙一起

走了。

我连忙拿出笔记本，像个小学生似的准备笔录刘伯承的谈话。刘伯承从墙上取下那张中国地图，铺在写字台上，开始谈起来。

"在全国解放战争各野战军协同互助获得胜利之中，第二野战军不过是战斗单位之一而已，因为二野的先后作战基地……晋冀鲁豫区、中原区、华东区这些地区都处于四战之地，二野也就成为四战之军。毛主席正在重庆主持和谈时，国民党军队就进攻山西上党，迫使我们打了解放战争中的第一仗。"刘伯承以他特有的严谨与机智，一开始就这样精辟地概括了第二野战军的特色。他熟练地用手指在地图上指画着，讲起解放战争初期的政治形势和军事形势，讲起第二野战军在整个解放战争期间走过的战斗历程。在我面前的这位温文博学的长者，一下子恢复了统率百万大军、老谋深算、百战百胜的大元戎的本来面目。

刘伯承谈话的声音不高，语调十分平静，言辞十分简练，逻辑异常严密，记忆力又是那样惊人。成百个地名（包括城市、乡村、山岳和河流）、几十次战役在他话语中徐徐吐出，宛如一串串璀璨的珠玑，在澄澈晶莹的碧玉盘中不断滚动。他的感情又是多么深厚，他在谈到广大指战员奋不顾身地英勇战斗以及解放区群众竭尽全力地支援前线时，透过言辞，洋溢出他对他们那样强烈的热爱的情感。尽管我是这样一个丝毫不懂军事的青年，但随着刘伯承同志的叙述，在我面前清晰地展开了决定中国人民命运的解放战争那一幅幅壮丽雄伟的画卷。刘伯承的手指在地图上不断移动，我的眼睛忙着看地图，耳朵忙着听谈话，笔尖忙着在笔记本上沙沙地写着。我忘了时间，忘了身外的世界，自己也仿佛置身在刘伯承指挥的第二野战军的战斗行列……

身后的白布门帘忽然掀开，一位脸色红润的年轻战士出现在刘伯承面前："首长，该吃饭了。"我才恍然从战场回到和平的人间。一看表，已经12点多，不知不觉，谈了3个多小时了。

我慌忙站起来告辞，只是看了一下笔记，有些为难地说：

"还没有谈完呢，刘伯承同志，您看什么时候再谈？"

刘伯承爽快地笑着说："今天一天全安排给你了，下午接着谈吧。现在先吃饭去。"他让警卫员再打一份饭来。

警卫员很快用搪瓷饭盒打来了饭菜。刘伯承同志一面吃饭，一面又长者似的关切地问起我的工作和学习。我告诉他，正在看《联共党史》，还准备啃《资本论》，只怕啃不动，还在学俄文。刘伯承说："你原来学什么外语？"我说："原来学英语，在清华念的就是外文系。"刘伯承说："那你为什么把英文丢了学俄文呢？"我笑笑说："现在，英文有什么用，大家都在学俄文呀。毛主席不是说，要一边倒，要走俄国人的路吗？"我特意引用了不久前发表的《论人民民主专政》中的话，自以为理由十分充足。不料刘伯承突然严肃起来："哦，那是指政治上说的，不要把它随意引申和曲解。外文不过是一门工具，不过要真正掌握它也并不容易。"接着，刘伯承谈起他去苏联学习时学俄文的情景："那是1928年，我以中国工农红军参谋长的身份到莫斯科，先进高级步兵学校，后进苏联红军大学学习。那时，我已经三十六七岁了，才开始学俄文，这自然比年轻的同学困难得多。常常是别人已经熄灯就寝，我还独自跑到房外走廊的灯光下背俄文单词，下了很大工夫才把俄文征服了。"我知道刘伯承俄文极好，回国后翻译了许多俄文的军事著作。只见他又语重心长地对我说："学习，一定不要赶浪头，赶时髦。要考虑自己的条件，从实际出发，循序渐进，扎扎实实，学一门就要努力学到手，就要力求精通，否则就永远是个半瓶醋。"他看了我一眼，目光像一位严格的老师在审视着一个不懂事的学生："你们年轻人，无论工作、学习、为人处世，要牢牢记住，如毛主席所说，要有实事求是之心，不要有哗众取宠之意。英文怎么会没有用处？它是世界通用的语言。我们要建设一个新国家，要学习国外先进的科学技术，要和世界各国交往，怎么会用不上英文？我听说毛主席还在学英文呐。我劝你不要把英文丢了，目光要放远一些。"

吃完饭已经1点多钟，我问刘伯承同志要不要休息一下。他摆摆手说："不用了，我们接着谈吧。"

大地图已经摊开放在桌上，刘伯承马上接着讲起来。他那时的视力已经不大好，要用两副眼镜。当他自己看地图时，戴上一副眼镜，当他把地图推到我身边，用手指着地图给我讲解时，又戴上另一副眼镜。就这样，他忙着一边讲，一面把地图推来推去，一面交替着使用这两副眼镜。我真是感动极了。刘伯承谈到第二野战军由战略反攻转到外线去恢复与坚持大别山的艰苦斗争，谈到曾经是老苏区的大别山群众拼着生死支援解放战争的情景，刘伯承怀着十分深沉的感情说："这就是表现了人民战争的本质。我们所依靠的是人民，蒋介石所依靠的是碉堡。也就是说，我们是以占人口90%以上的人们来反对10%以下的人们的斗争，也就是说，我们的军队结合人民以广大的面来包围蒋介石孤立的点所作的斗争。这也就是二野在大别山战争胜利以及全国人民解放战争胜利的关键。"

刘伯承接着谈到二野和三野协同进行的震惊中外的淮海战役这一战略大决战，谈到突破长江防线进军江南，解放江西、福建与老苏区人民见面的情景，"正如我们在大别山、洪湖的根据地一样，我们禁不住感慨至于流涕了。"最后，刘伯承又用十分精炼的语言概括了这次谈话的主题："正如我一开始就说的，第二野战军在解放战争中的位置和作用，可以用8个字来概括，就是四战之地，四战之军。"我连忙记了下来。

天色已近黄昏，4个多钟头过去了，我一看表，将近6点。算来，这一天刘伯承同志已和我谈了整整8个小时。我带着十分激动的心情站起身来告辞说："谢谢你，刘伯承同志，感谢您花了这么多时间给我上了这样生动、深刻的一课。记录整理出来马上送给您看。"刘伯承说："先不忙送给我。我这是代表二野的谈话。你召开一次出席政协的二野代表座谈会，把记录先请他们看看，听听他们的意见，补充修改后再送给我。"

我怀着依依难舍的心情告别了刘伯承，十分兴奋地回到报社，开了一个夜车，把记录整理出来。

第二天就和二野代表团联系，在北京饭店召开了座谈会。到了9位代表。我念过谈话记录以后，代表们认真地提了一些具体的补充意见。我修改后打电话给刘伯承，要给他送去这份谈话记录。刘伯承听说曾克还没有看到这份记录，马上说："你一定要请曾克同志看看。她当过二野的随军记者，熟悉二野情况，又是你的同行，还可以在文字上帮助推敲一番。"对于刘伯承同志这样认真、细致的工作作风，我还有什么话可讲呢？连忙又到北京饭店专程拜访了曾克。她果然仔细阅读和反复推敲了文稿的结构、布局、用词和遣意。我又重新修改了一遍，才给刘伯承送去。

两天后，我收到刘伯承的回信。拆开信封，赫然映入我眼帘的，是刘伯承用毛笔写的那苍劲、有力的笔迹。敬爱的刘伯承在百忙中又亲笔把文稿仔细修改、润色了一番，文字简洁了，结构也严谨了，文稿最后是"刘伯承阅"几个大字。我的眼圈不禁润湿了。我十分激动地把文稿重新抄了一遍，送到排字房去发排。而把刘伯承亲笔修改过的原稿，一直保存在身边。

万分可惜的是，我一直珍重保存着的刘伯承同志亲笔修改的文稿，在十年内乱中被抄没了。尽管它已经失去，但刘伯承同志那苍劲有力的笔迹依然在我眼前晃动，刘伯承同志说到"四战之地、四战之军"那平稳、深沉的声音依然在我耳中回响。

（金　凤）

"干我们这一行当，是你死我活的搏斗，一字之差，会死人的"

1953 年，"八一"建军节刚过几天。清晨，我踏进办公室的门，电话铃响了。

我赶忙拿起电话机，一个熟悉的声音，听出是刘伯承院长在问……

"是，是我。"我恭敬地回答。

"你安排在什么时间休假？"刘院长问。

我说："还没有安排呢！"

"好吧！军委要我去大连休假，你同我一起去吧。做些什么准备，由秘书告诉你。"

我放下机子后，禁不住思绪联翩……叫我？到大连去休假。

经过秘书同志的详细传达，我才知道，刘院长早就打算利用休假期间，把《苏联红军野战条令》再校译一遍。同时也通知了翻译室党主任同去。我和老党，收集了一些参考书籍，等过一两天就要出发了。

在一个明朗的盛夏早晨，被人称为长江三大火炉之一的南京，气温还没来得及上升起来，我和老党乘车到了下关轮渡码头。差不多在同时，南京军事学院的六七位领导同志也来到码头为刘院长送行。一会儿，刘院长

和夫人汪荣华同志及秘书，带着两个十二三岁的小女孩，一个由护士抱着的一岁多的小男孩也来到码头。刘院长与送行的人们一一握别。在登上渡船的片刻，他边走边指着我和老党对送行的人风趣地说："他俩是跟我要账的，等到了大连，还他们的账。""还账！"当然是指利用去大连休假，赶校条令，好在下半年教学中使用。一年前，那本野战条令经军委军训部译出后，请刘伯承院长校阅。刘院长亲自领导翻译同志校完以后，就印刷出版了，学院根据条令中的原则，编写了教材，在教学中使用了。听说这本条令，从军训部到军事学院已经译校了十几遍了。刘院长为了精益求精，决定最后校译一遍。

列车开出了车站，这时，刘院长把我和老党叫到车厢中间，就办公桌坐下，劈头就说："既来之，则安之！"他接着说："那本条令我搞了好几遍了，也已经在院里使用了。但是我总是不放心。条令是学院最根本的教材，非常重要，翻译要求准确，不能有丝毫的差错，也不能有含糊其辞的地方。我们军队干部有丰富的战斗经验，过去战争年代，没有系统学习的机会。现在部队在正规化现代化建设中，装备也一天天地加强了。如何使用苏联的条令结合我军的现实情况来学习军事科学，也就是解决军事训练理论联系实际的问题，十分重要。所以我想利用去大连休假的机会，把条令从头到尾再校译一次。要从翻译角度上，要从军事学术和术语及文字使用上，一句句地仔细地推敲推敲，达到内容正确，文字清通。这样才能使学习的人容易接受下来，教者也可避免以讹传讹，后患无穷。可不可以争取在一个月左右搞好，再向军委写个报告，请示正式颁布使用？"我们听了刘院长这一席话，对任务彻底明白了。

火车向东北急驰了两昼一夜，摆脱了炎热的南方，在一个万家灯火的晚上，徐徐进入大连车站。出站后，大家乘上汽车向住地前进。在经过市区时，可看到街道两旁的房屋高高低低，明明暗暗，多半的商店和工厂已经下班了。汽车开得相当的快，越是前进，越是寂静，后来连路灯也稀少了。感到汽车在缓缓地爬坡，逐渐听清了海浪冲击岩石的哗哗声响，汽车一会儿就在一幢楼房门前停了下来。后来才知道这个地方叫"老虎滩"，我们下榻的楼房是日伪时期的宾馆。

在这里，刘院长每天 5 时起床，从石阶下海滩去散步半个小时，然后从原路或环绕山角从汽车路上回来，接着，利用早晨朗诵俄文，或听留声机发出的俄语会话。学习俄文，已成为他长期不可缺少的生活习惯了。

我和老党住的房间，真可称得上是"斗室"。我们面对面地摆了两张单人床，中间塞进一张方桌，就没有空隙了。我们就坐在床边进行工作，只要抬头透过阳台上的纱门，就看到了大海，那海水有时碧波粼粼，有时汹涌澎湃。远处有渔船撒网，近处有红男绿女游泳嬉戏。海鸥在凌空翱翔，水鸟在浅滩啄食，南风飘来花香，室内凉爽宜人。

早饭后，刘院长到我们房间指示工作，进门就面向阳台坐在方桌的一边，对条令的校译，逐章逐节，逐段逐句，一个字一个字地研究推敲。我记得他第一句话又是说的"既来之，则安之"。以后对"既来之，则安之"又说过多次。我和老党在他这句话的开导和鼓舞下，兢兢业业，夜以继日地不知疲劳地工作着。有时刘院长和我们从早到晚讨论问题；有时大家带着问题，查阅参考资料准备意见；有时对问题各执己见，不得统一，就暂且留下以后再说；有时夜深了，刘院长还披着衣服，到我们房间，来确定白天有争议未决的问题；有时刘院长还讲些历史典故和战例，来启发教导我们；有时刘院长与老党用俄语进行交谈，有时他们在翻译问题上讨论很久也定不下来，在这种情况下刘院长常常叫我先看看上下文，再猜一猜看用个什么词、造个什么句子才恰当，我也就无拘无束地说出自己的意见来。说对了，刘院长会豁然地哈哈大笑地说："你说得对。我们被外文搞得钻牛角尖了，钻进去就出不来，被你这一句话给点破了。翻译人员就得与不懂外文的业务人员合作，因为不懂外文也有好处，就是不受外文的约束。"可是，我常常是"猜"错的时候多。错了，他也不轻视，仍然含笑地说："不是这个意思，你再想想看。"

我们对条令的校译工作，日渐深入。在刘院长的开导和启发下，发挥了学术民主。刘院长自始至终都以普通一兵的风度和我们共同研究学术问题，教导我们要不耻下问，能者为师。他非常虚心地采纳我们的意见，珍惜我们的劳动，在他言传身教之下，我们也就无所顾忌，有啥说啥了。我们遇到争议，即使一词一字，也都是经过几个反复才统一起来的。记得在讨论陆军与海军舰队的合同动作时，对"以火力协助陆军濒海翼侧的部队"中的"濒海"一词，就是从"滨海、临海、沿海、近海"几个词中反复研

究才定的。沿用多年的"冲锋"一词，由于现代条件下的战争方式有些变化，改为"冲击"，就是这次在大连确定的，现已通用于全军了。

刘院长对学术研究，一切从实际出发，不空谈玄虚，对问题追根究底，力求做到结合我军战争实践去抓住事物的规律和本质，同时注意我军素质、当时装备和可能发展趋势，特别针对我军干部文化和科学水平较低的特点，对译校条令，做到深入浅出，通俗易懂，所以对一个军事术语的兴废，都得反复琢磨才定下来。他常教导我们说："干我们这一行当，是你死我活的搏斗，一字之差，会死人的。我们进行的是正义战争，老百姓为了革命事业，把他们的亲生儿女，好不容易教养了十几年上二十年，交给我们来支援革命战争，我们若是不负责任，没有抓紧时间教会他们'消灭敌人，保存自己'的本领，等到上了战场，转瞬之间就被敌人给打死了。这样，能对得起人民吗？怎么向战士的亲人交代呢！还谈什么为人民服务呢！"我们看到他一手拿着放大镜，一手拿着毛笔在修改条令，十分吃力，眼睛不住地流泪，眼白挂满血丝，我们劝他休息，他不听。我们就通过他的夫人汪荣华同志劝他休息，他仍然不听。他说："我是有休息时间的，在完成了一个任务后，去进行第二个任务之前，就是休息时间。"实际上几年来他还没有完成第一个工作，就在考虑第二个和第三个工作了，其间那里还有什么间隙呢！正像他指挥作战时一样，"吃掉一个，夹着一个，还得看着一个"。他休息的时间就是他学习外文、看书、读报的时间。

我们在刘院长亲自领导和指点下，进行了近两个月的对野战条令的译校研究工作。这本20余万字的条令，他是拿着放大镜一个字一个字琢磨过的。他还为条令写了6000余字的《中译本说明》。这个说明实际上是在总结南京军事学院三年来的教学经验，和吸收抗美援朝战争经验的基础上，有重点地阐明院校教学中和部队训练中存在的一些学术问题，就是在照顾我军素质和当时装备的实际情况下，如何解决理论联系实际的问题，如何学习外国先进经验的问题，如何重视集中统一指挥下组织诸军兵种协同动作以及如何学习毛泽东同志对军队建设和指挥的思想方法等。至今这个《中译本说明》，对我军院校和部队训练仍有重要的指导意义。

刘院长的生活非常有规律，每天按时作息，早起，散步，读外文。早饭后领导我们工作，晚饭后到海边散步。生活俭朴，衣着简单。饮食从不讲究和挑剔。他和汪荣华同志及两个小女孩加上老党与我6个人一桌吃饭，每餐四菜一汤，按标准各自出伙食费。从来没有听到他对菜饭评论哪个好吃哪个不好吃，也从来没有提出想吃什么饭菜。他夹菜光夹离他最近的一盘，汪荣华替他夹远处的菜放在他碗里，放多少吃多少。汪荣华把饭后应服的药，搁在口杯里放在饭碗旁，免得忘记服用。

我们工作到第二个星期天，秘书通知我们说："首长说了，今天放假，早饭后首长同你们去逛公园。"我们乘车随刘院长一家来到了海边的一个公园。那年刘院长已是60多的老人了，他身躯魁伟，满面红光，步子迈得又大又快，大家在他后边稀稀拉拉快步加小跑才能跟得上，等他坐下来休息时，一个一个才能到齐。这时，他把观察到的四周景色，即景生情地向我们谈论一番。他很喜欢树木，对周围的树木从名称到特性、价值，向我们介绍。只要我们提出事情问他，他可以详细地引经据典，不厌其烦地答复，一说就会引人入胜；说到高潮，夹进句把四川谐语，这时连他自己也哈哈大笑起来。

我们跟他逛公园，倒不如说是去"赶集"，走路时我们得紧一阵赶一阵，半天来累得汗流浃背，回宾馆后还感觉疲劳。所以从那以后，再遇到放假的日子，我和老党提出单独行动。

有一天，刘院长带我们去旅顺参观博物馆。我们在旅顺一个高岗上，瞭望旅顺口，只见地势险要，易守难攻。刘院长转身突然问我："你看过《旅顺口》吗？"我答："看过，情况已记不清楚了。"他说："这个小说写得不错，反映了日俄战争中的一些战略战术观点。"于是就小说的内容，对照现地，指点着当年旅顺口战役双方争夺战争的情况来了。刘院长不仅精通我国的古代兵法"武经七书"，他对外国的军事思想和战略战术特点也是很注意研究的。

秋来了，渤海湾首先进入了凉风飕飕暑气消的季节。刘院长关心我们衣服带少了，叫秘书送来了毛衣。我们的译校工作完成了，拟订了给军委的报告，请示正式出版使用。刘院长为条令题了书名，规定了版本样式，排印字体，装帧规格，并要我们做好校对排印工作，不要功亏一篑。刘院长非常尊重和珍惜别人的劳动，他说：这本条令是军训部同志们初译的，在书面上要印"军事训练部译稿"，把"军事学院校译出版"印在下边。

（王文治）

"共同学习政治，各自钻研业务"

——刘伯承和胡奇坤

1957 年，我国社会主义改造的任务基本完成。为了适应社会主义建设的新形势，改变一些领导和干部不懂业务，不学习科学文化和技术，一味凭老经验办事的状况，党中央提出了干部要又红又专，毛泽东在中央全会上还专门讲了这个问题。但在相当一部分同志的思想认识上，还存在"什么是红，什么是专"、"红与专是什么关系"的问题。在这种情况下，胡奇坤想起了刘伯承曾多次在军事学院精辟地论述过红专问题，于是就以解放军报记者的身份，请求刘伯承发表一次谈话，帮助大家提高认识。

1957 年秋冬之交的一天中午，胡奇坤刚从南京军区政治部办公楼回家，南京军事学院给他打电话，告知刘伯承院长约他到住所谈话。晚饭后，他即按预定时间来到会客室。不久，刘伯承就进来了，笑容可掬地说："对不起，让你等了一会儿。"胡奇坤连忙感谢他能在百忙之中接受采访。

"你今年多大了？"刘伯承坐定后问胡奇坤。

"31 岁。"胡奇坤拘谨地回答。

"上过学吗？"

"上过一段时间。主要是在部队中学习成长的。"

"类似你这种情况，在我们干部中很多。"刘伯承很自然地转入了正题，"我们很多干部有丰富的军事斗争经验和政治工作经验，但是缺乏系统的理论修养，科学文化水平不高。过去打仗时冲一下还可以，现在就适应不了形势发展的需要了。你不是约我谈谈红与专的问题吗？我们就从这里谈起吧。"

刘伯承稍微停顿了一下，说："现在的任务转变了，我们的干部还是那个老样子，行不行？我们的干部现状，适应不适应新时期新任务的要求呢？中国人民解放军的成员绝大多数来自工农，这些同志在旧社会里，由于政治上无权，经济上无权，自然也就被剥夺了受教育的权利。参军时大多数是没有文化或文化程度很低，而军队现代化要求我们的干部，必须熟悉并掌握新式武器装备和现代化的军事技术，要求我们各级指挥员有较高的现代军事科学水平和文化水平。从我们现有的干部的科学文化水平来看，有了飞机、军舰和各种现代化技术装备，要掌握它们也是困难的，所以，党中央和毛泽东同志提出全党全军的干部，要适应新形势，努力学习科学文化，学习专业知识，提出了所有干部要做到又红又专。"

"为了解决军队老干部中这个普遍存在的问题，党中央和中央军委采取的一个重要步骤是首先创办一所综合性的陆军大学。军事学院开学不久，我们提出了两个口号：共同学习攻治，各自钻研业务，勉为政治家和业务专家。这两个口号的目的就是要解决干部的又红又专问题。"说到这里，刘伯承即兴挥毫题写了这两个口号，送给胡奇坤。他接着说："这两句口号是根据党中央、毛主席指示精神提的，'共同学习政治'，就是说，不论军事干部、政治干部以及各行各业的人，都要学习马列主义、毛泽东思想，以解决方向问题，即红的问题；'各自钻研业务'，就是要各行各业的（业务技术）干部战士，都熟悉本职工作，掌握本行业的业务技术，也就是解决专的问题。一个干部，如果不红，就没有目的，前进道路上就容易迷失方向。相反，一个人只有美好的理想和目的，不掌握专业技术，那就是空头政治家。以一个军事研究生为例，学好军事业务就是专，但你如果没有明确的奋斗目标，不知道为谁服务，那么，你学的战术、技术，就很成问题，甚至是很危险的了。所以，一个军事研究生，并不只是学好军事业务，政治学习同样应该重视。"

他分析了干部队伍的现状。以大量的事实说明解决干部又红又专问题的迫切性。他说："我在军事学院第二次党的代表大会上，曾经分析了目前我们干部队伍可以分为这样几种类型：第一类干部，是政治上能干，业务上能干；第二类干部，是政治上能干，业务上不能干；第三类干部，是政治上不能干，业务上能干；第四类干部，是政治上不能干，业务上不能干。这四种类型的干部说明，有的是达到又红又专；有的是只红不专；有的是不红只专；有的是不红不专。我们需要的是第一类又红又专的干部；然而目前这一类干部为数不多。"

　　如何解决干部又红又专问题呢？刘伯承一方面要求老干部振作精神，下苦功学习，争取在最短时间，达到又红又专；另一方面，他还强调老干部和年轻干部，知识分子和工农干部很好地结合起来。他说："老干部一般的说在红的方面好些，在专的方面，有丰富的军事斗争经验；但是缺乏系统的理论修养、科学知识，文化水平低。而年纪较轻，参军历史较短的干部，特别是全国解放初期参军的知识青年，很多人有着比较丰富的书本知识，但缺乏实际斗争经验。如果有文化程度而缺乏斗争经验的知识分子与有斗争经验的而缺乏文化知识的老干部结合起来，互相学习，取长补短，那么，就可以大大加速我们的干部队伍向又红又专方向前进的步伐。我军的一支又红又专的干部队伍，也就可望在最短时间内形成。"

　　刘伯承回顾了军事学院创办初期，解决老干部在红专问题上走过的许多坎坷不平的道路后，深有感慨地说："促进知识分子与老干部的结合也不容易啊！为了解决老干部学习军事专业的问题，因为当时没有教员，我们起用了一些原国民党军队的军官担任军事教员，我们一些老干部就想不通，说什么'俘虏兵成了我们的教官了'。我多次接见过担任教员的原国民党军队的军官，告诉他们，过去走错了路不要紧，改过来就行了，要求大家遵守共同纲领，在共产党的领导下，学习马列主义，认真改造思想，发挥专业特长，大胆教学，为建设正规化现代化国防军服务。对老干部学员，我们要求他们克服保守思想，虚心学习，尊师重道。为了解决老干部文化水平低的问题，我们招收一批知识青年当文化教员。我们有些老干部居然说什么'毛丫头成了我们的老师了'。我们又教育工农出身的干部学员要认识到，自己学的文字，是从识字牌上学到的，数理化还没有学精，要把学习文化看成是打开求学之门的钥匙。我们工农同志如果只会在政治经济上带头翻身，而文化上不翻身，不能掌握科学，不能以军事科学保卫祖国，那是非常不完全的，是适应不了新时期建军需要的。我们要求知识青年出身的文化教员，要下定为工农服务的决心，大胆教学，为提高干部的文化水平贡献力量。同时还要求他们从这些老干部身上学习解放军的优良传统，不断改造世界观，把自己锻炼成为一个坚强的解放军战士。"

　　说到这里，刘伯承饶有风趣地说："全国解放初期参军的那些知识青年，那些'黄毛丫头'厉害得很哪！开始，她们遇到一些老干部学员调皮，有的曾经哭过鼻子，但是党和上级支持她们工作，于是她们也就勇敢地挑起担子了，教学中敢管敢教，'执法如山'。就是这样'新兵蛋子'、'黄毛丫头'成了我们工农出身的老干部的良师益友，为提高我们老干部的文化水平作出了宝贵的贡献。真是'不打不相识'，'不打不成交'，也就在文化补习的教和学矛盾过程中，不少老干部和青年知识分子建立了深厚的革命感情，有的工农出身的老干部还和有文化的'黄毛丫头'在包教保学中，产生了爱慕之情，以至结成夫妻。"刘伯承幽默而又诙谐地说："这也可以说是一种红专结合吧！"这句话一脱口，他自己也畅怀大笑起来了。

正当刘伯承同志谈兴正浓，妙语横生的时候，工作人员走进来提醒说："下一个工作安排的时间到了。"刘伯承挥臂看了下表，歉意地摊开两手，无可奈何地说："今天的谈话只好到此了。"胡奇坤急忙站起来，敬了个礼说："首长忙，我不再打搅。"刘伯承同志站起来说："下次有机会再谈吧。"刘伯承一直把胡奇坤送到大门口，目送他远离后，才转身回去。

（初　雨）

刘帅古稀之年接见我

1962 年 5 月 6 日，由于《星火燎原》第九集中一篇重要文章的定稿须请示领导，李达同志特地领我去谒见了原第二野战军司令员刘伯承元帅。

我第一次见到他是在太行山上的清漳河畔，是在 1941 年秋季一二九师运动大会期间，我们鲁艺前方分校师生举办的美术展览会上。他从头到尾仔细地观赏和品评过我们的全部作品，亲切教导和勉励，至今还深深留在我记忆里。又一次是在著名的 1942 年 5 月反"扫荡"中，一天，在敌情十分严重的情况下，他和邓政委突然出现在我们新一旅指挥所里，说是要同韦杰旅长在一起安排跳出重围、抄袭敌后的妙计。果然，太行区那次反"扫荡"以我旅主力一部奇袭敌长治机场、烧毁四架飞机而告终。再一次是

1948年的夏天，那是二野主力刚刚从大别山转出来，正在河南叶县一带集结整训，准备中原决战的前夕。一天，他和邓政委亲自来到我们陈赓兵团的驻地——宝丰县境的一个柏树林子里，冒着酷暑和敌机的不断骚扰，为我们营以上干部作形势报告和战前动员。大别山的艰苦斗争生活，显然使两位首长消瘦多了。然而他们却依然神采奕奕，谈笑风生，充满着革命乐观主义精神，到会同志无不受到感染。但，所有这些，都是二十年前的印象了。今天竟然有机会受到他老人家的单独接见，怎能不感到荣幸并格外激动呢？

当天下午，我带着这些难忘的记忆，怀着极为兴奋的心情，跟我们的老"5号"（这是战争时期二野老参谋长李达同志的代号）一起驱车来到刘帅家里时，正是2点30分钟。这天一同前往的还有前一二九师的老参谋、中国人民大学教授王南同志。他是应邀前来帮助回忆情况、提供史实依据的。

这是一座古老的典型的北京四合院。一进大门，便看见刘帅已在正厅门口等待我们。他还是当年那种和蔼慈祥而又威武庄重的风度。只是比过去老了一些。见他老远就笑着走近来和我们握手，我的鼻子一酸，强制忍住了几乎掉下来的眼泪。

通过老"5号"的介绍，当他得知我们的来意之后，便侃侃而谈起来。他坐在正面那张长沙发上，随着对于当年各种战斗情景的回忆，他时而侧身靠在扶手上轻言慢语，时而又站起来用手比画着高声谈论。内容和涉及的问题非常广泛。他首先是谦虚地表示："文章由总政治部定稿好了，我没什么意见。"然后话题便从中印边境作战谈到南越战场上美帝的战术特点。说他昨天看到一份有关美帝在南越实行"三网"（谍报网、碉堡网、公路网）政策的材料，实际上都是日寇在中国用过的那一套，只不过武器装备比30年代的日本现代化了。说到这里，他特地嘱托李达要好好总结一下抗日战争时期在太行山上对付敌人的经验，这些东西对我们今后还是很有用的。谈到用兵方法，他风趣地说："我过去常说，'不管黄猫黑猫，抓住老鼠就是好猫'，打仗嘛，你摸过来摸过去，无非是要把敌人的脾气摸透，最后吃掉它！"接着他又着重阐明了"以散制集、以集灭散"的道理。强调有组织的"分遣、集结，集结、分遣"，否则就收不拢，形不成拳头。即便是将来的原子战争，也还是要用这种办法的。他还提出我们今后要好好研究未来战争的方向。说原子弹确实是并不可怕，只能说它是大规模的摧击性武器，不能说它是毁灭性武器，这是恐吓战术。民心士气很重要，把人吓坏了不得了。刘帅引经据典、深入浅出地谈了许多战略指导思想、战术原则和对未来战争的估计与精辟分析。他是那样的知己知彼、深谋远虑，使人听了茅塞顿开，惊叹不已。我深深被他那忧国忧民、为革命事业负责的精神所感动。心想，我们的老一辈革命家——刘帅，几十年来，南征北战，戎马倥偬，把全部精力都用到了中国人民的解放事业上，如今虽已年老多病，却还在为国家大事、世界大事日夜操劳。

一个钟头过去了，刘帅显然由于谈话过多以及情绪的激动有些倦意，便斜躺在沙发上稍事休息。这时刘帅的夫人汪荣华恰恰进来。见此情形，似乎想提醒我们谈话该结束了，但刘帅呷了口水，却又坐起来继续他的谈话，而且当话题转到中原逐鹿挺进大别山那段经历时，他好像又身临其境似的振奋起来，用手比画着渡汝河时敌我相遇的险恶态势。他说那时国民党在河对岸摆了1个师零1个旅堵截我们；后边又有3个师的兵力在尾追着我们，但河是非过不可，否则无路可走。在此紧要关头，我就给杜义德（六纵政治委员）说："狭路相逢勇者胜！"结果还不是打过去了?!打仗就是这样，看准了就打。两边都不想打败仗，那么就得靠一个"勇"字。既然我们从内线打出去了，就要打胜仗，才能争取主动。小平同志就屡次讲要"破釜沉舟"嘛！所以我们要一举插入敌人的战略纵深，千里跃进大别山！当时中央对大别山的斗争有三个估计：一是消耗了退出来；二是消耗了打圈子；三是消耗了站住脚。最后经过7个月的斗争，我们终于实现了第三个估计。

老"5号"怕他谈多了影响身体，便有意把话题岔开，询问了他的健康状况，准备告辞。他告诉我们他身体还好，只是前一段患肠炎，弄得身体有些虚弱，再就是由于一个时期以来《九评》的连续发表，天天看报，眼睛过于吃力发炎了。这样，连报纸也不能看了，后来就叫一个生活管理员念给他听。李达同志知道那个管理员文化水平较低，念报有困难，问他为什么不叫秘书念。他解释说这个管理员开始的确念不好，很多字还不认得，经过锻炼，后来就念得不错了。现在，日常文书都由汪荣华一个人帮助处

理，为了节省人力，就让秘书回总参谋部去了。

说到这里，我下意识地注意到了他穿的一身藏青色呢制服，原来是旧元帅服染成的。继而又环视了一下这间空旷的大厅，虽也窗明几净，却没有古玩，没有盆景，也没有地毯。除了西北两壁挂有两幅大型地图，屋子一隅摆着几张破旧的皮沙发外，其他什么也没有，至于对我们这些客人的招待，完全是老八路作风。包括他自己在内，既没有烟，也没有茶，每人跟前的茶几上只有一个军用搪瓷缸，盛着一杯白开水。看着这一切，不禁又把我带到那战争年代艰苦岁月的回忆里。他和广大指战员同甘共苦的动人情景，如同一幅幅电影画面闪现在我的眼前。谁能想到在解放 12 年后的今天，我们这些为中国革命著有特大功勋的老帅，仍然过着如此简朴而平常的生活。

刘帅的精辟谈话和他的谆谆教诲，使我们完全失去了时间的概念。李达同志抬起手腕看看表："嗬，已经 4 点 30 分，谈了两个钟头了！"他一边向我示意一边朝刘帅说："今天就谈到这儿，让刘帅休息吧！"于是谈话才算结束。告辞了，刘帅还拖着病体把我们送到大门外边，一直看着我们的车子离去。

回到编辑部，同志们都急不可待地要我讲述刘帅接见的情形。我激动得一句话也讲不出来，好不容易才说："同志们，谈话的内容以后另找时间给大家详谈，现在我只能说一句：今天的接见对我的教育太深了！使我终生难忘！"

（朱德炘）

不忘革命有功人
——刘伯承和徐宝珍

1969 年冬的一天，在寒风凛冽，到处贴满"炮轰"、"打倒"的大字报的北京街头上，走着身穿单衣的姊妹俩，大的叫陈文芙，小的叫陈文明。

她们来到接待站，怯生生地操着四川口音说明来意："我们是来找刘伯承元帅的，红军长征经过我们家乡的时候，他……"接待员看过她们的证明，冷冷地回答道："刘伯承已没资格住中南海了。"姐俩怔怔地站在那里，心一下子全凉了。

回到家乡冕宁后，她们向母亲提出了北京之行产生的疑问。

"不，那些事都是真的。"徐宝珍向女儿详细讲述了当年的事情：红军长征来到冕宁，刘伯承将军就住在她家，并问陈志喜，怎样才能顺利通过彝区。陈志喜建议红军做好当地彝族头人中最有威望的古基小叶丹的工作，并说自己和小叶丹是干亲家，可以叫人把他找来。不料小叶丹不肯前来，是陈志喜去向他传达刘伯承提出的"伤他一根毫毛愿意当中柱赔"的保证，才解除了小叶丹的顾虑，促成了刘伯承与小叶丹的"彝海结盟"。当晚陈志喜还在自己家里同刘伯承和小叶丹等人一起喝过鸡血酒。之后，被任命为抗捐军中队长的陈志喜，又积极协助小叶丹，推荐和挑选得力向导，一直护送红军到大渡河。分别时，刘伯承拿出20块银元，作为吃了陈志喜家一头猪、30来斤酒的款子，深情地说："现在红军经费很困难，够不够，就留下这点吧。"

"这一切，刘帅都可以作证的。"老人说到这儿，又为难起来：刘帅眼下处境也有困难，怎好再给他添愁呢？女儿们虽然理解妈妈的心情，但还是以大女儿陈文芙的名义给刘帅写了一封信。

陈文芙的信几经周折，终于转到了刘伯承手里。刘伯承听完信的内容，不顾身体有病，立即亲自口授，由夫人汪荣华代笔给四川省省委写信说："在红军长征中，我由会理奉毛主席命令任先遣司令，经四川冕宁强渡大渡河时，在冕宁大桥驿找到一个姓陈的向导。他原籍湖南人，他的父亲是石达开前队营的兵，对去大渡河道路很熟，旧时石达开打仗情形也很熟。他做向导对我们帮助很大。现接到冕宁陈文芙来信，自称是陈某的女儿，要求证实历史，但不知陈文芙是否陈某女儿。特将来信附上，请转冕宁县政府调查核实，适当处理。"

刘伯承的信转到冕宁后，当时的县革委不仅没有落实刘伯承的指示，反而在《关于中央军委副主席刘伯承处来函的调查情况及处理意见的报告》中作出相反的结论，说陈志喜"对革命没有任何贡献"，"不能做革命有功

人员对待"。

对此，徐宝珍和女儿们仍不灰心，坚持写信向刘伯承反映情况。刘伯承知道这个情况后很生气，他说：她父亲陈志喜给红军当过向导，是对革命有功的人。1978年7月3日，军委办公厅根据刘伯承指示，再次给四川省省委写信："请省委根据伯承同志的指示，派人调查核实，妥善处理。"

1978年秋天，陈家姊妹第二次来到北京，受到了军委办公厅的热情接待。刘伯承还派人到招待所看望她们。问她们有什么困难和要求，并说需要刘伯承证实的事，刘伯承都已经给证实了。随后，又带她们到中组部招待所，找到正在北京开会的四川省省委组织部孙部长，当面交代："关于你们父亲的问题，我们已托孙部长回四川给你们解决，有啥问题就找他。"还叫她们好好在北京玩玩，走时又留了个如何联系的条子。当她们心情舒畅地逛了几天北京城，准备返回四川的时候，军委办公厅又按刘伯承的指示，给她们买好车票，并带了300元钱，用小车送到火车站。

为了促使陈志喜问题的尽快落实，军委办公厅把情况转给了中央组织部。10月23日，中央组织部又以文件形式，给四川省省委组织部发出了相应的指示。

在刘伯承的亲自关怀下，冕宁县委经过重新调查处理，肯定陈志喜在促成"彝海结盟"和帮助红军顺利通过彝区的工作中，确实有重要贡献，起了向导作用，是对红军帮助很大的革命有功人员。徐宝珍和女儿们十分感动。

1980年11月的一天上午，县委一同志陪着两位客人到徐宝珍家。其中一位高个儿的中年军人，一见前来开门的陈家大女儿便说："我没猜错的话，你就是陈文芙吧。我叫刘蒙，来看伯母的。"正卧病在床的徐宝珍听说刘伯承的儿子来了，不顾病痛，撑着身子坐了起来。刘蒙快步上前，拉住老人的手，深情地说："伯母，我出差到冕宁，特意代表爸爸妈妈来看望你老人家。"他边说边坐在老人的床沿上，劝老人赶快躺下，天冷，别冻着。还亲手给老人往身上拉被子，问寒问暖，叫她多保重身体。老人望着眼前的刘蒙，回想刘伯承当年长征住在家里的情景，特别是十多年来刘伯承对自己全家的关怀，眼睛湿润了。直到刘蒙跨出卧室，她还在一遍又一遍地嘱咐："请回去代我问候你爸爸妈妈好！"为了表达对刘伯承的感激之情，老人专门挑选了一纸箱家乡产的薄皮核桃和上等甜梨，请刘蒙带回北京，交给刘伯承。

20多天后，一封信和一个包裹从北京寄到了徐宝珍手里，信是刘伯承夫人汪荣华写的："嫂子：你托刘蒙带给我们的东西收到，感谢你对伯承和我的问候。……我代表伯承送你一件衣料，表示我们对你的惦念之心……祝你健康长寿。"老人的眼睛又一次充满了热泪，她对儿孙们说："我们永远不要忘记党的恩情，不要忘记刘帅的关怀。"

（刘盛福）

"他已经当了国民党特务，我不能见他"
——刘伯承和乔茂才

抗战开始不久，国民党西安战区司令长官蒋鼎文，一天，把他部下一个叫乔茂才的高级参议叫到他的办公室，问道：

"听说你同刘伯承有旧？"

"是啊，是啊，本人过去年幼无知，一时误入歧途，中了共产主义的邪说……"乔茂才唯恐有什么灾难落在自己头上，忙不迭地忏悔过去。

蒋鼎文打断他的表白，单刀直入地说："这些都不必说啦。如今国共两党又携手合作，一起对付日本人嘛。我问的是你们之间的交往如何？"

这时，乔茂才感到上司并无恶意，而是要在他和刘伯承的旧关系上做什么文章，便添油加醋地说："民国15年，刘伯承在四川泸州搞暴动，拉起了1万多人的队伍，想搞共产党的武装。当时，鄙人是政工人员，常常在刘伯承的左右，交往嘛——甚密、甚密。"

"那很好啊！"蒋鼎文满意地摸着下巴，从抽屉里拿出一个大信封，递给乔茂才，"你看看吧！"乔茂才接过信封一看，颇有些受宠若惊的样子："啊，蒋委员长的亲笔信！"只见信封上写着"刘伯承亲收"，落款是"蒋中正"。

蒋鼎文狡猾地点点头，压低声音说："八路军的3个师，想盘踞在太行山，借抗日为名扩充实力。刘伯承正准备东渡黄河，向北挺进。对此，蒋委员长深以为虑……"

"那蒋委员长的意思是……"

"要扯断这3个师之间的联系！"蒋鼎文站起来，阴险地说，"先把一二九师拉出来，让他们过陇海路，转平汉线北上，到石家庄方向跟日本人交手……这样，无论是胜、是败，对党国都是有利的。"

乔茂才听后，不由得一惊："蒋委员长真是眼光宏大，深谋远虑……只怕刘伯承不吃这一套。"

"这就看你们的交情啰。"蒋鼎文伸了个懒腰，眯缝着眼说，"事成之后——蒋委员长定有重用。"

……

这天上午，乔茂才头戴礼帽，身穿细呢子便服，夹着公文包，踌躇满志地来到庄里镇——一二九师师部，傲慢地对值班参谋说："我是政府派来的高级参议，跟你们刘师长是至交好友。我要见他。"

值班参谋马上向参谋处李处长报告。李处长想，刘伯承同志早年参加辛亥革命，读过"重庆将弁学堂"，又曾在熊克武先生的部队当过团长，是川军中享有盛名的"常胜将军"，知道他的人一定不少，便很快走进里间，对刘师长说："有一个叫乔茂才的，想要见见你。"

"乔茂才，这个人我认识。"刘伯承一边念叨着，不由得回想起10年前，自己在泸州主持起义部队工作的时候，这个乔茂才曾经到部队里教唱过"打倒列强"的歌子，也领唱过《国际歌》。可在起义将要失败的时候，这位"乔老爷"就溜之大吉，不知去向了。眼下，虽然是国共合作、共同抗日，但也不能放松革命警惕。刘伯承同志对李处长说："我们10年没有往来了，他来干什么呢？还是先弄清楚他的来意再说吧。我暂时不好出面，你先去招待一下，跟他谈谈，就说我到前面部队去了，有什么事等我回来再说。"

参谋处处长会意地点点头，朝会客室走去。

师部的这间会客室，可真够简陋的：除了一张四方桌、三条长凳子外，没有其他摆设。这些，与那位不速之客讲究的服饰，显得很不协调。乔茂才性急地四下张望，迫切想见到故旧。他一看来了个"当官的"，立即起身迎上去，"热情"地伸出手，自我介绍一番："鄙人乔茂才，过去在四川认识刘师长。此次来贵师，想拜望一下，请代为通报。"说时拿出一张名片。

参谋处处长很客气地跟对方握了握手，落落大方地作了自我介绍。然后，机智地说："哎呀，实在不巧，刘师长到外面视察部队，到现在还没有回来。"

"那几时才能回来呢？"乔茂才有"重任"在身，急切求见的心情溢于言表。

"很抱歉。刘师长出发之前，没有说回来的日期。"参谋处处长一面察看对方的神色，一面委婉地周旋。

"这……"乔茂才碰了一个"软钉子"，不由得尴尬起来。可这位"乔老爷"毕竟是在官场上混了多年的老政客，颇有些应付场面的手腕。而且，他怀里装着"蒋委员长"的亲笔信，更感到腰板硬起来，干脆摊出了自己的"底牌"："处长先生，我这次来贵师，一是来拜访故旧，二是有公事相商。不知你可否转告刘师长？"

乔茂才满以为参谋处处长不敢为公事做主，便来了这么一招。可参谋处处长为人十分老练，他想，你乔参议远道而来，定是负有某种使命，便不紧不慢地说："这几天，刘师长正忙着到部队交代准备出征的事，行踪不定，一时很难找到他。乔参议如有公事，等刘师长回来，我一定转告。"

乔茂才原来的如意算盘是想直接见到刘师长，共叙"旧情"，待到酒酣耳热的时候，再拿出蒋委员长的亲笔信……可如今，也不知是主人真的不在，还是推托不见。他心里根本没有底儿。于是，只好"顺着梯子下楼"，无可奈何地打开公文包，取出那封信来，递给参谋处处长："请处长先生过目。"

参谋处处长打开一看，原来是蒋介石亲笔签署的一个命令，要一二九师经陇海路转平汉路北上，加入石家庄方向的对日作战……

乔茂才不愧是老奸巨猾的政客，他见参谋处处长在不停地思考，便假惺惺地说："贵师经过长途跋涉，爬雪山，过草地，吃了不少苦呀。这回，你们要是开到陇海线上，就可以先休息一段。嘿嘿……"

当时，虽然是国共合作，一起抗日，但我党保持了自己的独立性。凡是国民政府的命令，必须先经过朱总司令，才能下达部队。参谋处处长看到这份命令，没有朱总司令的签署，感到其中大有文章，马上警觉起来，对乔茂才问道："蒋委员长的命令，朱德总指挥看过没有？怎么我们没有接到八路军总部的指示呢？"

"没、没有……"口齿伶俐的乔参议，一下露出了窘态，有些张口结舌了。

"乔参议，这个命令还是等刘师长回来，你亲自交给他为好。"参谋处处长十分认真地说，并把命令退还给他。

"这……"乔参议呆呆地接过命令，不由得擦了擦额上沁出的汗珠。

为了表示礼节上的周到，参谋处处长又客气地说："乔参议既然来了，路上也很辛苦。我先给你找间房子住下，休息休息。我这就去找找刘师长，请他尽快回来。您看怎么样？"

乔参议出师不利，肚子里窝了一股火。但又不好马上离去，因为回去了也不好交差。而且，他心里还抱着一线希望：等见到刘师长再说。到时候，凭我的三寸不烂之舌……

参谋处处长对警卫人员关照以后，马上就回到里间，向刘师长汇报。刘伯承同志一边听，一边踱步沉思："嗯，'来者不善，善者不来'。乔茂才不是找我叙旧，而是要向蒋介石邀功请赏。"

说话间，刘师长又走到地图前面，比画着说："现在，我八路军一一五师已经到了灵邱、广灵、涞源、阜平、曲阳和行唐之间；一二〇师正在神池、宁武、朔县一带活动。"

稍停一会儿，他又熟悉地讲出了敌军的态势："日本侵略军在9月13日占了大同，以20万兵力沿着平绥、同蒲、平汉、津浦几个方向推进。日军十分骄横，不可一世。"说到这里，刘师长又转过身来，对参谋处处长说："照国民党这种打法，用不了几天，日本鬼子就会攻下石家庄和太原。我们师如果按照蒋介石的命令，加入石家庄方向作战，我们同一一五师、一二〇师的联系，就很容易被日本人切断。"

参谋处处长插话说："这么一来，我们师就会被迫孤军作战，不得不担任正面防御。而在目前，按我们部队的实际情况，恰恰应该尽量避开正面防御。"

"对!"刘师长将手中的铅笔往桌上一扔,严肃地说,"这是大阴谋!蒋介石要借日本人的刀来杀我们。哼,老子不上这个当啊!我要马上报告朱总司令。"

参谋处处长提醒说:"这个乔茂才怎么打发呢?"

"看来,他已经当了国民党的特务,我不能见他!过去我们虽共过事。现在,他是为蒋介石出谋划策,充当引我们上钩的钓饵。"刘伯承同志态度十分严肃,说话斩钉截铁,"国共两党谈判的时候,已经确定了的。对我军部队的指挥,一定要通过八路军总部。谁也无权越级下命令。蒋介石这么干,不符合这个协议嘛!至于那个乔茂才,我不理睬他,让他等着,等得不耐烦了,他就回去了。"

参谋处处长会意地笑了笑。

可那位乔参议,还在那里自作多情,准备等着和刘师长"叙旧"呐。

一天、两天、三天……时间就这样慢慢过去了,乔参议除了每天吃饭、散步之外,无所事事。可他还得耐着性子待着——因为蒋委员长还在等着听他的回音哩。

这样又过了些日子,乔参议实在耐不住了,又跑去探听消息。参谋处处长客气地回答说:"对不起,刘师长还没有回来。"

乔茂才一听,心里明白了八九成——刘师长就是不愿见他。他寻思着,要是再等下去,更是自讨没趣。为了好下台阶,就对参谋处处长说:"我还有要事在身。等刘师长视察回来以后,我再来拜访。"

参谋处处长顺水推舟说: "既然乔参议有要事在身,我们就不好留您啦。"

乔参议还是穿着他那一套细呢子便服,戴着礼帽,夹着黑色的公文包,灰溜溜地返回去"述职"了。他是怎样向那位蒋委员长交代的呢?旁人是不得而知的。

但是,八路军一二九师,却早已在刘伯承的率领下,按照党中央的原定计划,浩浩荡荡,东渡黄河,沿同蒲线向北挺进,开辟根据地,抗击日本侵略军去了。

(陈石平　张茂峰　康景海)

革命的忠诚伴侣

——刘伯承和汪荣华

如果把人的记忆比作录音磁带，红军艰难而壮丽的二万五千里长征，在我的心目中录下了多少可歌可泣的动人乐章呵！其中印象较深的就是，刘伯承和汪荣华那艰苦的长征岁月中，在和张国焘分裂主义的斗争中的一段往事。

一

那是 1935 年 6 月的一天，高原上金色的阳光，映着蓝天，映着亮晶晶的雪山，映着开满野花的草地，映着杂谷垴小镇欢腾的街道。怎能不欢喜呢？从春天我们红四方面军打过嘉陵江，就看到墙上贴着的宣传画：两个形象高大的红军热烈地握手，象征着红四方面军打过嘉陵江配合中央红军北上。广大指战员盼着与中央红军会师，就像盼星星盼月亮似的。如今，我们不仅在懋功胜利会师了，而且党中央还派中央代表团来慰问我们。当我们接到通知，兴奋和激动得几乎一夜没睡着觉。清早，我们机关和部队的同志们便排着整齐的队伍走出街头来到杂谷垴河边，夹道迎候着中央代表团的到来。

来了，来了！中央代表团的十几位同志在人们的欢呼声中走来了！其中，最引人注目的是头发花白、具有学者风度的林伯渠同志和戴着眼镜、英姿勃勃的刘伯承将军。特别是刘伯承，他那"川中名将"的声誉和传奇般的故事，早已广为流传，令人崇敬。如今，我亲眼见到了他，而且距离这么近，看得这么真切，我怎不感到兴奋和荣幸！欢迎的人们高呼着"热烈欢迎中央代表团"的口号，鼓掌呀，跳跃呀，就像杂谷垴河中欢腾的浪花。

"那位戴眼镜的代表是谁?"

欢迎队伍中,一个女同志低声地问我。我回头一看,原来是川陕省邮政局副局长汪荣华。

我竖起大拇指回答她说:"不认识吗?他就是赫赫有名的刘伯承总参谋长!"

汪荣华注目看着刘伯承从她而前走过。她和我们大家一样,眼里充满了战士对一个很有威望的首长的尊敬和爱戴。

这是汪荣华在欢腾的人群中第一次见到刘伯承。而这位杰出的红军领袖,就这样给她留下了印象。那时候,谁都没想到,这位大别山的茶山姑娘,后来会成为刘伯承的忠诚伴侣。

二

1936年夏天,第二次过草地的时候,行军途中,刘伯承看到一些病号走不动路,他总是把自己的马让给病员同志骑。有一天,汪荣华掉队了。伯承同志看到她行走很难,便让她骑自己的马。荣华怀着感激的心情辞谢了,首长的关怀却鼓舞着她加快步伐赶上了前进队伍的行列。

草地露营的一个月明之夜。草尖上,露珠儿亮晶晶的。我和黄兴正同志以天作被,以草作毯,背靠背地躺着。突然,他激动地转过身来,悄悄地对我说:"今天,我送了一封特殊的信。"什么特殊的信呢?我让他详细地讲一讲。于是他高兴地告诉我:"宿营后,刘总参谋长处理完公事,就磨了一盘浓墨,提起笔,工工整整地写起蝇头小楷来。我以为他又在抓紧时间练书法哩。他一连写了好几篇,叠起来,装进信封里。然后嘱咐我一定要当面交给汪荣华。我感到这是一封不寻常的信,立即跑步送去。汪荣华拆开信一看,脸就红了!"小黄说到这里停下来,我连忙问道:"她回信没有?""没有。"小黄说完,一转身就呼呼入睡了。

对汪荣华同志,我是比较了解的。早在1933年春天,在鄂豫皖苏区皖西北道委召开的共青团代表大会上,我就认识了她。这位淳朴、美丽而又聪明的少女,那时虽然才15岁,却已当上了英山县共青团的代表。以后,在鄂豫皖的行军作战中,在1932年反四次"围剿"转移的西进中,在创建

川陕革命根据地的斗争中，在长征中，她都给我留下了深刻的印象：忠诚老实，吃苦耐劳；工作负责，作战勇敢。打仗的时候，她是红军战士；发动群众的时候，她是宣传员。她在枪林弹雨中抢救过伤员，也在川陕苏维埃省政府当过邮政局副局长。只要是革命的需要，她都愉快地去干，从不计较个人的名利得失。伯承通过与荣华一年来同甘共苦的革命斗争和工作接触，对荣华有了深刻的了解，所以才提出了这个问题。

我多么希望汪荣华尽快地给刘伯承一个满意的答复。因为，尽管红四方面军又北上了，但张国焘却仍然想方设法排斥和打击刘伯承，一个人在艰难的岁月中，多么需要同志、知己、亲人的支持、鼓励和安慰啊！我热切地等待着他俩的喜信，默默地为他们祝福。

三

雪山再高总有顶，草原再宽也有边。1936 年 8 月，我们终于走出了茫茫草地，来到了山明水秀的甘南。在这金色的收获季节里，军中不时传来喜讯。有从保安传来的喜讯，有从兄弟部队传来的喜讯，还有我们自己的战斗捷报。在这喜报纷飞的时候，我所盼望的那一个喜信终于飞来了。那报信的喜鹊，当然是和我无话不谈的小黄。

那是一个霞光灿烂的傍晚，我正在清源河边洗衣服。突然，黄兴正同志来到我的身边，兴奋地对我说："她同意了，同意了！瞧，他俩正在河边散步谈心哩！"

我抬起头来，透过霞光看去，在那五彩缤纷的晚霞里，在那波光粼粼的清源河旁，正走着伯承和荣华。那金色的田野，欢腾的清源河，也仿佛在为他俩祝贺。他俩走着，谈着。他俩到底谈了些什么呢？直到 40 多年以后，我写这篇回忆录，去找汪荣华同志补充材料时，她才透露了当时的一些情况。

原来，正像年轻姑娘们接到求爱信那样，19 岁的汪荣华，也是又激动，又有点害羞。过去，她也曾听人讲，刘伯承同志精通兵法，能征善战，才华横溢，学识渊博。特别是她调到总参谋部四局以后，通过一年来的亲自接触，她感到伯承同志平易近人，诚实朴质，办事严谨，品德高尚。在万里征途中，能遇上这么一位知己，她从心里欢喜。然而，她也有些顾虑。自己是一个普通农家的女儿，只读了一年私塾，两年洋学堂，14岁就当了红军，参加革命以后，经过实际工作和斗争的锻炼，虽然有所提高，但比起刘伯承同志，不论资历和学识都相差得很远，和他结成伴侣合适吗？因此，他俩第一次相约在河边散步时，她就把心里的话掏了出来。刘伯承同志听了以后，爽朗地笑了。他说："这有啥子关系嘛！我家也是穷苦农民，祖父还当过吹鼓手。为此，我考秀才被县官赶出了考场。正因为我们穷，活不下去，才起来革命，才走到一起来了。只要我们有共同的理想，志同道合，就能结成革命伴侣，永远战斗在一起，白头到老！至于文化知识水平低一点，可以学习嘛。你自己努力，我尽力帮助你。"

听到这样推心置腹的话，荣华心中的顾虑烟消云散了。在这次散步中，他俩还谈到了和张国焘的斗争。刘伯承同志愤慨地说："张国焘这个人，为了征服我，要我拥护他的反党罪行，对我采取软硬兼施的手法。软的时候，他可以流着眼泪给你说好话。其实，这是猫儿哭耗子，假慈悲。硬的时候，他威胁要挟，咄咄逼人，甚至狂言：'我要不看你是南昌起义的参谋长，就把你杀了！'我不理睬他这一套，他就要撤我总参谋长的职，叫我到红军大学当校长，实际上是当个教员。我是带兵打仗的人，敌人的千军万马都不怕，还怕什么排斥、打击、撤职、杀头么?！"

刘伯承在党内斗争中的原则性和高尚品格，深深感动了汪荣华。能和这样的人结成伴侣，她从心里感到幸福。在同张国焘的错误作斗争的艰难岁月中，特别是当刘伯承被撤掉总参谋长职务以后，她紧紧和他站在一起，真心实意地支持他，鼓舞他。

当他俩从河边回来时，汪荣华对刘伯承说："你眼睛不好，给我写信还用毛笔写那么工整的小楷，多费眼睛呀！"

刘伯承诚恳地说："生平第一次写这样的信，当然要严肃认真啰！"汪荣华回忆起这段情节时，她笑了。

四

自从在清源河边谈心以后，他俩的关系更亲密了。在艰难的长征路上，

在繁忙的军旅生涯中，刘伯承一有空隙，就抓紧时间读书、看地图；同时，还帮助汪荣华学军事、学政治、学文化。对我们这些参谋学文化，也抓得很紧。

有一次部队行军大休息时，同志们都在休息、喝水、吃干粮，可伯承却从自己随身携带的皮包里拿出一本外文书，坐到路旁的石头上，认真地阅读起来。

我说："参谋长，您还是休息一会儿吧！您除了行军打仗，就是工作、学习，难道就没有什么其他嗜好吗？"

刘伯承闪着他那明亮的眼睛，风趣地回答说："我的嗜好就是读书！"

我吃惊了，把读书当成一种嗜好，我还是第一次听说。

刘伯承看着我吃惊的表情，不禁笑了。他耐心地说："读书，开卷有益嘛！我们是红军，要打胜仗，要讲究谋略，讲战略、战术，就得多读书，多研究。孙子兵法、三国演义、史记、汉书，我们都要读，要研究；苏联的、欧洲的，美洲的军事著作，我们要读，要研究；马克思、列宁的书，我们要读，要研究；科学、外语、文化书，我们也要读，也要研究；甚至反动派的书，我们也要研究咧！你不研究敌人，怎么战胜敌人呀？"说到这里，他看了看我和汪荣华，又语重心长地说："特别是咱们这些放牛娃儿、采茶女儿出身的人，不是嫌自己没有文化吗？要加油学呀！不然，将来革命成功了，叫你建设社会主义、共产主义，你不懂科学文化，拿什么去建设呀？"

从那以后，我们开始注意学文化了。我发现，刘伯承对汪荣华的学习要求很严，抓得很紧；汪荣华学习的劲头也比过去更大了。比如：刘伯承要她学习语文，注意"广看、精读、多写"；学习书法注意"间架笔姿"，"临帖认真，持之以恒"。汪荣华在这些方面均有显著提高。

40多年过去了，在全军向着国防现代化进军，大力开展学习科学文化的今天，想起刘伯承同志当年的话来，还觉得那么新鲜，那么亲切。

五

1936年中秋前后，全军沉浸在三大主力军即将会师的欢乐之中。在甘南成县曲子镇的一个月明之夜，刘伯承和汪荣华结婚了。他俩的爱情，就像天上那圆圆的月亮，穿过长征路上万里风云，闪射出皎洁的光辉。

结婚后不到一周，党中央就来电要刘伯承去保安。刘伯承将军和汪荣华并肩踏上了新的征途，去陕北保安接受党中央新的战斗任务。

拂晓，部队沿着山沟疾速行进。刘伯承在部队的前面。走着走着，前面突然传来一阵枪声。有情况！先头部队和敌人接火了！刘伯承立即指挥部队投入战斗。汪荣华和小黄紧跟在他身边。突然，一架飞机从他们头上呼啸而过，紧接着一声轰响，炸弹在他们身旁爆炸了！浓烟滚滚，烈火腾空，弹片横飞！刘伯承和汪荣华这一对从艰苦征途和严酷的政治斗争中走出来的患难夫妻，如今又在这危急万分的战场上生死与共。

汪荣华从浓烈的战火硝烟中抬起头来，拍掉头上的尘土，睁大眼睛一看，啊！伯承负伤了！身边一摊血！立即含泪为他包扎伤口，并叫小黄去找担架和马匹。

"不要紧，打仗挂彩，乃兵家常事！"刘伯承镇定自若地摘下眼镜，擦着镜片上的尘土，安慰着她。

汪荣华点了点头，为他包好了伤口，低下头来，才发现自己的腿部也负了伤，她悄悄转过身去，为自己包扎。

刘伯承微微抬起身来，抚着荣华的伤口，深情地说："革命，没有不流血的。现在我们俩都负伤了，还得忍着伤痛，坚持前进！不能停下来，我们还面临着敌情。"

刘伯承临危不惧、勇敢沉着的精神，和那闪着智慧和哲理的语言，鼓舞着汪荣华。尽管伤痛，他俩却互相搀扶着，一步一步向前迈进。刘伯承坚持着一面走，一面指挥部队。他俩艰难地向前走了几十米，前面出现了一个陡峭的山坡。汪荣华咬着牙往上爬，可是她那负伤的腿，怎么也使不上劲。就在这时候，一双有力的手伸过来了。这是刘伯承的一双大手。他忍着臀部的伤痛，用双手把她托了上去。她在坡上站稳了脚，立即回转身，伸手使劲地把他拉了上来！就这样，他俩互相搀扶着，一步一步，终于爬上了陡峭的山坡，来到了山冈上的林子里。

这时，警卫员黄兴正带着担架队员和马来了，部队也赶上来了。汪荣华扶刘伯承上了担架，自己才骑上马，跟在担架后面，缓缓行进。满山火

红摇曳的枫叶，似乎在向这一对经过生与死、血与火洗礼的革命伴侣欢呼致敬，又像在为英勇的红军翩翩起舞。

（陈明义）

"太行是老大，不能带这个头"
——刘伯承和刘太行

一天下午，刘伯承正在办公室批阅文件。

"叮……"清脆的电话铃响了起来。刘伯承拿起听筒，里面传来了夫人汪荣华的声音。

"有件事想和你商量商量。"汪荣华的口气十分谦和。

"什么事。"刘伯承的声调有些严肃。因为一般情况下，老伴从不在办公时间打搅他。今天她打来电话，肯定是要他办什么事。

她犹豫了一下，嗫嚅地说："太行今天回来了，他和媳妇商量好了，近日要结婚，现在没有房子。他们说，咱们的一间储藏室能不能腾出来，让他们暂住一段时间。等有了房，他们再搬走。"汪荣华一口气说完了。

"不行，咱们早就定好了的，孩子工作了，结婚一律在外面，不准在家，太行是老大，不能带这个头。"刘伯承十分坚决地回答。

汪荣华放下电话，不由得想起一些往事。

那是在抗日战争时期，她生了第一个孩子。当时，刘伯承正率领八路军一二九师在太行山一带开展敌后游击战争，抗击穷凶极恶的日本侵略军。当地人民群众被充分发动起来，出现了"母亲送儿打东洋，妻子送郎上战场"的抗日高潮。想起这一幅幅壮丽的图景，刘伯承同志兴奋地说："就叫太行——刘太行。"太行，多好的名字啊，愿他像太行山一样高高耸立，威武不屈；像太行山一样，永远生活在中华民族的怀抱。

转眼到了1946年，太行渐渐长大了，刘伯承亲自教他认字、写字、学算术，给他讲革命道理。可是，当时刘伯承担任着晋冀鲁豫军区的司令员，要管的事情多着呐，工作是非常繁忙的；再说，孩子长大了，也该上学了！

不久，刘太行就高高兴兴地背着小书包，到武安县一个小学念书去了。他和普通的农村孩子一样，坐在破旧、简陋的课堂里。课桌是用土砖搭起来的，只有很少几张是早已破损的木桌子。坐的椅子全是石头块和土砖堆成的，上面垫了些木板或麦秸秆。

开学的时候，学校的老师对大家说："同学们，我们的国家正处在十分紧要的关头，共产党领导人民开展反蒋独裁的斗争。在我们太行山，刘伯承将军带领队伍，天天都在前方打仗、流血，保卫解放区。今天，我们坐在这里念书是很不容易的。大家要发愤学习，力求进步。"

刘太行细心地听着，他联想到爸爸正在前方指挥作战，千千万万个解放军叔叔正在火线上英勇杀敌，他暗暗下了决心：要牢记爸爸的话，好好读书，争取进步。

刘太行说到做到，他和穷苦同学一样穿着粗布衣，吃一样的饭食。上课的时候，他坐得端端正正，认真听课，遵守课堂纪律，一点儿也不闹"特殊"。下课了，他和大家一起玩捉迷藏、老鹰抓小鸡、打"老蒋"等游戏。有时候，同学之间难免发生一些小别扭，但刘太行从不斗气，更不因自己是司令员的儿子而盛气凌人、强词夺理。

由于刘太行牢记爸爸的教导，严于要求自己，一直和同学们相处得很好，学习成绩也很出色，但老师和同学们谁也不知道他是刘伯承的儿子。

刘太行读书的地方是武安县，他爸爸的驻地在冶陶镇。两个地方相距20多里。平时，太行就寄住在学校和老乡家里。只有星期六下午才回家一趟。

回想完这一段往事，汪荣华觉得内心平静多了。是啊，照一般人看，当了大官特殊一点，弄间房子，把长子的婚事办得体面些，似乎无可非议。可我们是共产党人，打天下是为人民，为大众，万万不可以谋私利。她微微一笑，对守候在身边的儿子摊了摊手，说："没办法，我知道，说了你爸爸也不会同意的。真的，这是你爸爸定的家规，我却明知故问，这不碰了钉子！"

从小就在爸爸身边长大，经过风雨漂泊的儿子太行，并不生气。他本来想，爸爸妈妈的卧室、客厅自己是不能占用的，但储藏室又脏又黑，恐怕问题不大。结果，爸爸也不同意，这说明爸爸从严律己。国家处在刚刚

恢复时期，高级领导干部的子女，也该自觉才是。于是，他主动做好未婚妻的工作，不在家里办喜事，另选了一处新址。当时，一些跟随刘伯承多年的同志很不理解，在生活会上给他提了意见，说："首长太不近人情，子女结婚是大事，暂住一下家中的储藏室都不让，太过分了吧。"

刘伯承笑着摆了摆手，说："同志们，我先给大家讲个故事好吧。你们知道清朝的八旗子弟吗？他们都是些皇亲国戚、公子王孙。老一辈得江山后逐渐腐败起来，小一辈更是花天酒地，醉生梦死。他们有的提笼玩鸟，有的问柳寻花，有的吸食鸦片。即使其中有个把跻身仕林，也是如狼似虎，搜刮民脂民膏，搞得处处冤狱，遍地饿殍。大清王朝后期，腐败得不可收拾，和这些败家子有一定的关系。"

说到这里，刘伯承的话锋一转，说道："我们是共产党人，我们的孩子是革命的后代，是国家的主人，也是普通的人。我的住房是国家给我的，供我学习办公之用，孩子成人之后，就是社会的一员。他们再住我的房子，就情理不通了，那只能说是靠我，靠军政委员会主席这个父亲，才有房子住，试问老百姓能行吗？什么叫特殊？这么办了就叫特殊，群众知道了，就不服你共产党的气，就不服你刘伯承的气，你说的话，鬼才会听。"

（陈石平）

"我所希望的，就是看到你成长为
一个能够克服困难的人"
——刘伯承和刘蒙

岁月流逝。随着年龄的增长，刘蒙逐渐体会到父亲的爱是多么深沉，对他的教育是多么深刻和重要。他埋怨自己小时候太不懂事，太顽皮了，对这一切领悟得竟然这样的迟。

从书法、文学、历史到为人的准则和思考问题的办法，刘伯承都给过刘蒙很多教育。

"吴下阿蒙"

刘蒙解放初期出生在南京。刘伯承希望他长大成为国家的有用之才，有感于三国东吴名将吕蒙奋发上进，被称为"吴下阿蒙"的典故，给刘蒙取名"阿蒙"。刘蒙在南京度过了幸福的童年，对那里的一切都很熟悉，感到亲切。

1967 年春天，刘伯承在南京治疗眼疾，刘蒙随后也来到这个阔别了 10 年的城市。暂时摆脱开纷乱的"文化大革命"的困扰，重新回到童年时居住的地方，来到父母的身边，使刘蒙仿佛又回到了天真无邪的孩提时代。

来到爸爸身边，爸爸就成了刘蒙的老师。在那个"焚书坑儒"、学业俱废的狂热年代里，他又做学生了。当时，刘伯承给他规定的两门主要功课，一是古文，一是书法。

刘伯承经常对刘蒙说："一年之计在于春，一日之计在于晨。"所以刘伯承每天早上五点钟起床时，总要同时把刘蒙叫起来，让刘蒙背书，习字。

那时，刘伯承的视力已经不好了，但他的记忆仍十分准确，他青少年时期读过的《古文观止》，几乎是篇篇能背。每天早饭后，他都要检查刘蒙背书。由于刘蒙不用功，很怕检查，就把检查叫做"晨关"。每当早饭后，汪荣华告诉刘蒙刘伯承叫他去的时候，刘蒙总要做个鬼脸，对妈妈说一句："'晨关'难过啊！"

有一天早晨，刘伯承指定刘蒙背《辨奸论》。刘蒙觉得这篇文章太难了，怎么也背不顺。于是预先想好了一个借口，就跑到树林子里去玩，直到吃早饭的时候才回来。结果那天的"晨关"，刘蒙怎么也过不去，就只好用事先准备的托词，对刘伯承说："《辨奸论》是苏老先生影射王安石的。王安石主张革新、变法。所以这不是一篇好文章，我不想背它。"

说完之后，刘蒙又有些后悔。刘伯承虽然视力不好，但刘蒙仍然感到爸爸的眼睛一下子就把他看穿了。刘蒙心虚地看着爸爸宽阔的前额，想不出刘伯承将会怎样批评他。

不料，爸爸并没有揭穿他的"鬼心眼"，却沉静地对他说："你从小就想做个勇士。在北极阁山上乱跑，说要打狼。你现在大了，应该懂得勇敢就是不怕困难，勇者不惧嘛！只要你不怕困难，半个小时后，一定能背

下来。"

刘蒙这个人就是这样，如果有什么事，别人说我不敢干，我就偏要干，有点"二憨子"脾气。大一点之后，听叔叔、阿姨们说，爸爸在战场上很勇敢，所以他也最佩服勇敢的人。听到爸爸鼓励他要勇敢，不怕困难，就回到屋里，专心致志地念了半个小时，终于把《辨奸论》背得烂熟。

晚饭后陪爸爸散步，是刘蒙最喜欢的事情。每逢这时，刘伯承总是给他讲些历史人物、故事和自己的经历。那天晚上，刘伯承对刘蒙说："一个人光勇敢还不行，还要有谋，很深的智谋。"

随后，他给刘蒙讲了自己年轻时的一件事情。那时刘伯承刚从蜀军将校学堂毕业出来当排长，一次在綦江一带打仗发现敌情后，还没有把一排人组织好，就自己一股劲儿往前冲。和敌人接了火后，才发现身边只跟上了四五个战士。等其他人赶到，敌人早跑掉了。由于有勇无谋，没有完成歼灭敌人的任务。

"'谋'是靠多想而来。"刘伯承接着对刘蒙说，"比如说，认识问题的过程，首先是深入调查研究，了解客观事实的真相，其次是站稳正确的立场，以唯物主义的观点、辩证的方法，去分析问题，深思熟虑，揭示事物的本质和规律。"停顿了一会儿，刘伯承问刘蒙："你知道我为什么要你学习《辨奸论》吗?"

刘蒙没有认真考虑，就顺口把刘伯承常说的话重复了一遍。"取其精华，去其糟粕。"

刘伯承笑了，进一步问："你具体说说取些什么呢?"

刘蒙把《辨奸论》从头到尾想了一遍，还是有些茫然，不知是否应该回答为"为了今后识别坏蛋"。这时，他感到爸爸扶在肩上的大手是那样有力，再不敢信口乱说了。只好转过头，如实告诉爸爸："我没有好好想过。"

爸爸和蔼地说："阿蒙，以后学习每篇文章，都要多想。让你学习《辨奸论》，是要你学习细致地观察问题和把握事物发展规律去认识问题的方法。"

从那以后，"事有必至，理有固然，惟天下之静者，乃能见微而知著，月晕而风，础润而雨"，就深深刻在刘蒙的脑子里了。

又过了几天，也是在一次傍晚散步的时候，爸爸给刘蒙讲了西汉开国谋臣张良的故事。

张良非常痛恨秦始皇，想以匹夫之勇，去暗杀他。于是找了一个大力士，趁秦始皇出游的机会，用一个上百斤重的大铁槌狙击他。结果没有成功。秦始皇严令全国，捉拿张良。张良只好改名换姓躲藏起来。黄石公见这个青年有才，有心教他本事。但是认为他首先需要磨掉那种少年刚锐之气，今后才能成就大事。所以，有一天黄石公坐在桥头，故意把鞋子丢到桥下，让张良给他拾上来，穿好。张良那时是个逃犯，不敢再惹是生非，只好忍气吞声，按老人的吩咐做了。黄石公觉得张良懂得了忍耐，是可教之人，就传给他一套有名的讲谋略的书，叫《三略》。后来，张良努力学习，成了汉高祖刘邦主要的谋士，帮助他打下了江山，被封为"留侯"。

讲完故事的第二天，刘伯承就让刘蒙学苏东坡的《留侯论》。他一字一句地给刘蒙解释，还重点给刘蒙讲解了："匹夫见辱，拔剑而起，挺身而斗，此不足为勇也。天下有大勇者，卒然临之而不惊，无故加之而不怒，……忍小忿而就大谋。"

刘伯承批评刘蒙说："你的'二愣子'脾气，不是勇敢，而是鲁莽。真正的勇敢，不论遇到什么困难，都不畏惧它，并且能够冷静地想出办法，去克服它。"说完后，爸爸送刘蒙四个字："智深，勇沉。"

在南京那段时间，刘伯承不仅教刘蒙学习古文，提高文化素养，更重要的是教给他认识问题和处理问题的方法。如今想起这些，刘蒙也像许多孩子一样，觉得"我的爸爸是世界上最好的爸爸！"

海滨夏雨

1978年夏天，刘蒙有机会重返北戴河——这十几年前来过的海滨城镇。

它那如涛的松林，金色的海滩，凌空翱翔的海鸥，浅滩啄食的小鸟，还有那海面上粼粼的碧波，无不使他回想起小时候在这里度过的时光。60年代的一个夏天，刘伯承到北戴河开会，刘蒙放暑假也跟着来到了这里。临来前，妈妈让他订了一个暑假计划，上午学习、游泳，下午帮助家里劳动。但是那次北戴河之行，最大的收获却在这计划之外。在和刘伯承共同生活的这段日子里，刘蒙看到了爸爸对同志、对人民那颗太阳一般火热的心。

那年的一天傍晚，沿着海滩散步，刘伯承、汪荣华和警卫员在前面走，

刘蒙踏着爸爸在沙滩上留下的脚印，模仿着爸爸的样子，时快时慢地跟在后面。有时他停下来，站在正要被晚潮浸没的滩边玩水，直到听见妈妈的呼唤才又跟了上去。

他们走了很远，到了戴河口。那里有几家渔民，刘伯承在他们的门前住了步，顺便拐到他们家里去做客，和渔民聊天。刘伯承和他们从鱼的产量谈到收入，从家里的住房谈到孩子念书，无所不聊，非常亲切。

可是刘蒙坐在旁边，觉得一点意思也没有。心想："爸爸平时对时间抓得那么紧，即使休假，也是每天很早就起来，在院子里朗读外文，直到深夜还伏案读书。可是他一遇到渔民或其他群众，就有老也说不完的话。"

这时，一位渔民走到刘蒙身边，给了他几个好看的贝壳。他很高兴，说了声谢谢，就拿着贝壳到门口的沙滩上堆沙垒去了。一个人玩得蛮有兴趣，直到天上布满了星星，还听见屋里传出忽高忽低的对话的声音，和爸爸那特有的朗朗的笑声……

刘蒙一边回想着往事，一边走着，不一会儿，来到了以前住过的那幢老房子门前。他看见门窗紧闭着，只好围着它转一圈，在外面看了看。

穿过后院，又绕到了前门。这时，刘蒙想起了那年一位叔叔给他讲的故事。1940 年，日本鬼子大"扫荡"，刘伯承在率领指挥部行动的路上，遇见了医院的伤员正在吃麦粥，非常心痛，就让警卫连的同志用司令部的米做了一些饭送去，并亲自给伤员布置了转移路线。夜深后，刘伯承想起那些伤员，还是放心不下，怕给伤员带队的同志不熟悉路途，怕伤员们行动吃力，临时又派出骑兵连去护送他们转移。骑兵连出发前，刘伯承把连长叫到身边，再三叮嘱："不要让伤员同志受惊，离他们一二里的地方就要下马，跑步去通知他们。"

讲完这个故事，那位叔叔感情深沉地说："你爸爸关心同志是无微不至的，他不仅是一位爱护士兵的元帅，更是一位热爱人民的革命家。"

听完这个故事，几天后，一个雷雨的夜晚，爸爸的言行给刘蒙留下了永生难忘的印象。

北戴河是一个有名的落雷区。那天深夜，刘蒙被雷雨从梦中惊醒。天上闪过一道道的白光，雷声，雨声，涛声交织在一起，发出震耳欲聋的轰响，十分吓人。刘蒙用被子盖着头，心里还有些害怕。就下床来，想把门锁上，把窗帘拉上。

就在这时，他忽然看见爸爸穿着雨衣，冒着雷雨，急急忙忙大步走了出去。他心里纳闷，深更半夜，下这么大雨，爸爸一个人到哪儿去呢？

他把脸贴在玻璃窗上向外看，黑漆漆的，什么也看不见。一道闪光划破了夜空。借着它的光，刘蒙看见爸爸拉着哨兵叔叔的手，往屋里走来。

他想，一定出什么事了。就赤着脚，轻轻地跑到门口，从门缝往外看，只见爸爸和哨兵叔叔一起走进了过厅。

爸爸用手扶着哨兵叔叔的肩膀，对他说："小鬼，这么大的雷雨，你在树底下站岗太危险啦！今晚就在屋里站岗吧！"

"首长，我的岗位是在外面……"

哨兵叔叔还没有说完，爸爸就说："那——今天晚上，我给你一个新的任务，命令你在屋里站岗。能完成任务吗？"

"能！"哨兵叔叔轻声而有力地回答了一个字。

"好！"爸爸脸上露出了满意的笑容，拍了拍哨兵叔叔的肩膀说："明天早晨我去找你们连长，告诉他这个任务是我交给你的。"

爸爸走后，哨兵叔叔望着爸爸雨衣上洒落在过厅里的水迹，脸上的雨水和泪水溶在了一起。

此情此景，使刘蒙幼小的心灵也感到了一股强大的力量在涌动。他回到床上，再也不怕闪电和雷鸣，决心做一个像爸爸一样勇敢和关心同志的人。想着，想着，不觉又进入了梦乡。

第二天一早醒来，才知道，隔壁院里一棵高大的松树，昨夜果然被雷电击中，竟削掉了大半个树冠！

追忆着往事，时间过得真快。皓月当空，把松林间的道路照得发白。这时刘蒙看了看表，已经是半夜 12 点了，就慢慢向回走。刘蒙想起爸爸在给他的一封信里的一段话：

> ……工人阶级有他的是非，在这个基础上产生了他强烈的爱和恨。……我们都是工人阶级的儿子，应以这种感情对待自己的事业，对待自己的同志。

当他又走到海滩上的时候，似乎隐隐约约地看见：一个顽皮的孩子，跟在父亲后面，踏着父亲在沙滩上留下的大大的脚印，模仿着父亲的样子，

时快时慢地往前走着。

勤俭家风

"勤能补拙，俭以养廉。"刘伯承要刘蒙把这句话作为自己的铭语。听妈妈讲，这话是爸爸小时候，爷爷送给他的，使他养成了勤俭之风。

一年秋天，刘伯承带孩子们到香山去观赏红叶。金风瑟瑟，晴空万里，一到香山脚下，刘蒙就大喊着："冲啊！"往山上紧爬，想争个第一。可是，还没到半山，就累了，蹲在路边玩起来。

不一会儿，刘伯承迈着稳健的脚步，不慌不忙地赶了上来。他走到刘蒙身边，轻轻抚摸着他的头说："阿蒙，你不是叫着要看红叶吗？前面就到半山亭了，从那里可以看'绚秋林'——那是红叶最茂盛的地方，也是香山二十八景之一呀！"

爸爸的话和随风飘来的树林的芳香，使刘蒙又有了力气，一口气跑到了半山亭。等到了半山亭，觉得看红叶的目的达到了，愈加感到两腿无力，真不想再继续爬山了。可是，爸爸鼓励他一定要坚持爬到山顶，并答应给他讲一个故事。

刘伯承一边走，一边讲："我们四川有两个和尚，一贫一富。穷和尚对富和尚说：'我准备去佛教圣地普陀山。'

富和尚就问他：'你这么穷，靠什么去呢？'

'我有一个瓶子，一个饭碗。我靠它们就足以去普陀山了。'穷和尚笑着回答富和尚。

可是富和尚不信，他说：'多年来，我就想买一只大船去那里，尚未去成。你凭一瓶、一碗就能去普陀山？我不信！'

一年之后，穷和尚不但到了普陀山，而且从普陀山回来了，而富和尚呢，虽然富有，但始终没有行动，所以一辈子也没有去成普陀山。"

讲完后，刘伯承问刘蒙："普陀山离我们四川有几千里的路程。可是穷和尚去了，富和尚反而没去成。你说这是为什么？"

刘伯承话音未落，刘蒙就抢着回答："因为富和尚光想去，没有实际行动呗。"

刘伯承说："对。这个故事告诉了我们一条道理，发挥人的主观能动性，通过人的努力，难可以转化为易。如果你不去努力，易也可以转化为难。"

刘伯承接着说："我知道你在学习上有个毛病，缺乏脚踏实地，持之以恒的努力。以后不管做什么事，都要有毅力才行。"

刘蒙惭愧地低下了头，觉得爸爸一下子就说中了要害。心里暗自捉摸："爸爸工作那么忙，他怎么了解我在学校的缺点呢？一定是妈妈告诉他的。"

正想着，不觉已经到了山顶。从山上往下一看，胸中有一种说不出的畅快，他感到香山之大，在途中几乎没有信心爬上来；又感到香山之小，现在把它踏在脚下，觉得它也不过如此。通过自己的努力，把困难踩在脚下，多愉快啊！他觉得自己的心情大概和刚从普陀山回来的穷和尚差不多了。

回家后，爸爸去开会了。妈妈给刘蒙拿来一篇《为学》，让刘蒙好好看看。妈妈告诉他，爸爸虽然工作很忙，但是非常关心每个孩子，常和妈妈商量对他们的教育。前几天爸爸就告诉妈妈，要让他学习《为学》，并把自己年轻时用于自勉的话写在一张书签上，要妈妈送给他。书签上写着："人一能之，己十之，人十能之，己百之。"妈妈对刘蒙说，这句话的意思就是，人家学一遍，我就学十遍，人家学十遍，我就学百遍。一个人可以用勤奋来弥补自己的不足，取得良好的成绩，就像大自然把果实公正无私地奉献给劳动者一样。这也就是"勤能补拙"的道理。

同时，在生活上，刘伯承总是要求孩子们俭朴。上小学的时候，刘蒙有一个存钱的小泥罐。听爸爸说，老家的孩子叫它"爆噗"。因为过年时，孩子们要"噗"的一声把它摔碎，拿出里面的钱去买吃食和玩具。所以刘蒙也把自己的小泥罐叫"爆噗"。

那时，妈妈一分零用钱也不给刘蒙。为了买玩具，刘蒙每天都走路上学，把节约下来的八分车钱放到"爆噗"里。等春天来了，他就把它打碎，用这些钱去厂甸买风筝，买山里红做的大佛珠和一个新的"爆噗"。当自己买的风筝飞上天空时，就好像自己也和它一起飞了，展翅迎着春风，在空中俯瞰着大地。

上中学了，刘蒙穿的还是姐姐穿过的女式旧军装。有些同学取笑他，叫他"黄皮"。

回到家里，他嘟着嘴跟妈妈说："以后我不穿这女式黄军装了。人家都

笑话我。"

妈妈看了看他，个子挺高了，穿的还是女式军装，也笑起来说："是啊，你都大了，等这件衣服穿破了之后，就不再让你穿女式衣服了。"

停了一会儿，妈妈想了想又对他说："你在生活上要向爸爸学习。你看他的棉鞋穿了好多年，补了好几次，不是还在穿吗？穿着干净整齐就行了。"

过了几天，妈妈给爸爸买了一件新毛衣。晚饭后，刘蒙在外屋做航模，刘伯承在里屋看书。刘蒙看见妈妈走到爸爸身边，把毛衣递给他说："试试看合适吗？你身上的毛衣都已经破了。"

刘伯承接过毛衣看了看，把它放在桌上说："穿着干净整齐就行了。我的毛衣补补还可以穿嘛，不要买新的。"

这时，刘伯承见刘蒙在外面做航模，就若有所思地对妈妈说："对孩子的生活，更要特别严格要求才行。不能让他们产生一种盲目的优越感，要让他们多向工农子弟学习……"

父母的这些言行对刘蒙教育很深，使他从小养成了俭朴的习惯。但是，直到后来，才真正理解俭朴在政治上对一个人是多么重要。

有一天，刘蒙坐在屋里整理书信，看到爸爸的一封信里写道："廉隅的品行，要靠平时俭朴的生活养成。"当他正在琢磨这"俭"与"廉"之间究竟是个什么关系的时候，恰巧妈妈走了进来。刘蒙把手中的信递给妈妈，她看了之后对刘蒙说："西南解放我们刚住进重庆，你爸爸就提出，'虚假的资产阶级生活，会养成真实的资产阶级意识，让大家注意不要因为党和人民给了我们优越的生活条件，就脱离群众，忘记人民，贪图享受，追求个人升官发财，形成新的资产阶级。所以建国以后，他始终保持着俭朴的生活，在工作上廉洁奉公，在政治上无私无畏。在对孩子的教育上，他也很重视这一点。他特别担心那种脱离群众的优越生活，会使孩子们养成资产阶级意识。因此，总是要我严格要求你们。"

妈妈这一席话，不仅教刘蒙明白了"俭"与"廉"之间的关系，而且使他感到爸爸在对他们的教育上，是那样的深谋远虑，爸爸送他"勤能补拙，俭以养廉"这八个字，真是足以够受用终身的座右铭。

夜谈情深

1972 年初，学校决定将刘蒙就读系迁往四川。星期六傍晚刘蒙从学校回家。一路上层冰积雪，淡黄色的灯光，把过路人留在雪地上的脚印照得十分清晰。这使他不禁想起了小时候在南京，有一年下大雪，刘蒙从雪地上走过，留下了许多脚印。刘伯承让他看看自己的脚印，指出他有"外八字"的毛病。从那以后爸爸常纠正他走路的姿势。几年后，刘蒙改正了"外八字"的毛病。他一边在雪地上走，一边回想着，爸爸从走路到生活，对自己的教育是多么耐心细致啊！我爱爸爸，在我即将离开北京时，真想赶回到家里，在爸爸身边多坐一会儿。

回家后，刘蒙感到温暖极了，坐在爸爸身边和他聊天，天南海北地谈了很多。

刘伯承见刘蒙流露出不想学工想改学文的情绪，便问刘蒙最近在看什么书。刘蒙告诉他，在看车尔尼雪夫斯基的《怎么办?》。由于刘蒙看小说往往只注意情节，所以当刘伯承让他具体分析一下这部作品时，他又说不出个所以然来。爸爸鞭辟入里地帮他分析了《怎么办?》在宣传社会主义思想，促进妇女解放和树立新型道德观念中的卓越建树，以及作品的不足，还特别结合"薇拉的梦"，给刘蒙讲作者如何通过细节表现自己的主题思想。

刘伯承很喜欢俄国文学。在他眼睛好的时候，常以阅读俄文小说和剧本作为休息，许多名著中的章节还能背下来。刘蒙出神地望着爸爸，听着他讲，感到他宽阔的前额就像是渊博的知识海洋，额上的皱纹就像是海上荡起的波澜。

刘伯承讲完，语重心长地对刘蒙说。"阿蒙，你要去四川学习了，我有些放心不下。怕你读书不求甚解，不去分析。你爱好太广，却又不专心于自己的学业，这是不对的。对待事物，要有一般的留心和特别的留心，分清主次，分别使用心力。而你不愿多想，读书连一般的留心都没有，这就更不对了。"

听了爸爸的批评，刘蒙低头不语。

爸爸问他："你在学校里学英文，知道英国人有这样一句话吗？'Jack of

all trades，but special of none'。你能不能把它翻译翻译?"

刘蒙想了想，回答说，"这句话的意思是：'各种商业的杰克，而没有特别的'。"

刘伯承对他这种文理不通的翻译很不满意，说，"这句话的意思是：'一个一无所长的万能先生'。"

停了一下，又接着说："你学习外语，光记单词是不行的，要掌握人家的语言规律。"并比喻说，单词就像一个个铜钱，语言规律就是一根钱串子，如果你没有这根钱串子，就拿不起那些散落的铜钱。

尔后，刘伯承又给刘蒙讲了他学习外文的一些体会。刘伯承年轻时，在国内一直学习英文，25 岁那年，党派他去苏联学习军事，当时他连一个俄文字母也不认识，硬是靠用功和细心地研究语法规律，把俄文学通了。刘伯承说："外文就像一扇通向世界的大门，多打开一扇门，就多一条认识世界和学习知识的途径。"他勉励刘蒙要好好学习外文和国外的先进技术，为祖国的建设服务。

刘伯承又问刘蒙在学校专业学习的成绩。这次刘蒙挺高兴，心想：爸爸批评我读书不求甚解，不专心于自己的专业，对我的外语水平也不满意，可是实际上，我的专业学习还是不错的，就得意地告诉爸爸："只有一门四分，其余全是五分。"

出乎我的意料之外，爸爸竟然生气地说："你总是不能用最高的标准要求自己！你要记住：'取法乎上，得乎其中，取法乎中，得乎其下'。"

爸爸见刘蒙不说话，问："是不是今天批评多啦?"

"不。"刘蒙轻轻地回答。

"嗯——"刘伯承说，"那你给我查一个词吧：'高标'。"

刘蒙拿起放在茶几上的一本《辞海》，查找"高标"二字。

爸爸和蔼地说，"高标就是山上最高的峰，我记得《辞海》里引了李白的一句诗'上有六龙回日之高标'。"

这时，刘蒙一边看着《辞海》里的解释，一边听刘伯承讲道："1927 年四川泸州起义失败之后，我们翻越秦岭出川找党，道路很难走，正像李白写的'连峰去天不盈尺，枯松倒挂倚绝壁'。山中虎豹和豺狼很多，真是蜀道难。你现在去四川路好走多了，但是，你还是应该看看秦岭高耸的山势。"

夜已深了，汪荣华进来催刘伯承去休息。

刘伯承站起来要去卧室了，又转过头对刘蒙说："常言说，'儿行千里母担忧'。去四川后，要常给我们写信，谈谈你的生活，学习。我老了，以后你独立生活的日子还很长。我所希望的，就是看到你成长为一个能够克服困难的人。"

妈妈扶着爸爸要走出门的时候，刘蒙听见爸爸对妈妈说："四川下雨多，我让你给孩子买的雨鞋，买了吗？……"

刘蒙看着爸爸妈妈的背影，不知怎的，鼻子一酸，眼泪从脸上淌了下来。

许多年过去后，每当刘蒙遇到了困难，或懒惰又钻进了头脑时，他一想起爸爸对自己的批评、期望和无限深情，就会振奋精神去加倍地工作，向生活中的"高标"攀登。

（盖　边）

"我们的方针是针锋相对"

——刘伯承和考尔

1946年初春，中原大地正是乍暖还寒的时节。刘伯承司令员在指挥上党、平汉战役取得胜利之后，带着谈判小组风尘仆仆来到河南安阳，准备前往新乡参加谈判。他们在招待所刚刚安置停当，门外就有人来通报："美方交通小组组长考尔上校求见！"

交际处长李新农得到消息后，马上进屋向司令员报告。刘伯承放下手中的书本，从容地说："哦，来得好快啊。"转身对交际处长问道："新农同志，你看考尔先生来意如何？"

"对方说是礼节性拜访，"李处长一边思忖，一边回答道，"我看是来者不善，夜猫子进宅——没好事。美国人给老蒋撑腰，发动内战，在上党、邯郸吃了败仗，这回肯定是为平汉路交通而来。"

"嗯，"刘伯承点点头，表示赞同地说，"日本人投降以后，美国人扮演

197

了很不光彩的角色。他们当中有些人已经看到，跟共产党来硬的行不通，又想来软的一套。考尔先生肯定是为交通问题来的，他们比蒋介石还着急哩。"

李处长接茬说："司令员说得很对。最近军调处 3 人小组（周恩来、张治中、马歇尔）移到新乡谈判，主要也是交通问题，现在考尔匆匆来访，也是打铁路的主意。"

刘伯承走到窗前，向远处眺望，颇有感慨地说："现代战争，交通线就是生命线。抗战中，我军扼住各路交通，日本人就寸步难行。现在，从辉县到邢台以北的大段铁路，已被我军切割、分裂，铁轨被扒掉，火车头被卸开，成了一堆废铁。平汉线交通一断，就好比断了老蒋的血管、气管，美国老板当然着急啦。"

"我们要粉碎国民党的内战阴谋，决不恢复交通。"李处长干脆地说，"是不是回绝考尔？"

刘伯承摆摆手说："我们的方针是针锋相对。但在策略上要讲究斗争艺术。如今，蒋介石在高唱和平，美国人又装出调解的模样，所以我们在态度上要加以区别，言辞上加以注意。总之，不能让他们捞到什么油水。"讲到这里，刘伯承停顿了一下，说道："你告诉考尔先生，一小时以后，我可以见见他。"

考尔先生是一位思维机敏、颇善言辞的军人。在美军服役期间，他靠着自己聪明的头脑和流利的口才，被擢升为上校并被派到中国。名义上是调停国共两党争端，实际他肩负军事、外交双重使命，为国民党政府出谋划策。此间，他得知刘伯承路过安阳前往新乡的消息，便急忙抓住这一机会，施展先发制人的外交手腕，企图率先敲开交通问题谈判的僵局。可他没有想到，自己先碰了个软钉子——等候一个小时。但考尔是个有耐性的使节，在 60 分钟的冷板凳上，早就背熟了该用的外交辞令……

刚一会面，风度翩翩的考尔就堆着满脸笑容，对刘伯承发出问候："How are you？Esteemed General！"（尊敬的将军阁下。您好！）

刘伯承以礼还礼，温和地笑了笑，一面伸过手，一面打量着这位不速之客，原来，考尔是一位高个子的中年人，约莫 40 岁左右，淡黄的头发，蓝色的眼睛，眼神中透出狡黠的光芒。

"我是中国人的朋友，当然也是贵军的朋友。"考尔彬彬有礼地献殷勤道，"久闻刘将军威名，今天特以朋友的身份前来拜访。"

"欢迎。我们中国人是极重交情的，对真正的朋友都是以礼相待。"刘伯承温文尔雅，不卑不亢地说。

考尔目睹刘伯承的大将风采，联想起上党、平汉两役国民党军被歼5万余人的战绩，和眼前这不冷不热的答问，心中不由得一阵发憷。因为，在华盛顿军方看来，曾经使日本人闻风丧胆的刘伯承，自上党、平汉交手之后，已被美蒋中人视为难以制服的"中原之虎"。然而，考尔毕竟是考尔。他一面打着手势，一面夸夸其谈，颂扬刘伯承是"抗日名将"、"闻名的军事家"等。

可惜，刘伯承对此反应冷淡，毫无兴趣。考尔一看自己的独角戏唱不起来，自知没趣，便狡猾地转换话题："听说刘将军一路骑马到安阳，旅途十分辛苦啊。"

"嘿嘿，"刘伯承风趣地说："骑半天马就到了安阳，算啥子辛苦？我这20多年差不多都是在马背上过日子。"

考尔斜睨了对方一眼，借题发挥道："要是改坐火车，到安阳就方便多了。"说时，自信地弹了弹手中的烟灰，道："现代文明与古代的最大区别，就在于交通。在我们美国，铁路是极普通的交通工具。如今，飞机和小汽车对我们更为方便。"

刘伯承微笑着说："考尔先生的话不无道理。现代交通确是现代文明的标志之一，可惜，近百年来，我国一直遭受帝国主义侵略，交通十分落后。其中的原因，想必先生略知一二。"

"当然当然，"考尔应诺道，"贵国与我们美国不同，贵国刚刚经历战争嘛。我衷心希望贵国交通发达，这样各地的物资可以交流，民众也便于往来呀。"

"谢谢考尔先生对我们的关心。但是，要请先生注意一个现实：中国面临着战争！"刘伯承用手往上推了推眼镜，加重语气道。

考尔自以为对方已为其花言巧语所打动，便继续说道："对！对！中国需要和平。我就是为和平而来的。我们希望国共两党的朋友实现和平，恢复交通。想必刘将军会赞同我们的建议。"

刘伯承严肃地回答说："正是为了和平，我们才同国民党谈判的。当然，恢复交通与实现和平是联系在一起的……"

"对极了！对极了！应该尽快恢复交通，修复平汉路。"考尔自以为得计地附和着。

"可惜，考尔先生的话只说对了一半。"刘伯承莞尔一笑，认真地指出，"目前，恢复交通的条件还不成熟。如果现在恢复交通，只能给中国人民带来更大的痛苦。考尔先生想必明白：铁路固然可以很快地输送旅客、物资，但也可以用来运兵，运枪、炮、子弹！"

"当然，当然！……"

刘伯承逼视对方，一板一眼地说："暂时截断交通，是人民要求和平的举动。如果现在恢复交通，有人就会加快运兵，运枪炮弹药，就会加快战争的到来！"

考尔慌忙插嘴道："不会、不会……"

刘伯承用质问的语气问道："考尔先生和美国政府能保证国民党不运兵进攻解放区吗？要是这样，我肯定华北人民是会同意恢复交通的。考尔先生，你说呢？"

"No！No！（不！不）"考尔一面掏出手绢抹嘴，一面自我解嘲地说："我的职责是调解交通问题，停战问题由新乡谈判小组负责……"

刘伯承站起来，客气地笑了笑，说道："既然如此，那我们到新乡再会吧。"

（陈石平　张茂峰　康景海）

编 后 记

20世纪的中国是一个风云际会、英雄辈出的伟大变革时代。伟大的时代造就出灿若群星的历史伟人。人民军队中功勋卓著的刘伯承元帅就是这些伟人中的一个。

作为人民军队中的一代伟人、著名战将,他一生中同党内外、国内外、军内外各种人士有着十分广泛的交往,有的是在硝烟弥漫的战争年代,有的是在轰轰烈烈的社会主义革命和社会主义建设时期,有的是在变幻莫测的外交场合,有的是在蒙冤受屈的荒唐岁月,有的是在工作中,有的是在生活中。几十年来,曾经同他有过交往的同志和人士,撰写了大量的回忆书籍和文章,叙述昔日交往中的轶闻、趣事。本系列丛书就是从这些大量的书籍或文章中精选精编成册的。此外,还有相当一部分文章是新约写或由编者撰写的。

在编选过程中,我们在尽可能地保留文章原有风格的前提下,根据本书的整体需要,对所有的文章作了必要和程度不同的节录、删改、改编,对有明显文字、观点和史实性错误之处作了修订。文章的标题绝大部分是编者拟定的。